U0459562

广州市大湾区现代产业发展研究院资助

全链数字化转型研究

基于发展格局下的广东省制造业

曹和平
童庆禧
著

光明日报出版社

图书在版编目（CIP）数据

全链数字化转型研究：基于发展格局下的广东省制
造业 / 曹和平，童庆禧著 . -- 北京：光明日报出版社，
2024.7. -- ISBN 978 - 7 - 5194 - 8088 - 2

Ⅰ. F426. 4 - 39

中国国家版本馆 CIP 数据核字第 2024W2X516 号

全链数字化转型研究：基于发展格局下的广东省制造业
QUANLIAN SHUZIHUA ZHUANXING YANJIU：JIYU FAZHAN GEJU XIA DE
GUANGDONGSHENG ZHIZAOYE

著　　者：曹和平　童庆禧			
责任编辑：杨　茹		责任校对：杨　娜　李海慧	
封面设计：中联华文		责任印制：曹　净	

出版发行：光明日报出版社

地　　址：北京市西城区永安路 106 号，100050

电　　话：010-63169890（咨询），010-63131930（邮购）

传　　真：010-63131930

网　　址：http://book. gmw. cn

E - mail：gmrbcbs@ gmw. cn

法律顾问：北京市兰台律师事务所龚柳方律师

印　　刷：三河市华东印刷有限公司

装　　订：三河市华东印刷有限公司

本书如有破损、缺页、装订错误，请与本社联系调换，电话：010-63131930

开　　本：170mm×240mm

字　　数：268 千字　　　　印　　张：17.5

版　　次：2025 年 1 月第 1 版　　印　　次：2025 年 1 月第 1 次印刷

书　　号：ISBN 978 - 7 - 5194 - 8088 - 2

定　　价：95.00 元

版权所有　　翻印必究

广州市大湾区现代产业发展研究院简介

广州市大湾区现代产业发展研究院（以下简称：研究院）是以"襄助政府产业决策，引导数产融合发展"为宗旨的政经媒产学研一体化的高端智库。

研究院立足大湾区，承担国家部委、中国工程院和中国信息经济学会等机构和省、市政府委托的重大研究课题，突出人工智能、数字经济与现代产业融合的发展咨询解决方案。

近年来，举办了《中国（广州）人工智能与数字经济融合大会》《2023数字经济阳澄湖峰会暨昆山先进计算产业创新集群建设大会》和《2023宜兴笔架山数字科商大会》等多场重大会议，集聚院士、专家、学者、企业家、投资人、媒体近千人，举办了多场产业对接会，帮助传统产业和数字产业实现与数字化转型的精准对接，得到省市政府高度重视和产业企业的积极响应与论证参与，同时也得到官方媒体等上百家媒体的广泛传播。

研究院成果丰富，联合院士与专家智库团队分别承接了中国工程院"新形势下大湾区服装产业创新发展战略研究"专项课题和"全链数字化转型研究：基于发展格局下的广东省制造业"等重点课题，其中课题"关于新形势下推动广州服装产业实现'老产业 新发展'的建议"列入广州市政协优秀提案。先后承担了由广州市人大立法、广州市政府委托的"广州数字经济评价体系"评估工作项目，成为国内首份城市数字经济评估报告。承担广州市番禺区委托的"广州番禺粤港澳大湾区优质生活圈示范区建设总体方案"。

课题组名单

课题组长：

童庆禧：中国科学院院士、国际欧亚科学院院士

副组长：

曹和平：北京大学教授

孙延明：广州大学教授

曹长林：广州市大湾区现代产业发展研究院研究员

顾问成员：

尤　政：中国工程院院士、华中科技大学教授

董绍明：中国工程院院士

王晋年：国际宇航科学院院士、广州大学教授

邬　伦：国际欧亚科学院院士、北京大学教授

顾行发：国际宇航科学院院士、国际欧亚科学院院士、广州大学教授

晋　彤：深圳市湾区数字经济与科技研究院总架构师

钟课枝：广州市大湾区现代产业发展研究院研究员、广东省宋庆龄基金会理事

课题组成员：

李云健：广州大学讲师、博士

李　维：深圳市湾区数字经济与科技研究院副研究员

钟雅雯：广州市大湾区现代产业发展研究院副研究员

郑美珍：广州市大湾区现代产业发展研究院副研究员

欧阳颖：广州市大湾区现代产业发展研究院助理研究员

自　序

习近平总书记视察广东时指出，广东要始终坚持以制造业立省，更加重视发展实体经济，加快产业转型升级，推进产业基础高级化、产业链现代化，发展战略性新兴产业，建设更具国际竞争力的现代化产业体系。

在新一轮科技革命以及减碳、能源形势变革、智能化创新的推动下，我国制造业发展正经历百年未有之大变局和前所未有的机遇与挑战。中国作为制造业大国，在以数字经济为核心的新发展格局下，大力推进数字化转型升级，聚焦数字产业化、产业数字化，推动数字技术与实体经济深度融合，构建现代化产业体系已势在必行，以期在国际市场对垒中进一步提升核心竞争力。

制造业是中国经济发展的"压舱石"，也是广东省经济高质量发展的"脊梁"。据统计，如今广东省制造业增加值的规模约占全国总量的1/8，制造业贡献了全省近四成税收、超三成就业岗位。广东作为制造业大省和数字经济大省，一直在调整结构、转型升级，不断走出"微笑曲线"的低附加值区，延伸产业链、整合上下游，推动产业向全球价值链中高端发展。而在实现广东省数字产业化、产业数字化、数字化治理以及数据资源价值化基础上如何建设若干具有世界影响力的先进智造产业集群，广东省如何发挥"模范排头兵"的示范与领军作用，战略研究与路径探索显得十分必要。

广州市大湾区现代产业发展研究院在《全链数字化转型研究：基于发展格局下的广东省制造业》报告编写过程中，为取得更为全面、扎实的研究成果，从不同角度组织院士、专家和相关产业负责人员进行深入调研、考察、研讨和座谈，从经济发展的全局观对广东省制造业全链数字化转型的现状、发展基础与存在的问题进行全方位研究，也秉持"知己知彼""取长补短"的理念，对标国内制造业发展优质区和全球制造业发达区域进行分析研究，在不同制度框架、不同国家和不同城市的先进案例对比中得到启发。

课题研究组在梳理并深入分析广东制造业发展特色、重点以及未来方向的基础上提出深度挖掘广东发展潜力、拥抱发展新机遇、解锁发展新空间的研究思路。在课题调研与企业考察中，课题组也深刻意识到，唯有拥有自主品牌才能抢占制高点，掌握主动权。通过数据驱动、智能助力的研发、生产、运营、服务改善等各方面智能化赋能，实现自主智能智造、盈利模式优化与用户体验提升等，打造核心竞争力。

从"起家"到"当家"，广东省制造业发展脚步从未停歇，在数字化时代浪潮下将更积极地迎接挑战、寻求转变。本报告立足广东省，以制造业数字化转型的全链角度，从社会、产业成长、企业转型等不同方面提出针对性的政策性建议、方案及战略路线图，以求为亟待转型的制造业企业、数字化建设发展推行实施的相关部门人员、专家学者等提供一些参考，并期望能对他们有所帮助。

星空浩渺，探索无尽。叩问苍穹，格物致知。相信广东省制造业全链数字化转型升级的发展与未来将在宇宙长河中，探索无限可能，也为国家数字经济发展和数字化升级换代创造更大的价值，发挥更大的作用。

课题组成员，中国科学院院士

推动制造业全链数字化转型
促进经济社会高质量发展

院士寄语

《全链数字化转型研究：基于发展格局下的广东省制造业》通过专家评审后一致通过并即将发布，这是一份很翔实的围绕广东省制造业全链数字化转型的研究报告，拜读之余诚挚祝贺。

制造业是国民经济命脉所系，是立国之本、强国之基，也是推进数字经济与实体经济深度融合发展的主战场。目前，广东全省制造业总产值预计突破 16 万亿元大关，拥有 70 余万户制造业企业法人和一大批优质企业，8 个万亿元级战略性产业集群。广东省已成为国内制造大省和全球重要制造基地，拥有门类较为齐全、配套相对完善的现代产业体系，而全链数字化转型，为制造业高质量发展打下坚实的地基。

党的十八大以来，广东坚持制造业立省不动摇，在推进数字化转型方面大胆探索、积极作为——在全国率先出台支持制造业数字化转型的政策措施，支持广州、深圳、佛山、东莞等地打造制造业数字化转型示范城市，支持中小型制造企业"上云上平台"数字化转型；在全国首创建设制造业数字化转型产业生态供给资源池，引进培育 543 家优秀数字化服务商；深入推进"广东强芯"工程、核心软件攻关工程、显示制造装备璀璨行动计划，加快打造中国集成电路第三极，不断提升产业链、供应链自主可控能力。

全链数字化转型，广东制造业没有掉队。广东制造业数字化转型动手早、见效快，已整体实现从传统模式向数字化、网络化、智能化转变，在实践中打造了制造业数字化转型的"广东样本"。本报告对标美国、日本和德国等在国际上制造业发达的国家，借鉴江苏省、浙江省、山东省、北京市、上海市和深圳市等省市的典型案例和政策并进行剖析，提出全链数字化转型升级方案。

制造业涉及的行业广，所以需要细分行业领域工业互联网平台，以数字链推动创新链、资金链、人才链向产业链集中配置和深度融合。因此，行业划分越细，越有利于推动各领域的数字化转型。

百舸争流、奋楫者先。期待《全链数字化转型研究：基于发展格局下的广东省制造业》的发布能为政府产业决策提供参考，为企业数字化转型指点迷津，让数字化人才了解广东省全链数字化转型的路径，推动广东制造加速迈向全球产业链价值链中高端。

中国工程院院士

序 开创未来制造的数字篇章

在全球范围内，中国制造业一直都是强大的，既是经济的支柱，也是技术的舞台。然而，中国制造业也面临着逐渐增长的劳动力成本和环境压力，以及外部市场需求的变化等问题。这些问题进一步催生了数字化转型的需求，制造业的变革已势不可当。

广东省作为全球最大的制造业集散地之一，其数字化转型具有重要的战略意义。报告深刻洞察了全球制造业数字化转型的态势，界定了数字化转型的重要性和必要性，研究分析了广东省制造业全链数字化转型战略。报告指出，广东省制造业数字化转型亟待加速。全省数万家的企业都需要建立数据采集、管理和分析体系，并加强与供应链、客户、合作伙伴之间的数字化联系。同时，随着物联网技术和5G通信技术应用的普及，智能制造将成为未来发展趋势，实现工厂数字化、智能化和自动化。报告让我们了解到制造业的变革不再是一种选择，而是一种必然，它连接着过去和未来，连接着本土和国际，连接着企业和社会。

广东省以其独特的地理、经济和文化优势，正成为数字化转型的前沿阵地。报告系统梳理了广东省制造业数字化转型的基础，揭示了数字化基础设施和技术环境的现状。这一基础不仅为制造业的数字化升级提供了坚实支撑，更为广东省的发展战略注入了新的活力。

然而，前进的道路并非一帆风顺。报告探讨了广东省制造业数字化转型面临的问题和挑战。这些问题不仅是技术的问题，更涉及体制、文化、人才等多个层面。正视问题，才能更好地找到解决之道。

机遇总是伴随着挑战而来。报告为我们揭示了广东省制造业数字化转型的发展机遇。在数字化时代，挖掘优势，弥补劣势，抓住机会，应对挑战，是每个制造业者的使命。

当然，我们不能仅仅关注广东省制造业的内在状况，也需要积极寻找与全球优秀制造业的对标。报告的对标分析，从不同维度、不同层次、不同地区，为我们提供了宝贵的参考。借鉴先进，才能不断超越。

数字化转型是一个漫长而充满挑战的过程。只有掌握足够的技术、资源和创新能力才能在市场中存活下来。因此，在这个数字时代，企业要勇于尝试新模式、新技术、新思路，持续不断地进行变革和创新。报告提出了广东省制造业数字化转型的战略目标、定位和实施路径。从起步到成熟，逐步推进，逐步升级，才能确保转型的效果和成果。

显然，具体的行动方案才能使战略目标得以实现。为了实现数字化转型，企业需要打通各个环节，建立人工智能、大数据、云计算等技术支持平台；推进工业互联网平台建设，促进产业链上下游协同发展；加强信息安全保障，在安全基础上实现资源共享。报告为我们呈现了全链数字化转型升级方案，从发展原则到重大专项，从内生动力到转型赋能，为实现数字化转型勾画了具体的蓝图。

数字化转型不仅仅是企业自身的事，更需要公共支撑体系的配套。报告强调了全链数字化转型的公共支撑体系，从国民经济体系整体图解到考核与激励机制，从载体创新到管理创新，从导向创新到联动创新，全方位促进数字化转型的全面落地。

报告分析了广东省制造业全链数字化转型战略，提出了一系列建议和措施来帮助企业实现数字化转型，为广东省制造业的数字化转型提供了政策引导。政策的力量可以撬动更大的效应，有助于引导企业创新、合作，共同推动广东省制造业的数字化腾飞。

总之，广东省制造业正面临变革所带来的巨大机遇和挑战。通过本报告对广东省制造业数字化转型进行详尽的分析，以系统、全面的方式，探索了广东省制造业全链数字化转型的战略路径，并提出了合理可行的建议与措施。愿本报告成为广大制造业者、决策者、研究者的指南，指导他们在数字化的舞台上，展现新的风采，创造新的价值。

方滨兴

中国工程院院士

目 录
CONTENTS

第一章

全球制造业数字化转型的观察及定义

一、1980—2020：大车间制造内生工业2.0—3.0技术力矩

从20世纪80年代起，微机主导的初级智能生产——"大车间—流水线—模块化"——在不到20年的时间里，几乎弥漫性地融入了国民经济体系各业各类车间的生产环节当中，原先由八级工主导的工艺流程逐渐被自动化主导的设定流程替代了。第三方设计和厂商实验室群落应替代需求而生。

随着"人—机"主体的不断优化和第三方中介聚落的出现（波士顿128公路、硅谷、深圳华强北以及各类专业园区），原有车间上下道工艺顺序上的成本节约了，效率也增加了。现代化厂商的车间和车间、车间和总部，甚至总部和总部之间的信息传输通量和效能大大增加了。学者逐渐发现，这不是当时专家们所标称的自动化或者信息化时代，而是向一个更新时代业态升级的先兆。在将要到来的某个适时适位点上，20世纪的那些超大企业集团，如微软、戴尔、甲骨文、思科、惠普、苹果、施乐、松下、日立、索尼、三星、联想、方正、紫光、同方、用友、爱国者、联发科、台积电、富士康等，不管当时多么辉煌，它们都将成为迈过大车间业态向另一个全新生产业态过渡的献祭台，只不过有些以凤凰涅槃的方式存活，有些以恐龙绝世的方式走过而已。

从治理结构上看，二战后这些横跨世界各大经济体的超大企业集团，在其内部形成了极为复杂的科层结构。它们是一个个引领各自盈利模式巅峰时刻的巨无霸，但并不是一个个由巨无霸走向常态经营的常青树。随着"大车

间—长流水线"生产向"信息化—短流水线—模块化"生产过渡，数字技术支持下的联网共享经济需要它们表现出具有时代蜕变能力的有机生命体征。但在20世纪的最后10年到21世纪的最初10年，尤其是第二个10年之后，它们都表现出了在某种程度上的不适应，微软、苹果和惠普的变形尤其具有工业宏大叙事的典型教学意义。

在21世纪初，一个刺目的观察事实是，大车间时代的制造经济板块，沿着上下道工序顺序两两整合完备后，在给定车间生产的一个个终端派生出了物流采购（logistic and purchasing）、供应链管理（supply chain management）和整合信息技术（integrated solution technology）三个相对独立的业态环节。原来异常繁复的专业性车间生产的工艺顺序，在厂商 ERP（Enterprise Resource Planning）技术支持下变成了业内常识，老八级工师傅带徒弟的百年制度"敷设"被无形的通用资源管理网络替代了（ERP，工业 2.0 技术）。并且，上述三个相对独立的生产环节加起来，将车间内成百个甚至成千上万个生产环节变为一个个不需要人的即时大脑专注的工作黑箱；不仅车间和车间，甚至连厂商自己在更大的全球供应链整合中台上，也变成了与另一个厂商黑箱连接在一起的庞大生产网络网格的"螺丝钉"，工业 3.0，或者说将刚性流程和柔性（行为）流程一体化处理的无人车间时代到来了。

二、工业 4.0 技术力矩萌生与联网设施的重要作用

不仅车间和车间、总部和总部、厂商和厂商在业务流程的网络网格上联结运营，在条形码技术、物流配送技术及整合信息技术联立形成的物理联网支持下，厂商总部和总部集聚的产业园区，甚至跨区跨境的园区和园区之间，在出口加工区、经济开发区、关联物流园区及自由贸易港口之间的业务联系因后车间三个相对独立的业态环节也连接在了一起。后车间经济形成了和车间内经济一样的网络网格般的特征联系，工业联网，或称作物联网的业态出现了。实体经济的物理过程，相对独立地脱离人的主导，两两一体联结起来。这一时期，"连接—联结"的重要性甚至成了技术突破上的前沿；厂商之间"连接—联结"的流动畅顺性带来的增益远比 ERP 技术在车间内优化资源的节约收益要大得多（如图 1-1）。

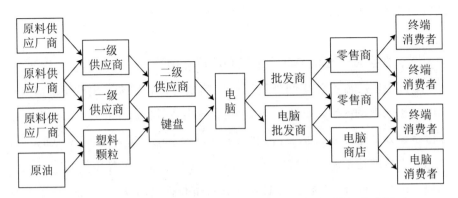

图 1-1 从厂商到消费者的供应链网络——以电脑厂商生产为例

在技术层面上，工艺顺序流程归一，且功能整合单元化（黑箱单元超复杂化）后，"人流—物流—资金流—信息流"连接环节设计衍生为技术突破的形而上学寻觅。20世纪的超大企业集团，在五大湖地区、京阪神地区、鲁尔—杜塞尔多夫—汉堡地区、两三角和环渤海地区，不知道怎么做才能做得更好。

从国民经济体系成长角度看，当经济一日运营的重心从厂商内部的工艺流程转向厂商间的四流中枢处理之后，资源加工处理的难题变为资源价值处理的难题。一个厂商完成了一件制成品物质产品生产过程的100%，比如一个工厂在自己的流水线上，加工了某个品牌衬衫，从裁剪、缝合到纽扣打钉，再到打包封装的全部物质生产过程，但经过"物流采购—供应链管理—整合信息技术（LSI）"跨区跨境、越洋过海送到消费者手中后，其实现的价值还不到8%，而后车间经济的三个环节，似乎什么物质成分也不添加，反而实现了超过90%的产品价值。在"物流采购—供应链管理—整合信息技术"所依托的网络网格加平台服务在产品价值实现的权重地位更高。大车间流水线批量生产的超级企业家怎么也不会明白，这种物质产品生产份额和价值实现份额的大分流现象，怎么能在全世界范围内出现呢？龙头企业的夕阳性质就是这样出现的！当物联网向价值联网跃迁，恰好是厂商自动流水线并ERP流程过程刚性与四堵墙内部的柔性模糊行为的过程，在更加复杂的智能软件包网络中，跃入网络网格，在价值互联的意义上与计价服务中介及最终消费者直接见面：工业 4.0 产生的内在逻辑基础到来了。

三、数字替代经济与数字创造经济成分出现

车间内生产流程和车间外物流供应链整合过程结合，出现工业 2.0—3.0—4.0 过渡的内生力矩时，经济中也慢慢出现了超越自动化和信息化的数字经济成分。过去 5 年间，经济观察家惊讶地发现，20 世纪 80 年代时，那些只有少数发达国家、少数发展中国家大城市才有的"奢侈品"，如手表、家电、汽车、家纺、电脑、终端等生活用品和办公用品，在短短的几十年间，纷纷如"旧时王谢堂前燕，飞入寻常百姓家"了。

这一变化的内在机理是当电脑、流水线和高速自动化技术融入福特式流水线之后，产品几乎可以超越全球人口规模的大批量制造，高效的信息处理技术和数据分析使得世界各地的消费者需求，以比以往更为快捷的方式反馈到车间制造者一端。投资潮涌式地迭进，消费排浪式地扑来。

智能终端叠加在微机之上，大规模进入工厂和家庭后，人类使用字符串和数码的活动成几何倍数增加。两方面的观察即为本征：一是数字替代经济（The Economy of Substitution）出现。这是制造经济向数字经济开始过渡的最初期特征。比如，数码照相技术出现后，传统三维物质的胶卷感光材料被数码相机中的"感光—电磁脉冲"过程替代。照相、成像、修像、复制及获取图形的实体物质材料被替代。再比如，自然人在传统机床上同时操控两个以上方向的切削过程几乎不可能，但一个五轴联动的数控车床非常轻易地就能解决同类问题。其中，一个具有多维传感器、数据捕获输入、预设零部件图形比对、流程环节联动以及软件更新的非传统车床的数据生产过程并行在原来的基础之上，非常高效精准地替代了原来的任务过程。

二是数字创造经济（The Economy of Innovation）。还以数码照相为例，当数字成像技术应用范围扩大时，巨量的电磁数码图形图像传输、编辑、制作以及动态流程再造，产生数码传输通道高速化的需求，超出单个企业的配套能力，整体经济范围的地下光纤互联网和地表蜂窝移动互联网通过地面关口站"超网"联结，信息通道增容及元器件单元传递通量升级。对应在消费领域，类似于阿里、腾讯和头条等的第三方消费平台出现，传统百货商场被替

代、网络预售、支付账户绑定、预付许可、路由器超高频支付、小微灵动物流中介产生，中央顶层账户系统结算以及具有价值凝聚颗粒的大数据赋值根服务器不断涌现。这是大车间制造经济概念所不包含的新经济成分。

在数字替代和数字创造二合一的意义上，数字经济不再是大车间制造经济如影随形般的因成本节约优势而出现的数字孪生子（The Digital Twin of Real Economy）式的替代生产，传统车间生产零部件的过程，都可以在节约和精准的意义上用数字技术来复制。而且，更升级一步，基于产业替代积累之后新增的经济人之间数据生成传输的需要，在始发数据凝聚区块，在人类有限但较高智慧导引下，生成动态数据"干—支"线区块链及网，使万物在智能互联基础上向智慧互联、价值互联甚至美学互联等超大智能智慧网联体——成熟数字经济阶段迈进的经济活动总和。

在这个意义上，数字经济是继农业经济——靠人和动物的体力，对太阳、土地及自然资源的再生能力进行初级整合生产；工业经济——依靠化石能源和机械动力，在车间内进行精细化复杂批量生产之后，人类向智能智慧经济——依靠人和联网资源的组合动力，在"空—天—地"一体化半径内，在"宇观—人观—微观"绵密空间内进行更高业态迈进的第三次经济革命，或者简称为数字经济时代。

四、广东制造业全链数字化升级启示性定义

大车间经济内生"工业2.0—3.0—4.0力矩"并萌生数字经济成分，数字经济成分循"罗斯托起飞"所指引的过程——通过稳健的基础设施投入，顺利走完初次成长并向二次成长过渡，上述过程涵盖的数字经济基础设施群落，是基于其上派生的一次、二次及三次数字产业群，以及对应的建设环节及标准体系等加起来的总和，称为制造业经济全链数字化升级的内涵，或称启示性定义。

专栏一　罗斯托经济起飞的阶段论原则

大车间经济内生数字经济成分，累积一定规模后孕育雏形并加速成长，是一个正在发生的新生经济业态。美国经济学家罗斯托（Rostow，1926—

2003）讨论农业经济孕育工业经济并实现起飞的思想是具有启发意义的。他认为，一个存量经济要内生新经济雏形，需要三个前提性条件：第一，生产性投资占国民收入的比例应上升到10%以上；第二，有一个或多个重要的主导产业部门出现；第三，存在一个保证经济实现起飞的公共部门。

关于经济起飞的大致阶段性过程，罗斯托认为一般存在六个阶段，（1）存量经济占绝对主体阶段；（2）新经济成分孕育阶段；（3）新经济起飞阶段；（4）产业快速成长阶段；（5）消费高速成长阶段；（6）对生活质量重新追求阶段。上述六个阶段中，"起飞"与"对生活质量重新追求"是两个重要的"突变"实点，而"对生活质量重新追求"则是所有国家都希望达到的阶段。与后来的发展经济理论以及内生经济增长理论相比，罗斯托的理论尚显不足。但对于一个正在出现的新经济，尤其是人类历史上从未见过的新经济形态，确有别样的启示性意义。对数字经济的理解正是这样。

第二章

广东省制造业全链数字化转型的基础

一、广东省制造业全链产业现状

经过改革开放 40 多年的发展，广东省成为中国制造业的"排头兵"。广东省制造业规模具有全球知名度，在世界大湾区经济中，粤港澳大湾区 GDP 排名第二（在纽约大湾区之后），数字化经济发展"保稳提质"，发展迅速。

（一）产业规模名列前茅，行业门类齐全

首先，广东省制造业产业规模稳居全国前列，主要表现在产业的产值规模、企业数量、企业员工数量、产品产量和制造业门类等方面。从产值规模来看，如图 2-1 所示，广东省全省规模以上工业增加值由 2017 年的 3.53 万亿元发展至 2021 年的 4.51 万亿元。在经历中美贸易摩擦和新冠疫情等挑战后，增长速度在 2021 年强势复苏，14.7%的增长率创下近 5 年来的新高，约占全国总量的 1/8，全省工业增加值已连续五年排名全国第一；到了 2022 年，前三季度广东省规模以上工业增加值 2.90 万亿元，同比增长 3.4%，上半年规模以上工业增加值已达 1.91 万亿元，占 GDP 的 32%。具体细分到行业和产品上，2021 年，广东省共有 32 个工业大类产值在全国同行业占比进入全国前五，25 个行业销售产值位居全国前三。① 如图 2-2 所示，广东的家具、文工体娱（文教、工艺美术、体育和娱乐用品）、计算机通信，占比分

---

① 广东省数据中心产业联盟.广东省新型数据中心发展白皮书［EB/OL］.贵州省大数据发展管理局，2022-06-14.

别为27.5%、30.9%和35.1%。从制造门类和营收占比来看，广东是中国目前当之无愧的第一工业强省。

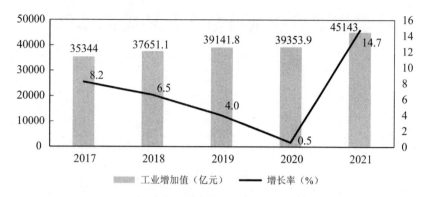

图 2-1　2017—2021 年广东省规模以上工业增加值①

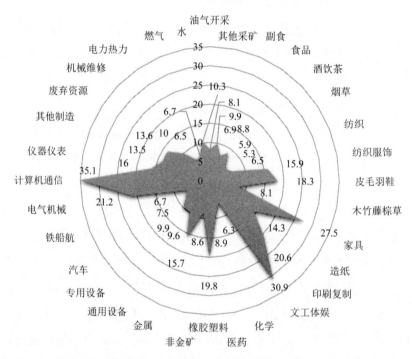

图 2-2　广东省制造业产值占全国同行业前五的细分行业及其比例（单位：%）②

---

① 广东省新型数据中心发展白皮书（2022 年）[EB/OL].中国通信工业协会数据中心委员会，2022-07-08.

② 国家统计局.第四次全国经济普查公报 [EB/OL].国家统计局，2019-11-20.

从企业数量规模来看，如图 2-3 所示，全省规模以上工业企业单位数在 2016 年到 2020 年 5 年间增速超过 10%，从 2016 年的 42688 家发展为 2020 年的 58483 家，2020 年规模以上工业单位数占全国总数接近 15%。从员工数量来看，2021 年，与江苏省、浙江省、山东省和福建省其他四大制造业强省相比，广东省的制造业企业员工数量在各人数规模的分区上均位于前列，其中员工小于 50 人的制造业企业广东省数量全国最多，达 14440 家，员工人数 10000 人以上的制造企业同样广东省最多，共计 15 家。从具体产品产量来看，广东省规模以上汽车产量、工业机器人产量、4K 电视产量、5G 基站数等多项指标稳居全国第一。从制造业门类来看，广东省制造业行业分类较为广泛，门类齐全，拥有全国统计的 41 个大类工业行业中的 40 个。

图 2-3 2016—2020 全省规模以上工业企业单位数①

（二）综合实力全国领先，正向价值链高端迈进

广东省制造业综合实力全国领先，主要体现在战略性产业集群、单项冠军、企业盈利能力和上市公司数量等方面。第一，先进制造业集群是制造业高质量发展的重要标志。在战略性产业集群方面，广东省战略性产业集群建设成效显著，全省已形成新一代电子信息技术、绿色石化、智能家电、先进材料、现代轻工纺织、软件与信息服务、现代农业与食品 7 个产值超万亿元的产业集群。同时以 20 个战略性产业集群为抓手，培育新产业、新动能。

---

① 地区数据 ［EB/OL］. 国家统计局，2022-11-23.

2021年，20个战略性产业集群工业增加值约4.9万亿元，占GDP比重约为40%，发展速度快于全省GDP增速。

第二，制造业单项冠军企业代表制造业细分领域的最高发展水平和市场实力，是制造企业的第一方阵，其数量和质量是衡量区域制造业发展水平的重要指标。首先，在2022年工信部第七批制造业单项冠军示范企业（产品）中，广东省以47家的入围数量位居全国前列，仅次于江苏的48家。其次，制造企业盈利能力是反映产业综合实力的重要指标。在制造企业盈利能力方面，如图2-4所示，2021年广东省成为我国首个规模以上工业企业利润总额破万亿元的省份，全年总利润高达10927.6亿元，相比2016年的8383.04亿元，增长23.29%。此外，上市公司数量同样能反映区域内产业竞争力。在2021年新三板上市的制造业企业中，广东省在全国所有省份中排名第一，总数为497家；在A股中，广东省上市制造业企业251家，仅次于浙江省。

图2-4 2012—2021年广东省规模以上工业企业利润总额①

第三，广东省制造业产业链正在向价值链的高端迈进。在先进制造业增加值、高技术制造业发展和"广东强芯"工程建设上，成果显著。从先进制造业的增加值来看，2022年1月—9月，广东全省先进制造业增加值占全省规模以上工业比重的54.6%，比重较上半年提高0.8个百分点，同比增长4.7%，比全省规模以上工业增加值高1.3个百分点。从高技术制造业来看，

① 地区数据［EB/OL］.国家统计局，2022-11-23.

高技术制造业增加值超过了同期制造业的整体增长速度，具体而言，高技术制造业增加值同比增长 5.8%，占规模以上工业增加值比重的 29.4%。"广东强芯"工程是指布局实施广东省重点领域研发计划"芯片设计与制造"战略专项。数据显示，2021 年广东省半导体及集成电路产业集群实现营业收入2017 亿元，占全国的 1/5，年增长 31.3%。广东已设立省半导体及集成电路产业投资基金和总规模超千亿元的六大产业基金，在先进智能传感器、显示驱动、化合物半导体、封装测试、关键核心材料等领域布局一系列项目，在建、在谈和签约待建重大项目近 40 个，总投资超 3000 亿元。

（三）创新发展基础扎实，专利量质齐升

创新是发展的第一动力和把握发展主动权的根本之策。广东省制造业一直坚持创新驱动，夯实高质量发展的基石，主要表现在高新区和创新中心建设、研发投入和专利发明等方面。在高新区和创新中心建设方面，遍布全省的高新区和创新中心成为创新技术实现产业化的高地，对制造业创新能力提升具有引领作用。截至 2022 年，广东省共拥有 3 家国家级制造业创新中心、33 家省级制造业创新中心，14 家国家级高新区其中有 11 家进入全国高新区百强。还有 26 家省级高新区，聚集了全省 2/3 的高新技术企业和一半新型研发机构，以全省 1% 土地实现全省约 1/5 的经济产值。在研发投入方面，广东省全社会研发经费投入均居全国首位，营业收入 5 亿元以上的制造业企业基本设立了研发机构。数据显示，2021 年广东省 27 家工业互联网上市企业中，18 家的研发费用同比增速超两位数，有 12 家研发投入强度超过 10%，其中美的集团和工业富联的研发费用超过百亿元。在专利发明方面，广东省制造业有效发明专利实现了量与质齐升，是创新驱动的重要体现。2021 年的广东省 500 强制造业企业中，有专利授权的企业数比 2020 年增加 18.6%，有发明专利的企业数比 2020 年增加 17.8%，专利授权数量和专利质量同步提升。

（四）工业出口规模稳增，结构不断优化

广东省海陆兼具的地理区位优势明显，是祖国的南大门，百年来一直是我国对外贸易的重要口岸。在制造业方面，广东省工业对外贸易正逐步实现"保稳提质"目标，主要表现在出口规模庞大、表现强韧、出口结构不断优化、贸易博览会影响力提升和出口市场多元化发展等方面。

在出口规模方面，广东省制造业产品出口规模庞大。据海关总署广东分署统计，2021年，广东省外贸进出口总额8.27万亿元人民币，首次突破8万亿元，出口总额为5.05万亿元，其中工业产品是外贸出口产品的主要构成。数据显示，2021年广东省全年累计工业出口交货值为3.8万亿元，比2020年同期增长10.9%。

在出口表现方面，广东省制造产品出口表现强韧，在2019年和2020年期间，受新冠疫情全球蔓延影响，出口规模有所萎缩，但总体表现仍然稳定，受影响波动幅度较小。

在出口产品结构方面，广东省制造业出口产品结构逐步优化。如图2-5所示，从轻工业和重工业的比例来看，广东省出口重工业产品占比更多，2021年重工业出口交货值为26152.58亿元，占比69.64%，累计比2020年同期增长10%。从细分行业来看，计算机、通信和其他电子设备制造业（机电产业）产品是广东省工业主要出口产品。2021年广东省计算机、通信和其他电子设备制造业累计出口交货值1.94万亿元，同比2020年增加6.9%，占全省工业出口交货值的51.75%。到了2022年前三季度，广东省出口机电产品2.6万亿元，同比增长3.1%，占全省出口总值的66.9%，其中电工器材、自

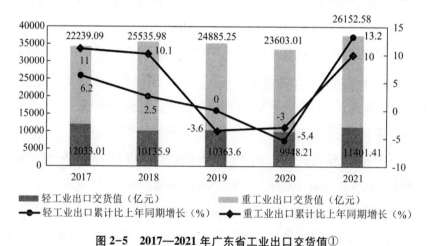

图2-5 2017—2021年广东省工业出口交货值①

---

① 工业出口交货值［EB/OL］. 广东统计信息网，2022-11-23.

动数据处理设备及其零部件、手机分别增长 20.8%、11% 和 7.9%。广东省工业产品出口虽然以电器及电子产品和机械及设备技术含量较低的产品和配件为主，但出口比重有所下降，资本密集型产品中，仪器仪表和运输工具类产品所占比重虽小，但有明显增长，代表着出口产品结构的不断优化升级。

在贸易博览会方面，在相关部门的支持下，每年在广州举行的中国进出口商品交易会（简称广交会）、在深圳举行的中国国际高新技术成果交易会（简称高交会）、海丝博览会、中博会等展会成为了海内外客商寻求项目、技术、产品和市场的便捷通道，国际影响力显著提升。自 1957 年创办以来，广交会累计出口成交额已经超过 1.4 万亿美元。

在出口市场方面，广东省制造产品出口市场主要集中在美、欧和韩国等地。在"一带一路"倡议指引下，广东省以机电产品为主的工业产品出口沿线国家的比重也在逐年增加，涨幅达 8.6%。除此之外，非洲、大洋洲及南美等一些新兴市场也在逐步开拓，制造业出口市场向多元化方向发展。

（五）龙头企业引领专精特新深耕发力

广东省制造业的崛起，离不开背后的一批龙头企业。华为、广汽、美的、格力电器等世界 500 强企业已成为广东制造的响亮名片，广东省制造业龙头企业实力强劲。在营收规模上，如图 2-6 所示，2021 年《广东省制造业 500 强企业研究报告》显示，广东省制造业 500 强企业中营业收入合计达 5.23 万亿元，比 2020 年增加 4.2%，企业平均资产总额为 102.45 亿元，平均营业收入为 104.68 亿元，共 8 家企业营收超过 1000 亿元，其中营收排名前五的企业为华为技术有限公司、正威集团有限公司、富士康工业互联网股份有限公司、美的集团股份有限公司和广州医药集团有限公司，如表 2-1 所示。

广东省拥有一批专精特新企业，具有创新能力强、专业化程度高等显著特征。2022 年 8 月，在工信部公布的第四批专精特新"小巨人"企业培育名单中，448 家粤企入选专精特新"小巨人"企业。广东省专精特新"小巨人"企业累计 877 家，数量在全国省份中位居第二。广东省的专精特新企业平均研发支出占营收比重超过 8%，过半企业主导产品市场占有率超过 40%，七成以上企业深耕细分领域 10 年以上。未来，这一批行业龙头企业和专精特新企业在广东省政府部门规划统筹下，"链主"企业将发挥更大的生态主导力，带动产业链上下游联动，以核心技术突破实现产业链创新发展。

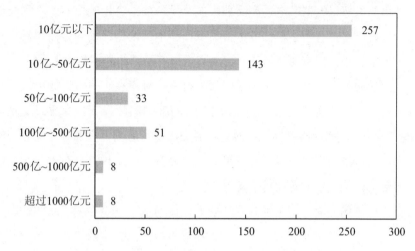

图 2-6 2021 年广东省制造业 500 强企业营收情况①

表 2-1 2021 年广东省制造业企业 500 强企业营收前十名

排名	企业名称	营业总收入（万元）
1	华为技术有限公司	89136800
2	正威国际集团有限公司	64616743
3	富士康工业互联网股份有限公司	43178600
4	美的集团股份有限公司	28571000
5	广州医药集团有限公司	17988428
6	珠海格力电器股份有限公司	17049700
7	比亚迪股份有限公司	15659800
8	中兴通讯股份有限公司	10145100
9	富泰华工业（深圳）有限公司	9866172
10	中国国际海运集装箱（集团）股份有限公司	9415900

数据来源：陈相龙.地方工信的非凡十年·广东篇｜坚持"制造业立省"着力振兴实体经济，广东奋力打造新发展格局战略支点 [EB/OL]. （2022-10-12）[2022-11-23].

----

① 彭琳.2021 年广东省制造业 500 强发布企业营收规模和增速均上升 [EB/OL]. 南方日报，2021-12-31.

二、广东省制造业全链数字化转型的基础

(一) 数字经济发展迅速，为转型增添新动能

近年来，广东省数字经济发展迅速，为制造业转型升级不断增添新动能。总体来看，广东省数字经济的发展呈现出规模变大、占 GDP 比重增大的特点。

从总体规模来看，广东省数字经济规模持续变大，增长速度快。2015年，广东省数字经济规模为 2.2 万亿元。到 2020 年，数字经济规模达到 5.2万亿元。5 年之间，增长速度达到 136.36%。

从数字经济占 GDP 比重来看，广东省数字经济占 GDP 比重逐年增大。如图 2-7 所示，2015 年数字经济占 GDP 的比重为 30%。2020 年，数字经济占 GDP 比重达到 46.8%，占比接近 GDP 的五成。

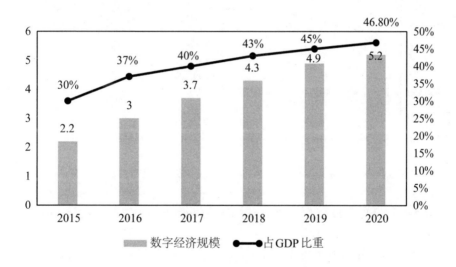

图 2-7　2015—2020 年广东省数字经济规模（万亿元）①

(二) 数据要素资源丰富，核心专利占比上升

广东省数据要素丰富，表现为数据资源数量大、数字经济核心产业专利

---

① 首发 |《广东省新型数据中心发展白皮书（2022 年）》［EB/OL］. CIDC, 2022-07-15.

占比大、数字技术专利申请数量位居全国第一。

在数据资源方面，目前，广东累计发布数据资源目录5.18万个，数据总量达659亿条，数据调用量达666.2亿次。通过"开放广东"平台向社会开放2.84万个公共数据集和225个数据服务接口。

在数字经济核心产业专利方面，数字经济核心产业发明专利数量及其所占全部专利比重逐年上升。如图2-8所示，2016年数字经济核心产业发明专利为6.47万件，占全部专利比重的41.60%。到2019年，数字经济核心产业专利达到137948万件，占全部专利比重为67.90%。3年间，专利数增加到近两倍，所占全部专利数比重提高26.30%。

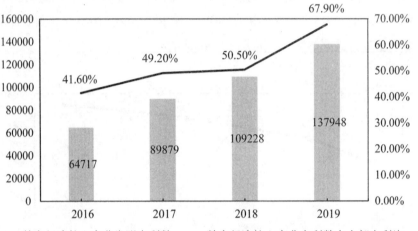

图2-8 2016—2019年广东省数字经济核心产业专利发明数及其占全部专利比重①

在数字技术专利申请数量方面，广东省数字技术专利申请数量位于全国第一。截至2022年11月，广东省是全国申请大数据专利数量最多的省份，当前累计大数据专利申请数量达7807项。截至2021年7月，广东省是全国申请云计算专利数量最多的省份，累计高达34854项。广东省区块链相关专利的申请数量最多，截至2021年12月9日，共计申请12533项。从我国物

① 广东数字经济发展探析［EB/OL］. 广东省统计局，2022-11-26.

联网申请数量的省份分布来看，广东省物联网相关专利的申请数量最多，截至 2021 年 12 月 15 日，共计申请 33637 项。2021 年，广东省为我国当前申请人工智能专利数量最多的省份，当前累计人工智能专利申请数量高达 32538 项。

（三）数据中心市场庞大，保持稳定增长趋势

广东省数据中心市场规模大，平均增速快。从增长规模来看，广东省数据中心市场规模持续扩大。如图 2-9 所示，2016 年广东省数据中心市场规模为 53.3 亿元。在新基建的刺激下，资本涌入数据中心市场，市场增长速度加快。到 2021 年，数据中心市场规模达到 164.1 亿元。从增长速度上看，广东省数据中心市场平均增长速度快，近 6 年的年均复合增长率超过 20%。2016 年至 2020 年期间，每年增长速度达到 20% 以上。2021 年受互联网行业增速放缓影响，增长率放缓，但依然保持增长趋势。

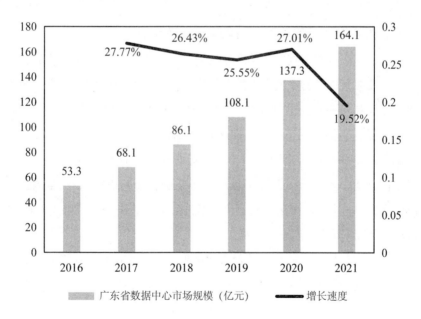

图 2-9 广东省数据中心市场规模（单位：亿元）①

———————

① 黄姝伦，莫郅骅．广东数据中心产业布局优化韶关将承接广深等地实时算力需求［EQ/OL］．南方都市报，2022-05-31.

三、数字基础设施完善，设施数量不断增加

广东省数字基础设施完善，总体地位突出。2017 年，全国平均数字基础设施指数为 2321.85 点，广东省数字基础设施指数为 10554.74 点，广东省比全国平均高 354.58%，优势地位明显。2021 年，全国平均数字基础设施指数为 11597.78 点，广东省数字基础设施指数为 44776.65 点，广东省比全国平均高 286.08%。5 年期间，广东省数字基础设施指数与全国平均相比，优势地位持续突出。近年来，广东省各种数字基础设施建设数量不断增加。例如，5G 基站建设数量逐年提升。2019 年，全省累计建成 5G 基站 36988 个，约占全国 1/4。截至 2020 年年末，广东省累计建成 5G 基站数已突破 12.4 万个。2021 年，广东建成 5G 基站 17.1 万个。截至 2022 年 12 月，广东省累计建成 5G 基站超 21 万个，数量位居全国第一。

四、数字产业发展迅速，四化建设成效明显

其一，广东省数字技术相关产业发展迅速，表现为大数据企业数量、人工智能企业数量以及物联网企业数量均位居全国第一，区块链企业占全国比重大，云计算相关企业数量位居全国前列。2021 年，广东省大数据企业共 2745 家，数量位居全国第一。广东省的人工智能企业数量共有 19782 家，占全国总量的 24%，位居全国第一。广东省的物联网企业数量最多，共 7.18 万家。截至 2021 年年底，广东省区块链相关企业有 43194 家，占全国总量的 35.8%。北京、广东、山东 3 地云计算相关企业数量最多，分别有 8.1 万家、7.8 万家和 7.5 万家，广东排名第二。

其二，广东省在"四化"建设方面成果明显，主要表现在工业互联网平台培育、工业机器人生产与应用和 5G 基础设施建设等方面。在工业互联网平台培育方面，广东按照"先典型引路、后全面推广"的实施路径，在财政支持下，重点行业、骨干企业和领军企业积极探索工业互联网落地应用场景，累计培育 300 多个行业标杆示范项目。截至 2022 年 9 月底，广东省已累计推动 2.25 万家规模以上工业企业实现"上云上平台"数字化转型，带动 65 万家企业"上云用云"降本提质增效，代表性企业有华为、树根互联、富

士康、腾讯、美的、华润，6 家企业入选 2022 年国家级跨行业跨领域工业互联网平台，数量位居全国第一，共引进培育 543 家优秀工业互联网平台及数字化转型服务商。

机器人被誉为"制造业皇冠顶端的明珠"，它的研发、制造、应用是衡量一个区域内科技创新和高端制造业智能化水平的重要标志。在机器人企业数量方面，目前我国机器人相关企业共有 51.38 万家，其中，广东省机器人相关企业达 10.8 万家，占比 21.0%；在工业机器人产量上，2021 年广东省全省工业机器人产量 12.44 万台（套），同比增长 56.5%，高出全国增速 11.6 个百分点，占全国产量 34.0%，连续两年保持产量全国第一。

5G 网络是制造业数字化转型的重要驱动力量和重要载体，其高传输速率、低延时和海量链接的特性，能很好满足制造业数字化、网络化、智能化的发展需求。在 5G 基础设施建设方面，到 2021 年，广东省已累计建成 5G 基站 17 万个，5G 基站数和用户数均居全国第一。

第三章

广东省制造业全链数字化转型存在问题

一、生产的"大分流"现象呼唤数字化转型

广东省制造业具备全球规模。粤港澳大湾区与其他世界三大湾区——旧金山、纽约和东京——比较,已经位居第二。与此同时,广东省制造业数字化过程发展迅速。10多年前,中国制造业初具规模,但普遍存在一个问题——物质产品生产份额和价值实现份额的"大分流"现象,现在还存在吗?

2008年,中国生产了12.4亿吨水泥,世界水泥产量为22.0亿吨。同年,中国生产了4.2亿吨钢,世界的钢铁产量是12.4亿吨。如果把占全世界56%的水泥和34%的钢铁组合一下变成一个钢筋混凝土工地,用来铺设街道或者建造高速公路,全世界每三条公路或者街道铺建起来,至少有一条在中国;如果用其来建高楼,全世界每三栋高楼建起来,很可能有两栋在中国(因为我们是房地产热)。钢筋混凝土工地的规模衍生一个国家建筑业的规模。建筑业在国民经济产业序列——农业与基础原材料、冶金能源与重化工、交通运输及电子通信、加工制造及日用制造、物流采购和零售等各种第三类服务产业的中段,产业的成长是成比例的,如果中国的建筑业在物质生产规模的意义上是世界级的,沿着建筑业向其上游和下游追溯,中国国民经济中制造产业序列的产出应该也是世界级的。保守估计,作为"世界生产车间"的中国,在2008年前后,至少生产了约30%的世界物质产品。但遗憾的是,其GDP约折合2.6万亿美元,仅为世界GDP总额45.8万亿美元的

5.7%。我们将这种制造能力巨大、价值实现能力过小的尴尬局面称为物质生产份额与价值实现份额的"大分流"现象。当年形成这样一个结论的调研，是在广东省 4 个行业——服装、鞋帽、轻工和物流的调研基础上形成的。

10 多年以后，中国还是生产了差不多份额的世界物质产品。2022 年，中国生产了 13.4 亿吨钢，世界的钢产量为 18.3 亿吨，比例从 34% 上升到了 73%，增加了 39 个百分点。同年，中国水泥产量为 21.3 亿吨，全球 41 亿吨，占世界的 52%，下降了 4 个百分点。与 2003—2008 年的调研基期时间相比，二者的加权平均规模仍然高于 2008 年前的数字。2022 年，中国 GDP，亦即价值实现能力，占世界 GDP 统计的 18%。与 2008 年间的数字相比，价值实现能力翻了一番，但是，同基期时间段的物质生产份额相比，在加权平均的意义上，中国依然生产了全世界 35% 以上的物质产品，但实现的价值份额，还仅在世界平均数的 50% 上下。换句话说，中国物质产品生产份额和价值实现份额的"大分流"现象，虽然在比例上有小幅度的优化，但在"大分流"现象的观察特征上，仍然没有在基本面上得到改善。

广东省是我国制造业生产大省和出口大省，这种物质产品生产份额巨大和价值实现份额过小的"大分流"现象更为突出。过去我们说，中国处在价值链的低端，在国际分工中劳动密集型产业在国民经济体系结构变迁中逐渐攀升。与东亚国家经济起飞后对标，我们在高端服务业，尤其是后车间经济部分的发展滞后了。广东制造业数字化升级，在某种程度上矫正了制造业在世界产业链中加权平均位置过低的现象，广东强调制造业全链数字化升级战略，正是上述"大分流"现象没有在根本上完成矫正现状的写照。

二、工业互联生态欠缺，设备联网比例低

我国珠三角地区存在物质产品生产份额和价值实现份额的"大分流"现象，这是从经济整体的生产能力和价值实现能力视角来观察问题的。深入国民经济体系的板块内部，从制造业本身来看，来源于其后车间经济三个相对独立的生产环节——"物流采购—供应链管理—整合信息技术"——在制造经济于 20 世纪 80 年代大发展的时期，我国经济才刚刚打开门户与世界经济联结，招商引资的主要目的是寻找市场和连带市场而来的资本，与国内经济存在的廉价劳动力结合，形成具有国际市场上价格竞争力的"出口导向"经济。这个时候，经济发展的主要目标是招商引资的量和出口规模，"拾到篮子都是菜"，产业生态和结构升级是次一个目标定位的。

也正是这种产业成长的内在逻辑，"大分流"现象具有其成长的时间逻辑合理性，是后车间经济三大"定价"经济环节缺失、整体经济的价值实现能力过小造成的。但是，深入到技术层面，"大分流"现象则更来源于工业互联网生态欠缺，网络网格间传输价值信心的补偿造成的。目前看来，很多企业工业设备联网的比率低，是工业数据应用不足造成的。初步的调研数据发现，省内超过半数制造业企业联网设备占总生产设备的比例低于8%（图3-1）。

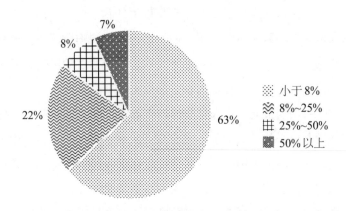

图3-1　广东省制造业企业数字化转型已联网生产设备占总量比重①

工业企业联网设备比率低，必定带来联网产业的生态丰度低。广东省人民政府发展研究中心调研数据显示，广东省制造业企业数字化转型已使用的数字技术的数据显示仅29%的企业使用了工业互联网（图3-2）。互联网业态成长丰度低，必然导致整体联网络网格的三大特性——"绵密性—高通量—低时延"——度量指数低。与之对应的是，超大企业集团营业规模非常巨大，但中小微企业的营业举步维艰。线下经济不断被线上经济替代，但是数字科商中介生存非常艰难，线下实体商店不断流失。一个预示的前景是，

---

①　关于广东省制造业企业数字化转型的调查结果［EB/OL］. 广东省人民政府发展研究中心，2021-07-20.

广东省制造业工业互联网的发展空间仍然较大。

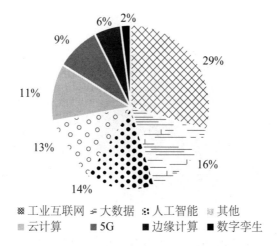

图3-2　广东省制造业企业数字化转型已使用的数字技术①

三、制造业转型投入不足、融资难、回报周期长

制造业数字化转型面临投入不足、投资的机会成本高、资金回报周期长的问题。在资金投入方面，2019年中国企业联合会《中国企业数字化转型现状及趋势调研报告》显示，我国企业数字化转型的资金投入不足，投资效应滞后是影响企业数字化转型投入的重要因素。从我国企业数字化转型现状来看，整体上中国企业数字化转型投入不足问题比较突出，亟待重视（图3-3）。广东省人民政府发展研究中心的调研显示，数字化转型投入超过年销售额6%的企业占比5%。其中，43%的企业数字化转型投入低于年销售额的1%（图3-4）。横向比较的数据发现，基于216家不同规模中国企业（71%来自上海、广东、北京及江苏等经济较为发达地区）得出的《2019中国企业数字化转型及数据应用调研报告》，企业数字化转型投入占营业收入的理想比例（6%以上）应达到33%（图3-3）。这里需要指出的是，转型投入销售额的比例，与FDI投资比例不是一个口径。后者是指厂商把营业额的百分比

---

① 关于广东省制造业企业数字化转型的调查结果［EB/OL］. 广东省人民政府发展研究中心，2021-07-20.

用于创新研发，前者是指厂商采用新技术经营和销售。二者不是同一个概念。

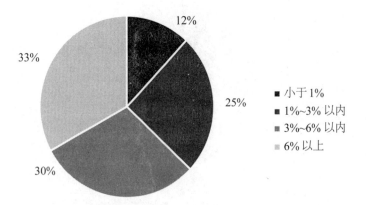

图 3-3　企业数字化转型投入占营业收入的理想比例①

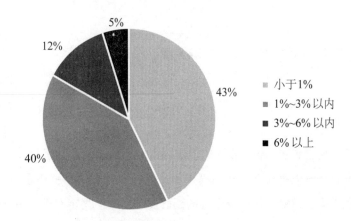

图 3-4　广东制造业企业数字化投入占营业收入比重②

　　占比 33%，事实上是企业有 1/3 左右的业态是线上销售形式。如果广东仅有 5% 的销售类企业，而不是 1/3 的销售类企业在线上销售，横向比较的后果是，广东 B-C 类实体，尤其是 B-C 类线上销售中介太少了。这类中介

①　2019 中国企业数字化转型及数据应用调研报告［R/OL］. 华夏邓白氏，哈佛商业评论，2019-09-20.
②　关于广东省制造业企业数字化转型的调查结果［EB/OL］. 广东省人民政府发展研究中心，2021-07-20.

少的原因有两个，一是头部线上实体，如阿里、京东、拼多多、美团类平台
太少了；二是唯品会虽然是一个枢纽性平台，但唯品会的数据网络和云端架
构没有形成规模，线上实体中介很难在唯品会上形成生态联系。正是缺乏完
型性质的枢纽平台，在新冠疫情期间，广东省制造业企业的数字化转型出现
了较大的迟滞。

广东省制造业数字化转型投资不足的重要原因来源于厂商融资难、融资
贵。广东省人民政府发展研究中心开展的调研（图3-5）发现，有8.86%的
企业表示"投入成本较高，缺乏融资支持"是当前企业难以开展数字化转型
的主要问题，有5.45%的广东省制造业企业表示"产出成果难看到，投入产
出率低"是当前企业开展数字化转型面临的主要问题，这说明广东省制造业
企业在全链数字化转型资金方面仍存在缺乏融资、资金回报周期较长、难看
到产出成果等问题。

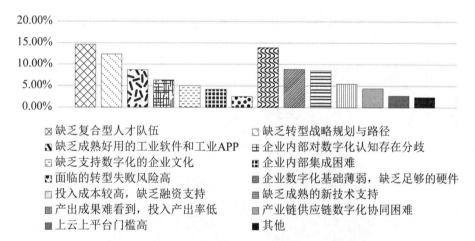

⊠缺乏复合型人才队伍　　　　　　　▢缺乏转型战略规划与路径
▧缺乏成熟好用的工业软件和工业APP　▨企业内部对数字化认知存在分歧
▢缺乏支持数字化的企业文化　　　　　▦企业内部集成困难
▨面临的转型失败风险高　　　　　　　▩企业数字化基础薄弱，缺乏足够的硬件
▢投入成本较高，缺乏融资支持　　　　▨缺乏成熟的新技术支持
▤产出成果难看到，投入产出率低　　　▨产业链供应链数字化协同困难
■上云上平台门槛高　　　　　　　　　■其他

图3-5　广东制造业企业数字化转型面临的主要问题①

融资难和融资贵是我国厂商数字化转型面临的普遍问题。但是，从业态
方面来看，广东省制造业的规模优势，主要来自中小微企业的规模优势，如
果除去深圳制造业超千亿的龙头企业，广东省制造业超千亿的企业数量，横

---

① 关于广东省制造业企业数字化转型的调查结果［EB/OL］. 广东省人民政府发展研
　究中心，2021-07-20.

向相比，并不比自己的对标省份，江苏省和山东省多。龙头制造业是商业银行延展信贷的核心企业，核心企业数量不占优势，中小微企业数量多，反映在融资方面，一定是单个企业融资信用少、融资难和融资贵。

四、数字技术人才短缺，人才培养亟须加强

随着企业数字化转型不断深入，当前企业数字化转型的步伐加快，数字化人才已成为数字化转型的重要支撑。当前，广东省制造业存在数字技术人才短缺和人才培养建设不足等问题。

在数字人才数量方面，根据广东省人民政府发展研究中心发布的调研数据显示（图3-6），接近半数的企业数字化转型技术人才占企业总人数的比重低于1%，表明目前广东制造业企业缺乏数字化转型方面的人才，这导致企业无自主开发与运营数字平台的能力，需要借助大型企业开发的第三方数字平台，使得企业在数据资产积累、维护和应用方面处于被动的地位。同时，企业缺乏信息安全、数据安全方面的人才，导致企业在运营过程中面临数据泄露等问题，不利于企业数字平台运营能力的提升。

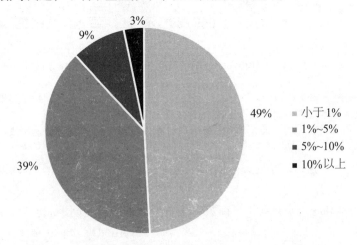

▨	小于1%
▨	1%~5%
▩	5%~10%
■	10%以上

图3-6 广东制造业企业数字化转型的技术人才占总量比重①

———————

① 关于广东省制造业企业数字化转型的调查结果［EB/OL］. 广东省人民政府发展研究中心，2021-07-20.

华为《2020 年 5G 人才白皮书》（以下简称《白皮书》）从 5G 人才培养与就业、企业招用与未来人才培养 3 方面对 5G 技术人才现状进行了分析。在《白皮书》中，华为重点介绍了 5G 技术与人才的创新关系。通过对人才现状的分析发现，目前我国数字化转型过程中存在一个大问题："缺人。"数字人才缺失的问题对制造业企业数字化转型造成阻碍。当前数字经济产业正处于发展阶段，数字技术应用场景不断丰富和多元化，企业中对于数字化创新人才的需求十分迫切。数字化转型对员工的数字技术专业技能要求较高，而目前大多数行业仍以人力密集型为主，大量员工面临被淘汰的威胁，而大量数字技术相关的新岗位又"缺人"。

而在人才培养方面，随着数字化发展进程加快，数字化转型人才建设也成为亟待引起重视和解决的问题。目前，国内数字化转型人才培养方面还普遍存在数字技术专业设置偏少、专业设置不合理、专业教学质量不高、人才供需矛盾突出等问题。主要表现在：一是高校数字技术专业设置数量较少；二是课程体系有待优化；三是教学模式相对单一；四是师资队伍相对不足；五是人才培养机制改革不足。

五、区域发展差异大，转型进展不一

广东省制造业区域之间发展差异明显，以 2019 年广东省制造业 500 强企业分布为例，如图 3-7 所示，500 强企业主要集中在珠三角地区，包括深圳市、东莞市、佛山市和广州市。区域制造业发展水平的差异，同样也在一定程度上导致各区域数字化转型水平不平衡。主要是因为深圳、广州、东莞和佛山等珠三角城市经济水平较高，金融信贷体系较完善，同时珠三角对数字化转型人才和高技术人才吸引力大，并且处于粤港澳大湾区，政策扶持程度高，从而推动制造业数字化转型较快发展。而非珠三角地区如梅州、云浮等地，制造业数字化转型水平低，主要是因为非珠三角地区本身 500 强制造业企业数量较少，且经济发展水平低于珠三角地区，同时地方政府对制造业数字化转型重视程度低于珠三角地区，导致制造业数字化转型水平较低。

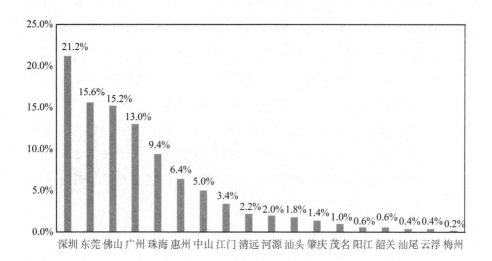

图 3-7　广东制造业 500 强各地市分布图①

六、数字转型意识薄弱，缺乏专职职能部门

广东省制造业数字转型存在认知薄弱现象。在数字转型意识方面，据 2021 年广东省人民政府发展研究中心调查结果，如图 3-8 显示，34%的受调查企业未开展数字化转型，表明部分制造业企业对数字化转型的重视程度较低，存在技术认知薄弱、转型意愿不强的问题。广东省人民政府发展研究中心此次调研数据发现，部分广东省制造业企业管理层的数字化转型意识薄弱，尤其是小微企业、非珠三角地区企业，缺乏对数字化转型重要意义的认识和重视，未能从企业发展战略高度对数字化转型进行谋划。

数字化转型缺乏统一的协调机构。与大量厂商数字化转型认知不足的同时，与全国一样，广东数字化转型还缺乏地方产业公共品供给。北京大学数字化转型班 2022 年到 2023 年间，办了 20 个班左右，大家踊跃参加。但由于企业处于不同行业，同一个班的"专精特新"企业，对同一个课堂知识、难调需求众多，需要一个统一的机构来协调关键共性技术的落地，允许企业在

---

① 2019 年广东制造业 500 强企业研究报告［R/OL］. 广东省制造业协会，广东省产业发展研究院，广东省社会科学院企业竞争力研究中心，2019-11-13.

同一协调平台上交流和资源共享。类似的机制在广东还较少存在。

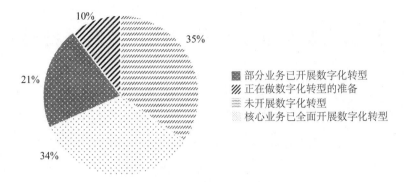

图 3-8 广东省制造业企业数字化进程①

总的来说，广东走在了全国的前面，但企业依托一种公共品性质的转型关键共性技术平台，寻找到自己投资切入点项目的时候，碰到了支持的瓶颈。

---

① 关于广东省制造业企业数字化转型的调查结果 [EB/OL]. 广东省人民政府发展研究中心，2021-07-20.

第四章

广东省制造业全链数字化转型发展机遇

一、影响全链数字化转型的人力资源因素

（一）人口劳动红利减弱，智力红利不断增强

在改革开放初期，我国的人口基数和适龄劳动人口为制造业的持续增长提供了充沛的劳动体力供给。随着制造业数十年的发展，到了 21 世纪，我国人口的老龄化程度不断加深，适龄劳动人口比重逐步降低，图 4-1 显示，2000—2021 的 20 年间，广东省 65 岁及以上人口比例呈上升趋势，从 6.05%上升到 9.12%。同一时期，由于经济发展程度的深入，劳动成本不断上升，

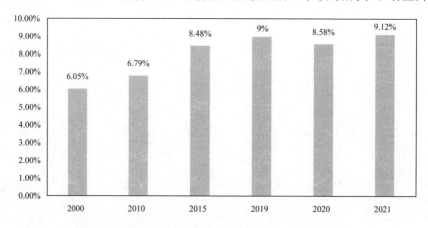

图 4-1　2000—2021 年广东省 65 岁及以上人口比例①

――――――――

① 广东省统计局，国家统计局广东调查总队 . 广东统计年鉴 2022 ［M］. 北京：中国统计出版社，2022.

同等数量的人口规模在结构变化不利于制造业就业的同时，偏好制造业就业的比例更低了。换句话说，广东省经济发展的人口红利早已越过增长的技术拐点，趋向消失。

同一时期，我国高校毕业生人数从 2000 年的 94.98 万增加到 2021 年的 909 万。与同一时期的美国经济体 198 万毕业生的人数相比，是美国的 4.59 倍。与同一时期中美人口比例 4.23 相比，还略有超出。换句话说，40 多年的改革开放后，我国大学毕业生人数与人口比例均超出了美国同期数字。这是一个了不起的人口质量进步，我国人口的劳动红利在减弱的同时，我国人口的智力红利在不断增强。给定一个人口规模，给定人口年龄构成，统一规模的适龄劳动人口，智力成分明显增加了。处在经济增长步入高收入阶段的门槛线附近，与发达经济相比，劳动要素仍然可以为经济增长提供强劲的劳动智力红利。

（二）制造企业招工困难，存在用工需求缺口

2022 年 2 月，人社部发布了 2021 年四季度"最缺工"的 100 个职业排行榜单，数据显示，有超过四成属于生产制造及有关人员。与 2021 年第三季度相比，第四季度排行反映出制造业缺工状况持续。制造业用工出现缺口的背后机理和以前不一样。十几二十年前，制造业用工荒的缺口多是由于季节性和区域发展差异问题，工厂的订单期和中国传统节日处在同一时段；某一内陆地区某个制造业板块的快速增加与沿海地区争抢同一劳动人口的矛盾。当前，问题集中在传统制造用自己能够支付得起的高工资也很难吸引到原来的年轻劳动力，而升级后的新制造板块，需要更有经验的智力劳动人群，但在自己支付的较高工资水平上，仍然难以找到"智能制造"的合格智力劳动人才。缺少传统劳动和缺少新智力劳动人口现象同时存在。经济发展阶段提高是智能制造在前一时期创新提高的结果，但新的制造岗位上需要新智力劳动人群时，适合岗位的智力和经验又显得不足。新劳动资源的供给和需求之间出现了问题。到 2025 年，我国制造业十大重点领域人才需求缺口将近 3000 万人。而广东省作为我国制造业大省，亟须关注与解决制造业用工缺口大的问题。

（三）传统高校学科底蕴深厚，数字化人才可转型基础强

人才是发展的第一要素，数字化转型需要大量的人才输送。广东省在教育和人才培养方面，具有高等教育底蕴深厚和人才储备数量领先的特点。在高等教育方面，截至 2021 年年底，广东省普通高校有 160 所，其中 11 所高校入围 2021 年软科世界大学学术排行榜中国内地前 100 名，8 所高校入围国家"双一流"建设行列，130 个学科入围 ESI 全球排名的前 1%。广东省高等教育在校生总规模 408.8 万人，其中博士研究生 2.45 万，硕士研究生 14.8万，理工农医类博士生和硕士生分别占总量的 80.35% 和 62.32%，有力支撑科技强省建设。在人才储备方面，广东省科技人才数量较多。根据科技部组织编写的《中国科技人才发展报告 2020》显示，2019 年，广东省研究（Research and Experimental Derelopment，R&D）人员达 80.3 万人，居全国首位，超过西部 12 个省份之和，是东北三省总量的 4.3 倍。2021 年，广东省在粤外国人才约占全国总数的 1/5，全省研发人员超 110 万人，科技人才储备在全国领先。

高等教育、研究规模处于国家同类地区的前沿。但是，数字技术支持下的智能机器制造，以及第三方数字平台所需的人才科目，在全日制高校中，因教育的学科体系和招生培养过程的滞后，难以跟上一线经济发展的需求。需求的窗口期和需求结构难以满足的缺口，为制造业的全链数字化升级提供了新产业增长点，以及对应数字化人才培养的产业机遇。

二、影响全链数字化转型的技术因素

（一）数字技术快速发展与制造业深度融合

当前新一轮科技革命和产业变革深入推进，数字技术加速发展并与各产业融合，成为推动构建新发展格局、建设现代化经济体系、构筑国家竞争优势的重要力量。数字技术能够对制造业进行多维度、系统性的重塑，主要表现在改造制造业业务流程、优化生产要素的配置过程、提升制造业生产效率等方面。从业务流程来看，云计算、人工智能、工业互联网等数字技术的应用能对制造业设计研发、生产制造等过程进行全流程、全链条、全要素的改造，促进制造业数字化转型升级；从生产要素配置来看，数字技术可以贯穿

研发、生产、流通、服务和消费全流程，优化传统生产要素的配置效率，推动全价值链协同；从生产效率来看，数字技术应用引发资本对劳动的替代，并且在替代简单劳动的同时，带动无法实现自动化工作岗位的复杂劳动力的需求，增加高端劳动力需求，带来生产效率提高。由此可见，实现数字技术与制造业深度融合，有利于制造业的改造升级，推动制造业数字化转型。

作为全球重要制造基地和数字经济大省，广东省应当把握新一轮科技与产业革命的契机，全面绘制全省制造业数字化转型的蓝图，着力推进制造业数字化转型，加快实现从制造业大省到制造业强省的转变，构筑制造业国际竞争新优势。

（二）工业互联网发展快，赋能制造业数字化

工业互联网是制造业数字化转型的关键支撑，也是企业通过数字技术助力决策、提质增效的有效举措。近年来，广东省深化工业互联网国家示范区建设，推进数字经济与实体经济深度融合，成效显著。截至2022年6月底，广东省累计推动2.25万家规模以上工业企业运用工业互联网数字化转型，带动65万家中小型企业"上云用云"。此外，广东省工业互联网相关的企业数量位居全国前列，国家级工业互联网平台的数量位居全国第一。广东省已被工信部授予首批2个国家级工业互联网示范区之一，按照"先典型引路、后全面推广"的实施路径，将对不同行业、不同规模的企业分类施策，推动制造业加速向数字化、网络化、智能化发展。

广东省注重工业互联网产业生态建设，积极构建工业互联网生态供给池。2017年，广东省首创"广东省工业互联网产业生态供给资源池"。工业互联网生态供给池的创立吸引广东本土的优秀企业与落户扎根广东市场的国内外优秀企业加入。截至2018年，共有144家企业入选资源池。截至2019年，共有230家企业入选资源池。数据显示，截至2020年，广东省已发展372家"省工业互联网产业生态供给资源池"企业，位居全国第一。截至2021年6月，广东省工业互联网产业生态供给资源池企业数已突破400家。

（三）区域创新实力领先，创新生态体系完善

从技术因素来看，广东省区域创新实力领先，创新生态体系完善，主要

表现在创新集群、创新主体和研发机构的数量上。在区域创新能力方面，科技部支持下的《2022 年中国区域创新能力评价报告》显示，广东省区域创新能力继续保持领先，已连续 6 年排名全国第一。在研发经费支出、研发人员、高新技术企业、发明专利有效量、PCT 国际专利申请量等主要科技指标上均保持全国首位。

从创新集群来看，不仅有着"深圳—香港—广州"科技集群蝉联全球第二位的好成绩，而且广州、深圳还获授中国软件名城的称号。广东还成为拥有 2 个国家级人工智能创新应用先导区的唯一省份。

从创新主体上来看，广东省国家级高新技术企业总量达 5.3 万家，位居全国第一。广东拥有 3 家国家级制造业创新中心、33 家省级制造业创新中心、85 家国家级制造业单项冠军企业和 429 家国家级专精特新"小巨人"企业。

从研发机构数量来看，广东省设立了 276 家新型研发机构，其中 6 所港澳高校在粤参与共建新型研发机构 9 家，拥有着粤港澳大湾区建设发展机遇，集聚了国际创新资源的优势。

三、影响全链数字化转型的经济产业因素

（一）经济总体增速放缓，强劲复苏可期

在 2021 年成为国内首个 GDP 超 12 万亿元的省份后，广东省经济发展面临需求收缩、供给冲击、预期转弱三重压力。由于毗邻港澳，经济外向度高，近年来，广东省受新冠疫情冲击及国外需求萎缩直接影响，经济增速放缓。图 4-2 显示，2022 年广东省 GDP 增速为 1.9%，落后于江苏、浙江和山东等经济大省。具体到省内各地市，深圳、惠州和江门三市 2022 年 GDP 增长速度均超过了 3%，广州和东莞两市则增速较缓（图 4-3）。2023 年，考虑到新冠疫情后消费复苏、房地产市场企稳回升等国内大循环启动，考虑到国际同类因素影响加强，预计广东经济增长将迎来较为强劲的复苏。

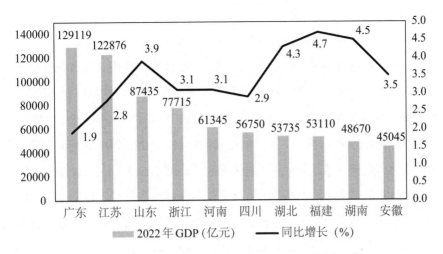

图 4-2　2022 年中国 GDP 排名前十省份和同比增长①

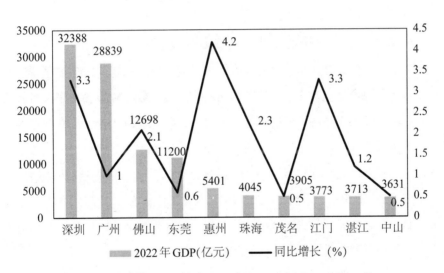

图 4-3　2022 年广东省 GDP 排名前十地级市和同比增长②

① 广东经济增速连续两年跑输全国，21 市立军令状能否翻转局面 [EB/OL]. 搜狐，2023-01-30.

② 广东经济增速连续两年跑输全国，21 市立军令状能否翻转局面 [EB/OL]. 搜狐，2023-01-30.

（二）工业发展态势良好，持续吸引投资注入

广东省工业经济发展态势良好，制造业规模实力全国领先。党的十八大以来，随着经济发展进入新常态，广东工业经济从高速增长向高质量发展转变。2013—2021 年广东省工业增加值年均增长 6.3%。2021 年，广东省工业生产经营活动快速恢复，增加值增长 9.3%，高出同期全省地区生产总值（GDP），增速为 1.3 个百分点，近 7 年来首次高于全省 GDP 增速。这表明广东地方国民经济体系产业全覆盖具有强有力的复苏韧性。

制造业全覆盖，地处东南沿海又直接与国际市场联动，投资于广东的预期并没有在市场范围消失。这一逻辑突出表现在广东制造业在新冠疫情期间持续吸引投资注入，增长势头未见弱化。2022 年前三季度，广东工业投资增长 15.6%，其中，制造业投资增长 18.4%，特别是高技术制造业投资增长 35.0%，先进制造业投资增长 27.3%。

（三）数字经济持续发展，增强数智转型动能

数字经济发展的初期阶段表现为数字智能制造，二次阶段为数字智慧平台及数字资源价值化发展。在数字智能制造阶段，数智转型联动表现得较为突出。广东省数字经济发展逻辑走在了国家的前列。2021 年，广东数字经济增加值规模达 5.9 万亿元，其中数字产业化规模为 1.9 万亿元，产业数字化规模为 4.0 万亿元，连续 5 年居全国首位。目前，广东数字经济增加值占 GDP 比重达 47.5%，与全国 41.5% 的平均数相比，有 6 个百分点的超前发展。制造业基数大，制造业全覆盖程度高，制造业数字化转型升级必然与数字经济初期发展阶段的典型特征关联程度高。

度量数字产业化程度高的一个重要观察数字，产业数字化规模为 4 万亿元，揭示了这一内在关联过程。产业数字化是存量产业的数字化升级，多表现在工业 2.0 向工业 3.0 的过渡起始点上。但是，数字产业是为产业数字化升级的数字核心厂商及数字中介集聚在一个物理半径内形成的厂商集聚，集聚厂商形成某种场景，场景载体及建设进一步将该过程独立于车间制造过程发展，出现数字产业化，或者出现数智联动产业现象。可以预期，在未来几年，广东省在数字经济的领先地位将进一步增强，发展潜力巨大，这也为制

造业企业数字化转型提供了巨大的动能。

（四）营商生态持续向优，支撑先进制造崛起

营商环境是推进制造业高质量发展的内在需求，制造业是对营商环境较为敏感的行业。如图4-4所示，赛迪智库发布的《2020年我国制造业营商环境白皮书》显示，2020年广东省制造业营商环境位居全国第一。广东省制造业持续向优的营商生态，主要体现在知识产权保护、用地保障、工业园区建设、金融支持、"放管服"改革等方面。

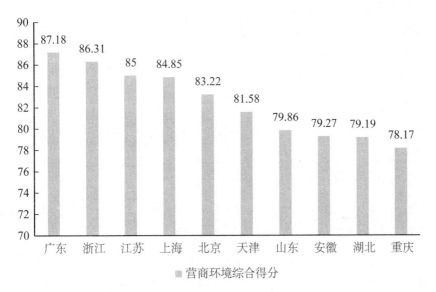

图 4-4　2020 年中国营商环境综合得分排名前十省份①

在知识产权保护方面，广东省历年来都较为重视知识产权保护。"十三五"期间，广东省全省知识产权综合发展指数和保护指数均连续9年位列全国首位。在专利申请数量、知识保护中心建设、知识产权强市建设和知识产权质押融资上都取得不俗成绩。在专利申请数量上，2021年全年，广东的发明专利授权量10.3万件、发明专利有效量44.0万件、PCT国际专利申请量2.6万件、马德里商标国际注册申请量1513件、有效注册商标量676.6万

---

① 赛迪智库. 2020 年我国区域制造业营商环境白皮书［EB/OL］. 先导研报，2024-06-26.

件，发明专利有效量和 PCT 国际专利申请量分别连续 12 年和 20 年位居全国第一。在知识产权中心建设上，2022 年，中国（汕头）知识产权保护中心正式揭牌，成为广东省继佛山、深圳后的第三个国家级知识产权保护中心。在知识产权强市建设示范城市上，2022 年国家知识产权局发布的《国家知识产权局关于确定国家知识产权强市建设试点示范城市的通知》中，广东省佛山市获评国家知识产权强市建设示范城市。在知识产权质押融资上，"十四五"期间，广东将继续全力推动粤港澳三地知识产权合作创新，知识产权质押融资登记金额将达 2500 亿元。

除此之外，广东省在用地保障、工业园区建设、金融支持、"放管服"改革等方面持续布局，优化制造业营商环境，支撑制造业发展。在用地保障方面，广东省在全国首创"划定工业用地保护红线和产业保护区块"，广东省自然资源厅在 2017 年出台《关于完善工业用地供应制度促进供给侧结构性改革的指导意见（试行）》，为各市划定工业用地红线提供依据，精准保障先进制造业、战略性新兴产业等用地需求，也同步优化提升产业布局，强化产业发展生态链，对"工业强省"的支撑作用尤为明显。2022 年，自然资源厅推出 11 条加强项目用地用海要素保障的措施，进一步统筹保障先进制造业项目用地计划指标。在工业园区建设方面，广东省在汕头市、佛山市、中山市、江门市、湛江市、肇庆市等地市布局建设大型产业集聚区，聚焦战略性产业集群培育，认定首批 19 个省级特色产业园；推动 162 个省级以上工业园区高质量发展，园区实现的规模以上工业增加值占全省规模以上工业增加值的近六成，已成为制造业发展的重要载体和引擎。在金融支持、"放管服"改革等惠企政策方面，广东省陆续出台"实体经济 10 条""民营经济 10 条""中小企业 26 条""促进工业经济平稳增长 32 条"和"助企 25 条"等政策，着力优化营商环境。

四、影响全链数字化转型的政策环境因素

（一）各国数字化战略布局

近年来，各国加大了数字化转型的探索。德国在 2013 年率先提出工业 4.0 的概念。2016 年，德国出台《数字化战略 2025》，强调"工业 4.0"促

进传统产业数字化转型。2018 年，德国指出数字化转型有 5 个行动领域并提出解决方案。2016 年，美国政府发布《联邦大数据研发战略计划》《国家人工智能研究和发展战略计划》《美国机器智能国家战略》（2018）等，强调构建开放创新为基础促进传统产业转型的政策组合，促进数字化转型。2017 年，英国提出多项数字化转型战略（连接战略、数字技能与包容性战略、数字经济战略），打造数字化强国。同年，英国发布《产业战略：打造适合未来的英国》，确定发展人工智能和数据驱动型经济。2018 年，英国政府出台《产业战略：人工智能领域行动》，强调支持人工智能创新以提升生产力，使英国成为全球创立数字化企业的最佳之地。

以俄罗斯、泰国、印度为代表的发展中国家也抓住全球数字经济的契机，加入数字化转型的阵营。2017 年，俄罗斯政府发布《2017—2030 年俄联邦信息社会发展战略》和《俄罗斯联邦数字经济规划》，为信息技术的创新与应用规划人才培养、科研创新、信息安全及信息基础设施等战略。"泰国 4.0"通过创新和应用新技术来提高产品附加值，从而促进泰国经济转型升级、增强竞争力；支持泰国利用大数据、人工智能等科技了解客户并满足客户需求，加快数字化转型。"数字印度"倡导改革引领数字化转型，聚焦人人受益的基础设施建设，基于需求的政府治理和服务，公民的数字赋权三大领域，指出支撑数字化转型的九大支柱。

（二）中国战略路径选择

同一时期，中国倡导数字政府激发企业转型动力，推动制造企业向中高端、数字化、智能化制造业迈进。广东省政府政策频发，促进数字经济发展、数字政府建设，可以为企业"上云、用数、赋智"提供经验，激发企业数字化转型内生动力。2017 年以来，广东省在全国率先启动数字政府改革，发挥数字政府对数字经济、数字社会、数字生态的引领作用。2022 年，广东省委、省政府将制造业提升到前所未有的高度，旗帜鲜明地提出"制造业立省"，研究部署制造业高质量发展"六大工程"，全省上下大抓工业，以新担当、新作为推动制造强省、网络强省、数字经济强省建设取得新成就。广东省政府在制造业数字化转型方面的政策，主要体现以下四个方面。

在全局性政策方面，广东省政府出台了《广东省制造业数字化转型实施方案（2021—2025 年）》和《广东省制造业数字化转型若干政策措施》，全面推进制造业数字化转型，促进全省战略性支柱产业集群和战略性新兴产业集群高质量发展。

在扶助中小企业政策方面，广东省政府出台了《广东省进一步支持中小企业和个体工商户纾困发展的若干政策措施》（以下简称《政策措施》），提出 7 大方面 25 条细则，其中既有强化融资支持、减税降费等解决企业当前现实困难的措施，也有加快推动中小企业"专精特新"发展及体系化、生态化、数字化转型等着眼企业未来进一步高质量发展的措施，针对性强、有力度、有温度，相信能有效助企纾困。

在人才政策方面，广东省大力实施人才引领发展战略，全方位、全链条构建人才引领发展生态圈。广东省出台了《广东省制造业数字化转型实施方案（2021—2025 年）》《广东省制造业数字化转型若干政策措施》《广东省人力资源社会保障厅关于进一步加强高技能人才与专业技术人才职业发展贯通的实施方案》等政策、推动数字化人才落户，加快引进培育制造业数字化领域的高层次、复合型人才，培养制造业数字化专业人才，强化人才支撑。

在金融支持政策方面，广东省政府推动金融机构增加制造业信用贷款和中长期贷款，提高制造业中长期贷款和信用贷款占比；引导金融机构完善信贷管理机制，增强信贷资源供给、推出专属信贷产品，优化融资服务，提高先进制造业项目金融服务质效，不断加大信贷支持力度，推动税费减免，激发市场主体活力，提供良好的市场环境。

（三）影响全链数字化转型的环境因素

近年来，广东省工业废物排放量呈现升高的趋势，传统制造业节能减排技术的劣势是造成工业废物排放量持续上涨的原因之一。2015 年，广东省工业固体废物排放量为 5608.6 亿标准立方米。到了 2019 年，广东省工业固体废物排放量已达到 10111 亿标准立方米，接近 2015 年排放量的 2 倍。数字经济中的人工智能、大数据技术，可应用在节能减排过程中的监测排放、预测排放、减少排放等方面，能有效促进节能减排。在强大的"双碳"发展趋势和战略目标下，广东省应当加快淘汰落后产能，推动传统制造业数字化、智能化、绿色化融合发展（图4-5）。

图4-5 广东省一般工业固体废物产生量（单位：亿标准立方米）①

绿色和低碳已成为中国经济、社会、生态发展转型的基本指导原则与重要评判标准。其中，制造业的碳减排是碳达峰、碳中和目标实现的重中之重。但减排不是减生产力，必须处理好发展和减排的关系。要减少碳排放，必须实时监测工业生产各个环节的二氧化碳来自哪里、排放了多少、排放到哪里去，然后实现低碳运行及智能调控。在这个过程中，工业互联网、大数据、人工智能、5G、云计算等新一代信息技术可发挥重要作用。在新一轮科技革命驱动下，数字化转型能够促进从"要素驱动"向"创新驱动"的新旧动能转换，是实现"双碳"目标的重要抓手。走数字化转型之路，可以推动能源供给和钢铁、建材、化工等重点流程制造业领域低碳技术创新和应用推广。

五、全链数字化转型发展的SWOT分析

综合广东省制造业发展取得的成绩、制造业全链数字化转型的基础与存在问题和外部发展环境，可以得出广东省制造业全链数字化转型发展的优势、劣势、机会与威胁，如表4-1所示。

---

① 地方工信的非凡十年·广东篇｜坚持"制造业立省"着力振兴实体经济，广东奋力打造新发展格局战略支点［EB/OL］.商业新知，2022-10-13.

表4-1 广东省制造业全链数字化转型发展环境的SWOT矩阵

Strengths（优势）	1. 地处粤港澳大湾区，对外贸易重要枢纽 2. 科技创新能力突出，创新人才不断集聚 3. 工业体系门类完善，产业结构逐步优化 4. 区域统筹协调发展，各具特色共同跃进 5. 产业集聚有序推进，奠定转型良好基础
Weaknesses（劣势）	1. 传统制造弊端凸显，数字转型刻不容缓 2. 中小企业数量庞大，数字转型过程困难 3. 区域间发展不平衡，发展同质化程度高
Opportunities（机会）	1. 数字化转型成趋势，产业发展前景良好 2. 持续布局产业集群，促进产业集群转型 3. 政策利好持续释放，全力推动数字转型 4. 数字经济规模领先，数据要素资源丰富 5. 工业互联网基础好，助推制造数字转型
Threats（威胁）	1. 信息孤岛产生，制约制造业数字化 2. 数字化有威胁，面临新的安全挑战 3. 区域竞争变大，广东面临两端挤压

（一）全链数字化转型的优势

地处粤港澳大湾区对外贸易重要枢纽 广东省地处粤港澳大湾区，且为对外贸易口岸，具有良好的地理区位条件。首先，广东省位于我国的华南地区，毗邻香港、澳门地区，得天独厚的区位优势能够更加方便地与香港、澳门等地区企业来往，吸引投资。其次，广东省与香港、澳门地区共同打造了粤港澳大湾区都市圈，拥有着粤港澳大湾区建设发展机遇。目前已与6所港澳高校在粤参与共建新型研发机构9家，集聚了国际创新资源的优势。最后，广东省自古以来是祖国的南大门，背靠内陆，面向东南亚，处于太平洋、印度洋和大西洋航运的枢纽上，发挥着"口岸""通道""窗口"的重要功能，百年来一直是我国对外贸易的重要口岸，庞大的出口市场，吸引着制造业进行数字化转型，赢得竞争优势。

科技创新能力突出，创新人才不断集聚 广东省科技创新能力突出，创新人才不断集聚。首先，在科技创新能力方面，在前文数据中可知，广东省整体区域创新能力全国领先，制造业创新中心建设成果显著，专精特新企业强劲。其次，在创新人才方面，根据前文的论证，目前广东省高等学校数量、综合实力、学科建设、在校学生规模和硕博士人数比例在全国均处于较前位置，创新人才不断积聚，科技人才储备同样全国领先。

工业体系门类完善，产业结构逐步优化　广东省是制造强省，制造业行业分布较为广泛，门类齐全，拥有全国统计的 41 个大类工业行业中的 40 个，行业覆盖广。同时，广东先进制造业蓬勃发展，产业结构不断优化，主要表现为先进制造业和高技术制造业发展增速加快，这将为广东省制造业数字化转型打下坚实的基础，减少制造业企业数字化的阻力。

区域统筹协调发展各具特色，共同跃进　按《广东省制造业高质量发展"十四五"规划》空间布局划分，广东省制造业从区域上分为珠三角地区、沿海经济带东翼、沿海经济带西翼和北部生态发展区，在政府的统筹布局下，各区域制造业协调发展向更高质量迈进。在珠三角地区方面，珠三角的重点地市广、深、佛、莞、珠 5 城，辐射粤港澳大湾区，对广东省制造业的发展支撑作用明显，2022 年 1 月—9 月，珠江三角洲规模以上工业增加值增长 4.6%，其中惠州增长 9%，珠海增长 8.3%，深圳增长 6.2%，广州和佛山分别增长 4.4% 和 4%，对全省规模以上工业增长的贡献突出；而到区县级层面，同样珠三角地区区县发展水平较高，2020 年，赛迪顾问股份有限公司广州分公司编制的《2021 广东省区县工业百强研究》显示，2021 年广东省区县工业前十均位于珠三角，10 强区县规模以上工业增加值合计占全省 122 个区县的 55.8%，对全省工业经济发展具有较强的带动作用。

在沿海经济带方面，虽然受限于地理条件和历史因素，发展基础薄弱，制造业整体发展水平落后于珠三角地区，但也各具特色，以点带面，呈现共同跃进状态。其中沿海经济带的东西两翼以茂名和湛江两市为核心，已逐步发展成为沿海高端石化经济带，支撑两市经济发展。数据显示，目前茂名石化炼油能力超 2000 万吨每年，乙烯生产能力达 110 万吨每年，位居全国前列，成为华南、西南地区成品油和化工原料、军用油品的主要保供来源，是广东省乃至华南地区的能源重镇，而 2022 年上半年，湛江石油化工相关产业增加值占规模以上工业增加值的六成以上，钢铁产业占比也超过 1/8，吸引了中科炼化、巴斯夫等重大项目投资超过 100 亿美元，正在形成集"上游石油开采—中游石油炼化—下游精细化"为一体的全产业链体系。除此之外，凭借着广东省全国第一长的海岸线和季风气候区的地理优势，沿海经济带也布局建立起一批千瓦级海上风电基地，位居阳江市的阳江高新区的风电装备制造基地已落户明阳风电、金风科技、龙马集团等 17 个总投资近 200 亿元的风电装备制造项目。2021 年，阳江全市工业投资同比增长 72.4%，其中风电装备制造业增加值增长 103.0%，带动了全市工业增长。在北部生态发展区方面，未来在绿色发展的主基调下，主要聚焦现代农业与食品产业集群建设和承接来自珠三角地区的工业企业，同步推进工业和绿色化。

产业集聚有序推进，奠定良好转型基础 产业集聚能够让制造业企业共享基础设施、劳动力和产业政策，促进专业化的分工合作，发挥规模经济效益，广东省制造业近年来有序推进制造业产业集聚，主要表现在产业园区建设、先进制造业产业集群建设和推动产业集群数字化转型等方面。

首先，在产业园区建设方面，可从制造业产业园数量和产业园产值上进行分析，在数量上，省级产业园由 2012 年的 34 个到 2022 年已发展至 95 个，基本实现县域全覆盖，在园工业企业 8400 家，投产企业 6400 家；在产值上，省级产业园规模以上工业增加值占当地工业比重由 2012 年的不足 20%，增加至目前的 41.5%。

其次，在先进制造业产业集群建设方面，广东省重点培育的 7 个战略性先进制造业产业集群入选工业和信息化部 2022 年国家先进制造业集群名单，分别是深圳市新一代信息通信集群，广州市、佛山市、惠州市超高清视频和智能家电集群，东莞市智能移动终端集群，广州市、深圳市、佛山市、东莞市智能装备集群，深圳市先进电池材料集群，深圳市、广州市高端医疗器械集群，佛山市、东莞市泛家居集群，数量位于全国前列，成为推动制造业高质量发展的重要载体。

最后，开展产业集群数字化转型，是广东省根据自身产业集群集聚特征的显著特点，探索出来推动产业集聚向高质量发展的有效途径，在产业集群数字化转型方面，广东省已推动东莞松山湖电子信息、广州花都狮岭箱包皮具、佛山顺德小家电、揭阳揭东塑料日用品等 16 个产业集群率先试点，推动集群整体数字化转型。

（二）全链数字化转型的劣势

传统制造业弊端凸显，数字转型刻不容缓　近年来，传统制造业的弊端逐渐显现，存在污染环境、耗费人工成本等问题，这些问题正在阻碍着传统制造业的发展。在环境治理方面，传统制造业依靠传统的人工管控，节能减排技术低下，有着高能耗、高污染的缺点。数字经济中的人工智能、大数据技术，可应用在节能减排过程中的监测排放、预测排放、减少排放等方面，能有效促进节能减排。在强大的"双碳"发展趋势和战略目标下，广东应当加快淘汰落后产能，推动传统制造业数字化、智能化、绿色化融合发展。

在人工成本方面，以劳动密集型为特色的传统制造业耗费过多的人工成本。数字化能够利用基于互联网和数字的管理系统，来对内部结构、流程、业务模块和员工能力等方面进行深化改革，提升内部运营效率，降低人工成本。近年来，广东省先后出台支持制造业数字化转型的政策措施，在降低传统制造业的人工成本方面取得一定的成效。如图4-6所示，从人工成本比重来看，传统制造业人工成本占总成本的比重有所下降。2017年，广东省传统制造业人工成本占总成本比重为27.66%，到了2020年，下降至10.18%。由此可见，制造业数字化转型能够有效降低传统制造业人工成本所占份额，推

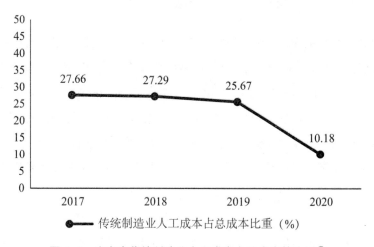

图4-6　广东省传统制造业人工成本占总成本的比重①

---

① 注：根据中国统计年鉴、中国环境统计年鉴等统计数据编制。

动传统制造业降本增效。但从人均成本上看，如图4-7所示，2017年到2020年，广东省制造业的人均人工成本依然呈现上涨的趋势。2017年，广东省制造业的人均人工成本为每年55776元。2010年，广东省制造业人均人工成本上涨至每年70249元。广东省制造业的人均人工成本问题亟待解决。综上所述，推动传统制造业数字化转型能够更好地促进绿色生产，降低人工成本，广东省制造业数字化转型势在必行。

图4-7　广东省制造业人均人工成本①

中小企业数量庞大，数字转型过程困难　中小企业是数字经济中的重要组成部分，也是数字化转型中的重点和难点。2021年，广东省中小企业总数达630万，占全国比重约13%。其中，有很大比例的中小型制造业企业，作为大型企业的配套供应商或服务商参与生产之中，成为制造业的关键一环。一方面，中小制造业企业整体实力较弱，发展思想的前瞻性不足，对于数字化转型的探索不积极。另一方面，虽然有些中小制造业企业对于数字化转型一度跃跃欲试，但是很多企业认识不足，定位不准确，加上人才缺乏，资金不够，转型焦点不明确，转型路径模糊，最终导致数字化转型失败。

区域间发展不平衡，发展同质化程度高　珠三角地区是广东省先进制造

---

①　注：根据中国统计年鉴、中国环境统计年鉴等统计数据编制。

的主力，而珠三角地区外的粤东、粤西和粤北地区受限于地理条件和历史因素，发展基础薄弱，制造业整体发展水平落后于珠三角地区。根据赛迪顾问发布的《先进制造业百强市（2022）研究报告》显示，广东省入围先进制造百强的 10 个城市中，有 9 个为珠三角地区。中山大学经济学系教授林江指出，"省内先进制造集中在珠三角，外溢效应并没有显现"。珠三角尚未带动非珠地区的先进制造产业，区域发展的差异性会导致全省制造业数字化进程放缓。①

珠三角九市同质性远远高于差异性，区域经济、产业方向和科研力量有一定的相似。广东省同一项产业在多个城市同时发展，例如，珠海、东莞、江门都在进军设备制造，而电子信息则有更多城市参与，包括东莞、深圳、佛山、中山。这样不仅会加剧地区间在资源、市场等诸多方面的竞争，还会造成全省范围内资源使用上的重复浪费，最终可能影响制造业数字化的发展。江苏省在这方面则做得比较完善。在制造业转型升级过程中，经济发达的苏南地区将部分产业转移至相对落后的苏北地区，腾出空间发展先进制造业。而苏北地区承接产业后也快速崛起，双方实现共赢。

（三）全链数字化转型的机会

数字化转型成趋势，产业发展前景良好　从产业发展看机遇，新一轮科技革命和产业变革深入发展，新一代信息技术与制造业深度融合，数字产业化和产业数字化进程加快，制造业数字化转型已成为趋势。工业和信息化部、国家发展和改革委员会等 8 部门联合印发的《"十四五"智能制造发展规划》提出，到 2025 年，70%的规模以上制造业企业基本实现数字化、网络化、数字化转型。同时，加快发展先进制造业也是粤港澳大湾区发展规划纲要中的重要内容之一，为制造业加速数字化转型创造了有利的环境。由此可见，制造业数字化转型已被纳入国家发展和地区发展战略，广东省制造业数字化转型迎来了最好的发展时机，产业前景良好。

持续布局产业集群，促进产业集群转型　广东省持续布局产业集群数字

---

① 张熹珑. 先进制造百强：广东城市数量被江苏、山东反超，两极分化明显［EB/OL］. 界面新闻，2022-11-26.

化转型。2019年出台了《广东省产业集群工业互联数字化转型试点工作方案（试行）》，并启动了第一批集群试点。2020年，广东省政府官网发布《广东省人民政府关于培育发展战略性支柱产业集群和战略性新兴产业集群的意见》，提出打造十大战略性支柱产业集群和十大战略性新兴产业集群。2021年，广东省政府印发了《广东省制造业数字化转型实施方案及若干政策措施的通知》，促进全省战略性支柱产业集群和战略性新兴产业集群高质量发展。2022年，广东省工业和信息化厅发布了《关于组织开展2022年产业集群数字化转型试点项目培育入库申报的通知》，贯彻落实广东省制造业数字化转型的目标。

产业集群的发展能够促进专业化分工和创新资源汇聚，是我国建设制造强国、促进产业迈向价值链中高端的重要路径。广东省产业集群发展态势良好，已成为广东推动制造业高质量发展的重要基础。开展产业集群数字化转型，是广东省根据自身产业集群集聚特征显著的特点，探索出来的推动产业集群向高质量发展的有效途径，在产业集群数字化转型方面，广东省已推动东莞松山湖电子信息、广州花都狮岭箱包皮具、佛山顺德小家电、揭阳揭东塑料日用品等16个产业集群率先试点，推动集群整体数字化转型。

利好政策持续释放，全力支持数字转型　近年来，广东省各级政府为全力推动制造业数字化转型，从金融支持政策、人才政策、中小企业政策和资金扶持等方面进行了大力支持。这些政策举措的实施，体现了广东省各级政府着力消除制约上海数字化转型过程中的政策性门槛的决心，将为制造业数字化转型提供有力支撑，全面激发全工业企业的数字化转型活力和动力。

数字经济规模领先，数据要素资源丰富　广东省数字经济发展一直走在全国前列，2021年，广东数字经济增加值规模达5.9万亿元，其中数字产业化规模为1.9万亿元，产业数字化规模为4.0万亿元，连续5年居全国首位，为制造业企业数字化转型提供了巨大的动能。同时，广东省数据要素资源丰富，整体数据储量占全国比重超过20%。截至2021年6月底，广东省累计发布可共享资源目录55154类，发布通用数据接口服务2104个，数据需求满足率高达99.98%，与制造业相关的数据占七成，为制造业企业数字化转型夯实数据基础。

工业互联网基础好，助推制造数字转型　工业互联网能够提升工业经营和运营管理效率，实现跨业务领域和部门的全流程信息化，是推动制造业数字化转型的重要路径。作为工信部支持创建的国家级互联网示范区，广东省以工业互联网为抓手，在资金方面支持工业互联网的发展，同时注重工业互联网基础设施的建设、积极构建工业互联网产业生态，以推动制造业数字化、网络化、智能化发展。同时，广东省注重工业互联网核心基础设施的建设，加快核心基础设施—标识解析体系建设。截至 2020 年 3 月，广州市国家顶级节点接入二级节点已达 21 个，标识注册总量突破 10 亿，接入企业 420 余家。2021 年 8 月，国家顶级节点（广州）已接入二级节点共 33 个，标识注册量达 53.5 亿，接入二级节点的企业超过 2900 家，累计标识解析量达 27.5 亿次。截至 2022 年 7 月，国家顶级节点（广州）已接入二级节点共 34 个，标识注册量 107.3 亿个，接入企业数超过 5500 家，累计标识解析量达到 93.3 亿次。

（四）全链数字化转型的威胁

信息孤岛产生，制约制造业数字化　信息孤岛是制造业数字化的瓶颈问题。大量企业使用 PDM、ERP，单元系统、物流系统、仓储系统，智能制造的单元装备或者产线应用等信息化技术。但是使用不同的信息系统，会导致在信息化过程中各个系统之间信息不流通，形成很多信息孤岛，目前制造业数字化转型存在的"信息孤岛"问题日趋严重。

数字化有威胁，面临新的安全挑战　数字化的本质决定了数字化的不安全，实体经济数字化转型会给企业带来威胁。以勒索攻击为例，当数据成为数字经济的"石油"，勒索攻击也已经形成成熟的黑色产业，是全球企业数字化的"死对头"。此外，随着加密货币市值飙升，隐藏在暗处的"挖矿"木马活动迎来爆发，教育、医疗、制造、交通等成为其主要目标。挖矿木马将对企业关键数据造成严重威胁，导致企业能耗成本大、业务系统运行缓慢、数据泄露、病毒感染等，这表明制造业数字化转型过程中会给企业带来新的安全挑战。

区域竞争变大，广东面临两端挤压　在国内，广东制造面临着来自江苏、山东等其他省份的压力。根据赛迪顾问发布的《先进制造业百强市

（2022）研究报告》显示，广东入围先进制造百强城市的数量被江苏、山东两省反超，广东仅排在第三位。广东省 21 个市入选 10 个，占比不到 50%，与其制造业大省的定位并不匹配。而第一是山东，16 市入选 14 个；第二是江苏，13 市全部入选。以上数据不仅说明广东制造业领先优势并不牢固，国内其他省份制造业也在蓬勃发展，同时也反映广东省内制造业发展并不如山东和江苏省内发展均衡，这对全省制造业发展产生不利的影响。而且广东省在长期传统制造格局下，城市间交流较少，造成竞争大于合作的局面，制约了相互协同的空间。

在国际上，广东制造面临着发展中国家和发达国家"两端挤压"。一方面，发展中国家利用低要素成本优势，积极吸引我国劳动密集型和低附加值制造环节转移，广东制造业中低端环节外迁趋势显现。另一方面，发达国家纷纷出台"再工业化"政策措施，意图通过促进产业回流和产业链整体回迁，强化产业生态和集群网络建设，巩固高精尖产业的全球综合领先地位。广东制造向全球价值链中高端升级所面临的国际竞争形势更加严峻，亟须加快重塑竞争优势，保障国内战略性产业供应链安全稳定发展，提升制造业发展的质量和效益。

第五章

制造业全链数字化转型对标分析

一、中标准对标：江苏省、浙江省、山东省

（一）江苏省

1. 产业政策

江苏省近年来持续推出若干政策条例，支持本省数字经济发展和制造业数字化转型，将数字经济作为江苏省转型发展的关键增量，全面推动江苏省制造业数字化转型，致力于建成全国制造业高质量发展示范区。

为全面推动全省制造业智能化改造和数字化转型（以下简称"智改数转"），促进制造业高质量发展，江苏省于 2021 年 12 月发布《江苏省制造业智能化改造和数字化转型三年行动计划（2022—2024 年）》（以下简称《行动计划》）。《行动计划》指出，计划经过 3 年的努力，全省制造业数字化、网络化、智能化水平需得到明显提升，新业态、新模式、新动能需显著壮大，制造业综合实力需得到显著增强，江苏省率先建成全国制造业高质量发展示范区。到 2024 年年底，全省规模以上工业企业全面实施智能化改造和数字化转型，劳动生产率年均增幅高于增加值增幅；重点企业关键工序数控化率达 65%，经营管理数字化普及率超过 80%，数字化研发设计工具普及率接近 90%。为如期达成以上目标，《行动计划》提出"十大工程"，分别是龙头骨干企业引领工程、中小企业"智改数转"推进工程、产业链"智改数转"升级工程、工业互联网创新工程、领军服务商培育工程、自主可控工业软件应用工程、智能硬件和装备攻坚工程、工业互联网支撑工程、工业信息安全保障工程、优秀解决方案推广工程。"十大工程"的开展，致力于加快推动龙头骨干企业、中小企业、产业链"智改数转"，夯实工业互联网平台、工业软件、智能硬件和装备、网络设施及安全等基础支撑，加大优秀服务商培育和典型案例推广应用力度，推动"智改数转"各项任务加快落地落实。"十大工程"中的每一项均提出了具体可行的方案、设定了可量化的目标、明晰了若干责任单位。为保障"十大工程"顺利执行，《行动计划》从统筹工作、政策支持、人才支撑、金融服务、跟踪监测、营造环境六方面提出了六大保障，制定具体保障措施，确保政策措施落地见效。

数字经济与数字化转型二者相互依存。2021 年 11 月，江苏省政府办公厅印发《江苏省"十四五"数字经济发展规划》（以下简称《发展规划》），2022 年 4 月，江苏省委办公厅印发《关于全面提升江苏数字经济发展水平的指导意见》（以下简称《指导意见》），着力打造数字经济新引擎，激发数字时代新动能，培育数字经济新优势，加快数字经济强省建设。两份文件中不乏对制造业数字化转型的指导措施。《发展规划》针对制造业提出要布局制造业创新中心，巩固基础优势产业，形成一批具有国际影响力的制造业单项冠军和隐形冠军企业，鼓励制造业、农业龙头企业与互联网企业、行业性平台企业等开展联合创新，加快制造业数字化转型，并在组织领导、法规标准、政策支持、监测评估、发展氛围 5 方面提出保障措施。《指导意见》针对建立数字技术创新体系、建立数字经济产业体系、建立数字化应用体系、健全数字化治理体系、健全数据要素市场体系、健全数字经济生态体系、健全数字基础设施体系等七个方面提出了 26 条重点任务，并为保障上述措施得到贯彻落实，《指导意见》针对组织协调、推进体系、政策供给、监测考评四个方面提出了具体的保障措施。

2. 典型做法

在多项政策文件的引导下，江苏省积极落实相关措施，发展数字经济，支持制造业数字化转型。具体做法如下。

推动龙头骨干企业、中小企业、产业链"智改数转"　针对龙头骨干企业，支持龙头骨干企业对标世界智能制造领先水平，开展集成应用创新。分行业、分领域制定智能制造示范，依据标准认定一批行业标杆工厂、示范车间等，引领江苏省制造业实现"智改数转"；针对中小企业，加快建设服务中小企业"智改数转"的云服务平台，为中小企业实现"智改数转"提供解决方案；针对产业链，充分发挥江苏省内各地市产业优势，培养"链主"企业，发挥"链主"企业提高产业链协作效率、培育数字化产业生态的积极作用。

夯实工业互联网平台、工业软件、智能硬件和装备、网络设施及安全等基础支撑 支持建设综合型、特色型、专业型工业互联网平台，认定省级重点工业互联网平台，并进行推广应用；支持企业针对数字化转型的需求开展工业软件技术研发，从而突破关键核心技术、推广工业 App，形成具有国际竞争力的工业软件知名品牌；梳理智能硬件和装备短板，支持企业智能制造设备研发，支持企业推动主要生产线智能化改造；通过完善相关制度保障数据安全和运行安全，完善工业信息安全态势感知网络，培育相关安全保障平台及安全防护企业。

加大优秀服务商培育和典型案例推广应用力度 总结和提炼"智改数转"经验做法并遴选应用场景和实践案例，形成优秀解决方案，并通过国家和省应用创新推广中心、公共服务平台等，实现优秀方案和实践案例的进一步推广。

3. 政策成效

在江苏省及其各地市多项政策文件的指引及措施的作用下，江苏省数字经济及制造业数字化转型总体水平稳步发展。2021 年，江苏省的制造业增加值为 4.16 万亿元，位居全国第一，这是江苏省 26 年来首次成为中国第一制造业大省，主要表现在产业规模增长、基础支撑完善和案例推广应用等方面。从产业规模来看，江苏省统计局发布数据显示，2022 年 1 月—10 月，全省计算机、通信和其他电子设备制造业同比增长 7.8%，电气机械和器材制造业同比增长 14.6%，汽车制造业同比增长 15.0%。固定资产投资方面，2022 年 1 月—10 月，全省制造业投资同比增长 10.4%，高技术制造业投资增长 13.4%。从"十大工程"的落实层面看，2022 年，江苏省认定的省重点工业互联网平台共 34 个，智能制造领军服务机构 34 个，并开展工业数据空间应用场景及产品、解决方案和服务供应商征集工作、智能制造示范工厂申报工作、工业信息安全防护星级企业培育工作等。

江苏省省内各地市在政策的指引下真抓实干、成效明显，其中以南京市为代表的城市数字化转型成果显著。南京市以"智改数转"为关键抓手，截至2021年年底，南京市累计推动实施1500多个工业企业自动化技术装备升级项目，成功培育4家国家级智能制造示范工厂和智能制造优秀场景，9家省级工业互联网标杆工厂，49家省、市级智能工厂，106个省级智能制造示范车间。苏州市位居2022数字经济城市发展百强榜第七位，2022年前三季度实现装备制造业产值9968.6亿，同比增长7.1%，汽车制造业产值同比增长12.9%，高技术制造业产值11474.3亿元。

（二）浙江省

1. 产业政策

浙江省制造业高质量发展与产业数字化及耦合协调度一直处于较高水平。为支撑制造业高质量发展、促进数字经济与先进制造业的有机高度融合，浙江省制定了一系列制造业数字化转型政策，如支持制造业企业上云、建设工业互联网平台体系、建设先进制造业基地、产业大脑应用等，具体如表5-1所示。

表5-1　浙江省制造业全链数字化转型的相关政策举措

政策举措名称	发布部门	时间	总体要求/主要目标
《浙江省加快传统制造业改造提升行动计划（2018—2022年）》	浙江省政府办公厅	2018年5月	对优势产业全面升级、融合拓展不断深化、落后产能全面清出等方面提出了明确要求。其强调，以数字经济为核心培育一批"互联网+""大数据+"新模式新业态，要推进"互联网+""大数据+"，深化制造业企业上云计划；开展工业互联网及工业App培育行动、软件开发云应用制造业试点；加快工业互联网、大数据、云计算、物联网发展应用，培育壮大网络协同制造、个性化定制、服务型制造新业态新模式；支持龙头企业建设基于互联网的"双创"平台，构建产业链"双创"新生态；深化产业集群跨境电商发展试点，大力培育品质电商，构建全球营销网络，拓展国内外市场

续表

政策举措名称	发布部门	时间	总体要求/主要目标
《浙江省"1+N"工业互联网平台体系建设方案（2018—2020年）》	浙江省经济和信息化厅	2018年12月	为贯彻落实国务院关于深化"互联网+先进制造业"、发展工业互联网的指导意见和《浙江省人民政府关于加快发展工业互联网促进制造业高质量发展的实施意见》，加快建立我省"1+N"工业互联网平台体系，制定本方案
《浙江省国民经济和社会发展第十四个五年规划和二〇三五年远景目标纲要》	浙江省发展和改革委员会	2021年2月	"八八战略"明确提出，进一步发挥浙江的块状特色产业优势，加快先进制造业基地建设，走新型工业化道路。省委十四届八次全会坚持"一张蓝图绘到底"，把加快建设全球先进制造业基地作为打造"重要窗口"的"十三项战略抓手"之一
《浙江省数字经济系统建设方案》	浙江省经济和信息化厅	2022年3月	方案明确了重点包括产业大脑、未来工厂、资源要素、数字贸易等四个方面的数字经济建设目标。2022年年底前，实现产业大脑迭代升级、试点扩面，在10个左右优势行业和产业集群推广应用；2025年年底前，产业大脑多元数据融合应用体制机制全面建立，实现百亿以上产业集群产业大脑应用和工业互联网平台全覆盖等
《关于高质量发展建设全球先进制造业基地的指导意见》	浙江省政府办公厅	2022年9月	围绕建设全球先进制造业基地，提出制造业增加值占全省生产总值比重、劳动生产率、研发经费投入、数字经济核心产业增加值占比、高技术制造业增加值占比、工业单位增加值能耗下降等目标。文件中指出，浙江省坚持不懈把数字经济作为"一号工程"来抓，实施数字经济五年倍增计划、国家数字经济创新试验区，即实施数字经济"一号工程"升级版，提出打造高水平建设具有全球影响力的数字科技创新中心，高水平建设全国数字产业化发展引领区、全国产业数字化转型示范区、全球数字贸易中心，加快建设数据基础制度先行先试区，加快建设珠三角新型算力中心

55

2. 典型做法

浙江省作为数字经济大省，数字经济已经成为浙江创新发展的新动能。加快推进制造业数字化转型，推进制造业高质量发展是浙江省经济高质量发展的根本要求和关键环节，浙江省在推动数字化转型方面的典型做法如下。

加强制造业人才保障　数字化与制造业的加速融合，对兼具数字信息技术和制造业专业知识的复合型人才产生较大需求，先进制造业领域的数字化发展离不开人才的支撑。浙江省在保障制造业人才方面采取了 3 方面措施：一是大力培育引进高端人才。实施"鲲鹏行动"等引才工程，大力引进海内外一流战略科技人才、创新型领军人才和高水平创新团队。二是持续壮大技术技能人才队伍。实施新时代工匠培育工程、"金蓝领"职业技能提升行动、技工教育提质增量计划，培育一批高素质劳动者和技术技能人才。三是优化人才政策体系。健全科研人员项目、经费、成果、信用等全周期服务机制。完善外籍人才来华工作、科研、交流的停居留政策，稳步开展在华永久居留制度、技术移民制度等试点。

加强资本支持力度　制造业的数字化转型离不开资金的大力支持。需要政府加大财税政策支持力度，统筹工业和信息化、发展改革、科技、商务等相关财政专项资金，强化政策集成，优化使用方式；扩大政策覆盖面，激励企业加大研发投入；加大金融支持力度，引导金融机构加大技改贷投放力度，鼓励金融机构对"腾笼换鸟"新增投资项目融资需求给予中长期贷款支持。

完善数字基础设施　数字基础设施是数字化转型的关键，政府、行业和企业需要共同推进制造业数字基础设施建设，为制造业企业的数字化转型和创新发展提供底层支撑。一是全面升级网络基础设施。高水平建设 5G 网络，高标准提升互联网能级，加快部署基于 IPv6 的下一代互联网，推进高、中、低速物联网协同部署。二是部署领先的算力及新技术基础设施。构建云边协同的算力设施，建设自主可控的云计算服务平台，打造全国领先的人工智能、区块链服务平台。三是推进"产业大脑"建设。以工业互联网为支撑，以数据资源为核心，综合集成产业链、供应链、资金链、创新链，融合企业侧和政府侧，贯通生产端与消费端，为企业数字化转型、产业生态建设、经济治理提供集成开放赋能平台。四是推进工业互联网创新发展。加快推进工业互联网国家示范区建设，打造"1+N"工业互联网平台体系和产业生态，支持基础性平台输出共性技术服务，推进开源社区发展。

新技术与制造业融合发展 2021 年上半年新增应用工业机器人 1.3 万台，累计超 12 万台。大力推进产业大脑建设应用试点，遴选首批 30 个细分行业产业大脑建设试点。深化"1+N"工业互联网平台体系建设，积极争创工业互联网国家示范区建设。截至 2021 年，全省"1+N"工业互联网平台体系已开发集成工业 App 超 3 万款，连接 5000 余万台工业设备产品，服务超10 万家工业企业。

3. 政策成效

浙江省聚焦工业经济和数字经济"两条主跑道"，深入推进"产业大脑+未来工厂"为核心的数字经济系统建设，加快打造全球先进的制造业基地和数字变革高地，奋力推进"两个先行"，强有力的政策帮助诸多浙江制造企业实现了科技创新和数字赋能，为全行业高质量发展奠定了坚实基础。

数字产业引领经济增长 2021 年，浙江省全社会数字经济核心产业增加值总量达 8348.27 亿元，同比增长 13.3%，占 GDP 比重的 11.4%。2021 年浙江省规模以上数字经济核心产业营业收入达 29780.8 亿元，同比增长 25.4%，数字经济已成为浙江省发展的"加速器"，浙江省的数字经济核心产业结构也更趋于优化。

赋能制造业数字化转型升级 制造业数字化转型步伐不断加快，质量效益明显改善，2019 年上半年全省规模以上工业增长 6.2%，10 个重点传统制造业增长 7.9%，继续呈现出"好于预期、高于全国、领先东部"的态势。数字化转型赋能制造业提质增效，2021 年上半年全省规模以上工业增加值增长 20.8%，17 个重点传统制造业增长 20%，运行质量好于全国、领跑东部。

（三）山东省

作为全国工业门类最为齐全、基础最为雄厚、结构最为完善、配套最为完备的省份之一，近年来，山东省积极发布相关产业政策，借助新一代信息技术与制造业的深度融合，采取构建数字化、网络化、智能化新型基础设施和全新工业生态等举措，制造业数字化赋能成效逐步显现。

1. 产业政策

近年来，山东省针对制造业数字化转型，提出了一系列相关的政策与指导意见。相关政策按照产业划分，主要分为以下三大类。

第一类是数字经济发展规划类政策。数字经济包括数字产业化和产业数字化。山东省 2019 年就在数字经济的相关文件中提出制造业数字化等概念。如 2019 年 2 月颁布的《数字山东发展规划（2018—2022 年）》、2019 年 7 月发布的《山东省支持数字经济发展的意见》等，都对制造业数字化做出了布局。

第二类是制造业数字化转型的具体执行政策。早在 2016 年 3 月，山东省人民政府发布的《〈中国制造 2025〉山东省行动纲要》，就已经提出"制造业数字化"的概念与布局。2022 年 10 月山东省发布了《山东省制造业数字化转型行动方案（2022—2025）》，2022 年 11 月山东省委、省政府印发了《先进制造业强省行动计划（2022—2025 年）》。这些政策的共同点在于具体详尽地提出了制造业数字化转型的目标、要求，强调了制造业数字化转型的具体做法，重点关注制造业高端化、数字化的转变。这些政策是未来制造业数字化转型的关键政策，也是主要的方向标、指南针。

第三类是制造业数字化转型与其他先进技术共促共生的政策。相关政策文件分别对不同的战略性行动进行布局，如 2016 年发布的《山东省"互联网+"行动计划（2016—2018 年）》、2018 年颁布的《山东省新一代信息技术产业专项规划（2018—2022 年）》、2022 年 10 月颁布的《山东半岛工业互联网示范区建设规划（2022—2025 年）》和 2022 年 11 月发布的《国务院关于支持山东深化新旧动能转换推动绿色低碳高质量发展的意见》分工落实方案的通知等。这些政策结合当时的热点，将"互联网+"、工业互联网示范区、绿色低碳高质量发展的规划与制造业数字化转型相结合，从而凸显制造业数字化转型在各个领域的作用。

表 5-2 是对山东省制造业数字化转型的相关政策举措的总结和归纳。

表 5-2　山东省制造业全链数字化转型的相关政策举措

政策举措名称	发布部门	时间	总体要求/主要目标
《先进制造业强省行动计划（2022—2025年）》	山东省人民政府	2022年11月	破解创新能力偏弱、产业结构偏重、资源要素偏紧难题，以更大力度转调优化低效产能、改造升级传统产业、培育壮大新兴产业、前瞻布局未来产业，全力促进制造业高端化、智能化、绿色化、服务化、生态化发展
《国务院关于支持山东深化新旧动能转换推动绿色低碳高质量发展的意见》分工落实方案	山东省人民政府办公厅	2022年11月	产业数字化转型全面推进，新技术、新产业、新业态、新模式成为经济发展的主要驱动力。能源结构、产业结构显著优化，增量能源消费主要依靠非化石能源提供，重点行业和企业能效水平全国领先
《山东省制造业数字化转型行动方案（2022—2025年）》	山东省人民政府	2022年10月	围绕加快"新基建"、催生"新动能"、培育"新优势"、促进"新融合"，力争到2025年，全省制造业数字化水平明显提升，信息化和工业化融合发展指数达到125，实现制造模式、生产组织方式和产业形态的深层次变革
《山东半岛工业互联网示范区建设规划（2022—2025年）》	山东省人民政府办公厅	2022年10月	到2025年新型网络基础设施建设量质并进，工业互联网平台赋能制造业转型升级作用显著增强，标志性产业链数字化、网络化、智能化水平大幅提升，融合应用的广度与深度不断扩展，多方参与、互利共赢的融合融通发展生态持续完善，两化融合水平保持全国第一梯队，全面建成区域开放协同、网络设施完备、平台建设领先、融合应用引领、支撑保障有力的工业互联网示范区
《山东省支持数字经济发展的意见》	山东省人民政府办公厅	2019年7月	以"数字产业化、产业数字化"为主线，以促进新一代信息技术与实体经济深度融合为重点，积极培育新产业新业态新模式，拓宽经济发展新空间

59

续表

政策举措名称	发布部门	时间	总体要求/主要目标
《数字山东发展规划（2018—2022年）》	山东省人民政府	2019年2月	到2022年，构建形成数字基础设施支撑有力、数据资源体系完善、数字经济实力领先、数字化治理和服务模式创新的发展新体系，基本建成智能制造先行区，数字山东建设跻身全国前列
《山东省"互联网+"行动计划（2016—2018年)》	山东省人民政府	2016年6月	到2018年，"互联网+"发展环境更加优化，与经济社会融合发展更加深化，新产品、新模式、新业态不断涌现，驱动经济社会发展新动力不断增强
《〈中国制造2025〉山东省行动纲要》	山东省人民政府	2016年3月	到2025年，全省制造业整体素质和综合水平大幅提升，创新能力显著增强，两化融合、绿色发展达到国内先进水平，形成产业基础雄厚、结构调整优化、质量效益良好、持续发展强劲的先进制造业体系，基本实现制造业强省目标

2. 典型做法

聚焦"四强"重点任务，实施七大支撑行动 针对制造业数字化转型，2022年10月，山东省发布《山东省制造业数字化转型行动方案（2022—2025）》（以下简称《行动方案》）。《行动方案》提出，转型重点分别为强企业、强行业、强区域及强链条的"四强"重点任务，实施"一软、一硬、一网、一云、一平台、一安全、一融合"七大支撑行动。

在"四强"重点任务中，针对强企业，《行动方案》指出应该强化龙头企业引领带动、加快中小企业数字上云用数、完善数字化转型服务体系；针对强行业，《行动方案》不仅聚焦于传统制造业中的原材料行业、装备制造业，也重点关注消费品行业和电子信息制造业等新兴高科技制造业；针对强区域，《行动方案》提出"标杆园""样板区"和"城市圈"3个概念，分别就对重点产业园区形成产业标杆、加快推动数字化转型县域样本、推动中心城市和城市群之间制造要素、公共服务的联动进行部署；针对强链条，

《行动方案》提出，要助推产业链数字化升级、深化产业链上下游协作，即需要不断提升产业链重点企业数字化水平，促进上下游产能共享、供应链互通。

在七大支撑行动中，山东省提出了支撑行动和保障措施以助力制造业数字化转型的方案。其中，七大支撑行动分别为工业软件提升行动、智能硬件发展行动、网络设施优化行动、新型基建跨越行动、平台赋能增效行动、数字化安全保障行动、工业元宇宙培育行动。保障措施则强调加强统筹协、健全工作体系、创新金融服务、强化人才支撑、营造良好环境。保障措施中，强化人才支撑提出聚焦制造业数字化转型需求，优化提升"揭榜挂帅"核心技术攻关机制；营造良好环境则提出，需要全力打造"工赋山东"品牌，加强典型经验总结宣传等措施，加速数字化转型进程。

建设工业互联网示范区，打造"工赋山东"品牌行动 在工业互联网示范区建设规划中。提到加快推动山东半岛工业互联网示范区建设，全面完善工业互联网网络、平台、数据、安全、应用等体系，扎实开展"工赋山东"行动，持续深化新一代信息技术和制造业的融合发展。

2022 年 10 月，《山东半岛工业互联网示范区建设规划（2022—2025 年）》提到，将加快促进制造业数字化转型与工业互联网示范区建设结合，以制造业数字化转型为导向，打造"工赋山东"工业互联网综合服务平台，培育全国领先的平台体系。同年 11 月，山东省人民政府印发的《〈国务院关于支持山东深化新旧动能转换推动绿色低碳高质量发展的意见〉分工落实方案》指出，全面推动制造业数字化转型，需要依托重点行业、提升数字基础设施支撑，推进特色优势产业补全、强化产业链，培育具有国际影响力的工业互联网平台、布局数字化转型促进中心；11 月 11 日，山东省委、省政府印发的《先进制造业强省行动计划（2022—2025 年）》提到，加快制造业智能化改造，需要深化数字赋能增效，实施制造业数字化转型行动，做强第三方服务商队伍，打造一批可复制、可推广的数字化转型"小灯塔"企业，并转型改造规模以上工业企业 2 万家以上。从这些文件中可以看到，山东省对于制造业数字化转型方案的产业政策已经融合到山东省新旧动能转化以及山东半岛工业互联网建设规划当中。

3. 政策成效

山东省颁布制造业数字化转型相关政策文件的时间虽然较短，但依然取得了不错的成果。

各市制造业数字化转型升级成效显著。烟台市通过打造制造业强市，与各企业进行交流讨论，认为应构建开放、共享、合作、共赢的中国本土的工业互联网生态，不仅在工业技术上进行赋能，在商业合作模式上也积极创新，商业资源共享、打通市场渠道，是向数字化转型的重要途径之一。威海市"食品·山东荣成"基地海洋食品行业工业互联网平台成功入选国家新型工业化产业示范基地工业互联网平台赋能数字化转型提升试点项目名单，标志着威海市产业链数字化升级、管理数字化升级、服务数字化升级等取得重要成效。

数字经济迅速发展。2018年，山东省数字经济规模占GDP比重为35%，位居全国第八，到2021年，山东信息技术产业营收突破1.2万亿元，数字经济核心产业增加值占GDP比重超过6%，预计全省数字经济占GDP比重达到43%，规模总量位居全国第三。

制造业数据表现亮眼。2014年，山东省工业企业两化融合发展指数为55分，而2021年，两化融合发展指数得分为115.9分。面向2025年，山东省提出两化融合发展指数争取达到125分，体现出山东省融合赋能应用走在全国前列。此外，2021年，山东省制造业增加值占全省GDP比重达到28.3%，实现了近10年来的首次回升，而到2022年第三季度，进一步提高到28.6%，实体经济根基更加牢固，制造业发展更加稳健。

二、特定对标：加利福尼亚

广东省是中国经济第一大省，加利福尼亚（以下简称加州）是美国经济第一大州。处在不同制度框架下，省州对标，需要有一个跨国家的标准。基于这一思考，我们对数字经济定义及前沿观察做一些简单讨论。

（一）对标基准：数字经济定义及观察

数字经济是"大车间—流水线—模块化"制造经济的升级模式。其初级阶段是数字智能经济，高级阶段是数字智慧经济。从国民经济体系视角看，数字经济的初级阶段是指：（1）厂商用数码作为原材料并用对应处理技术来生产；（2）通过厂商中间品市场依次交易并被集成为复合品；（3）抵达消费者产品市场被最终消费；（4）上述三个过程加起来形成的综合性均衡收敛过程及资源优化配置结果的总和。

数字经济的初级阶段有4个相互递进的逻辑环节，（1）存量产业的数字化升级，媒体语言和政策语言通常用"产业数字化"来概括；（2）为存量产业数字化升级提供技术支持和服务的中介群，在给定半径范围内，集聚为不同群落的场景，场景载体形成的工程建设及街景等，媒体和政策语言通常用"数字产业化"来概括；（3）为产业数字化和数字产业化提供边界划分、安全保障和进入退出管理的公共部门服务，又称"数字化治理"；（4）上述三个方面加起来，形成的数据资源评估、确权、授权、授信、增级、回购、担保及法律会计关联，让数据资产进入到企业资产负债表，为更大范围一级数据市场形成，以及为国家范围数字资源二级市场建设铺垫的业务总和，又称"数据资源的价值化"。上述4个过程相互递进，产业数字化比较直观，但数字产业化相对独立于制造经济，难度较高。目前，只有在中国和美国等大尺度经济体中才出现序贯性和规模性观察。在中国数字经济较为发达的区域和超大城市群内，数字经济正在经历初级阶段的第一阶段，产业数字化向第二阶段——数字产业化过渡的时期。在最为发达的几个城市中，数字产业化的场景载体形成可持续业态及稳定性街景的产业数字化观察已经出现，成为中国前沿发达城市最为惊心动魄的舆论力矩。

总体来看，中国的数字化治理和发达经济体相比，互有短长。中国在"B to C"平台方面走在了前面，因为其超大的城市群落和超大规模人口形成的单位聚落聚集；中国在"B to C"领域不如发达经济，因为厂商中间品市场有规模、有高原，但无高峰、缺深域。2021年，中国数字经济规模为7.06万亿美元，占当年114万亿GDP的39.5%。大约5年后，我国数字经济占GDP份额将超过53%，这与经济合作与发展组织（Organization for Economic Co-operation and Development，OECD）关于发达经济在2030年数字经济将超过GDP份额60%的预测差不多。100多年来，中国人在经济发展过程中，第一次在新增经济板块中出现在了与发达经济体竞争互有短长的位置上（图5-1）。

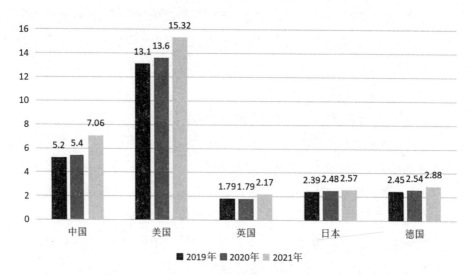

图 5-1　2019—2021 年各国数字经济规模（单位：万亿美元）①

未来几年，数字经济竞争的热点将在数字产业化及关联领域，竞争的白热化点及新赛道，将在数据资源的价值化，或者叫数字经济的较高发展阶段——数字智慧阶段的入场券上。

（二）转型特设对标：加州数字化转型

1. 加州概况及公共引导

加利福尼亚州（State of California）是美国西部太平洋沿岸的一个州。北接俄勒冈州，东接内华达州和亚利桑那州，南邻墨西哥，西濒太平洋。面积的 41 万平方千米。根据各国 GDP 统计，2022 年，美国 GDP 为 23 万亿美元，加州 GDP 为 3.56 万亿美元，占据美国整体 GDP 的 14.17%，是美国经济规模最大的州。同年，广东省 GDP 为 1.8 万亿美元，汇率平价 1.91 万亿美元，购买力平价为 3.12 万亿美元。广东省 GDP 占国家整体经济 10.8%。广东省 GDP 与加州 GDP 对标，具有聚类上的一致性。

加州不仅 GDP 在美国最大，在世界范围，以国家为单元排列 GDP 时，也仅有 5 个国家大于加州。由于 GDP 统计口径和数字经济统计口径都不一样，双重误差会带来统计比较偏差。因此，在一些最为基础性的意义上，除

---

①　全球数字经济白皮书（2022）［EB/OL］. 中国信息通信研究院，2022-12-02.

比较百分比数字外，在与州别的比较上，我们不再统计深层的 GDP 亚栏目数据（图 5-2）。

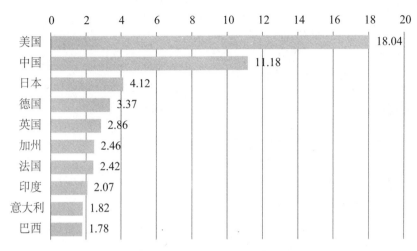

图 5-2 世界范围各国 GDP 排名①

在数字化转型方面，加州政府的参与性引导角色不明显。图 5-3 是加州政府网站的首页，加州政府的主要服务职能有：（1）犯罪统计；（2）与国会代表联系窗口；（3）注册选举；（4）法律法规。这和绝大多数发展中国家，甚至很多发达国家的经济体有很大的不同：产业成长性质的公共服务类别少得可怜。例如，我们在该网站上找不到教育局的窗口，也找不到科技服务的窗口，这是数字经济、数字技术以及制造业数字化转型最为基础的两个公共部门。事实上，美国政府直到 1979 年，才由卡特总统签署了设立教育部的法案。但各个洲的教育局和联邦教育局，除了国家州层面的立法关系协调外，几乎没有工作关联。各个州教育局的支出是州政府自己解决的，与中央政府没有关系。值得强调的是，美国选举中，共和党总统候选人中，总有一个或者两个反对设立教育部。这一点，别说在中国，就是在日本和法国，也是不可想象的。

加州政府，和美国绝大多数州政府一样，对数字化转型的参与性制度引

---

① 国际货币基金组织. 世界经济展望［EB/OL］. 中经数据，2023-04-11.

图 5-3　加州政府网站功能板块截屏

导（enforced institutional promotion）微弱。图 5-3 中，加州政府的功能板块中没有支持本地经济发展的专栏或者机构窗口。人们经常说，中国的佛教是个出世的宗教，但美国的加州政府是个"出经济之世"的政府。和绝大多数发展中国家一样，中国政府是"入经济之世"的政府，在这一点，法国、日本及德国政府比美国政府强得多。

多年来，美国一直在宣扬一种理念，即市场越大越好，政府越小越好。这样一种宗教激进主义的自由市场化观点，几乎把美国在 1980 年代以前凯恩斯主义的宏观管理理念及对应机制掀翻了。不过，在第四栏的法律法规中，我们总可以找到一些涉及数字经济发展的立法结果。

2. 加州数字化转型——基础设施政策

特朗普政府时期，美国科学技术政策局（OSTP）在 2020 年 10 月公布《推进美国在全球科技领域的领导地位，特朗普政府特点：2017—2022 年》（Advancing America's Global Leadership In Science & Technology Trump Administration highlights：2017—2020）。2021 年 1 月，美国政府启动先进技术领域《就业计划》（Job's Plan，实为与数字技术相关联的新基础设施投资计划），引导 AI、半导体等尖端技术的开发和投资。特朗普政府提出，加快对"未来产业"AI、量子信息科学、先进制造、先进通信、生物技术等尖端技术的投资。《就业计划》强调技术开发与投资，总额约为 2.3 万亿美元，其中 8520 亿美元用于促进环保技术、半导体、AI 等的技术开发投资等。拜登政府接任后，继续推进尖端技术投资类的新基础设施建设计划，但效果并不理想。在

2022 年度研究开发预算优先事项中，拜登政府列举了 5 项——公共卫生安全
与革新、未来产业和相关技术方面领导地位、安全性能源和环境的领导能
力、太空领导地位等支持项目，都和这一广义上的数字技术及数字基础设施
投资有关。应该说，约相当于 14 万亿人民币的数字技术及对应基础设施建
设投入，力度还是相当大的。但和中国的规模比起来，还是很小。

3. 加州网信技术研发计划：国家基础设施、一日运营及国防大联网

在美国，《网络和信息技术研究与发展》（The Networking and Information
Technology Research and Development，NITRD）于 1991 年开始实施，比中国
早。此后，美国总统府的行政管理和预算局（Office of Management and Budget，
OMB）于 2019 年 7 月公布《联邦数据战略计划》（Federal Data Strategy），是继
网络和信息技术研发计划之后较大的政策举措。这一计划目的是实现行政高
效化和社会活动顺利化的战略计划。作为行政数据的应用战略，其规定了 10
项原则和 40 项实践事项。第二年，美国国防部（Department of Defense，
DoD）于 2020 年 10 月公布的《国防部数据战略》（DoD Data Strategy），强调
有必要将信息系统与武器同等优先处理。

在国家基础设施、一日运营联网及国防建设协调后，美国将这一数字基
础设施投资及运营深化到了长期科技研发领域。美国总统府公布《2021 财年
研究开发预算优先事项备忘录》，国家科学技术委员会（National Science and
Technology Council，NSTC）于 2019 年 12 月 10 日公布了《联邦网络安全研究
开发战略计划》。几乎同时，美国政府公布联邦网络安全研究开发战略计划。
总统府的国家科学技术委员会于 2020 年 11 月发布了高级计算生态系统的开发
战略——《未来高级计算生态系统：战略规划》（Future Advanced Computing
Ecosystem：A Strategic Plan）（表 5-3）。这些序贯的战略规划对美国及加州
数字化的转型起到了序贯化的支撑支持作用。

表 5-3　美国与 DX 相关的主要政策及动向

序号	政策动向	概要
1	The Networking and Information Technology Research and Development	1991 年开始实施的信息通信领域跨部门型研究计划

序号	政策动向	概要
2	Federal Data Strategy	2019 年 7 月发布的行政数据应用战略，基于科学依据的政策制定开放法案
3	Federal Cybersecurity Research and Development Strategic Plan	2019 年 12 月发布关于网络安全的研究开发计划
4	DoD Data Strategy	2020 年 10 月美国国防部发表的数据战略中提出，向以数据为中心的组织转变战略
5	Future Advanced Computing Ecosystem：A Strategic Plan	2020 年 11 月发布先进计算生态系统开发战略
6	Restrictive Policies Against Chinese Enterprises	禁止从中国采购和获取，禁止使用中国企业产品以及与中国企业签订合同，加强对美国技术和软件访问限制等

4. 加州数字化转型：专精特新技术支持项目

美国于 2016 年公布了 4 份与 AI 相关的报告书，后来分别成为政府对专精特新技术项目的支持法令：《维护美国人工智能领导地位的行政命令》（2019 年 2 月）；基于该命令系列措施的年度报告——《美国人工智能倡议：第一年年度报告》（2020 年 2 月）；AI 应用相关规定的指导方针——《人工智能应用规范指南》（2020 年 11 月）；签署行政命令《在联邦政府推行可信赖人工智能》（2020 年 12 月），以促进 AI 在联邦政府的应用。2021 年 1 月，制定了《国家 AI 倡议法案》，在科学技术政策局下设立了国家 AI 倡议办公室。2021 年 3 月，美国人工智能国家安全委员会（NSCAI）公布了《最终报告》，提出了 2025 年之前美国应对 AI 的战略（表 5-4）。

表 5-4 2016 年以来美国发布的主要与人工智能相关政策文件

序号	发布时间	领域	发行和实施相关机构	名称
1	2016 年 10 月	研究开发	科学技术会议	《国家人工智能研究与发展战略计划》（The National Artificial Intelligence Research and Development Strategic Plan）
2	2016 年 10 月	全体	科学技术会议	《为人工智能未来做准备》（Preparing for the Future of Artificial Intelligence）
3	2016 年 12 月	全体	白宫	《人工智能、自动化与经济》（Artificial Intelligence, Automation and the Economy）
4	2017 年 6 月	人才教育	白宫	《扩大美国实习的总统令》（Executive Order Expanding APPrenticeships in America）
5	2018 年 5 月	全体	白宫	2018 年美国工业人工智能峰会（Summary of the 2018 White House Summit on Artificial Intelligence for American Industry）
6	2018 年 7 月	研究开发	美国国防高等研究计划局	人工智能探索计划（Artificial Intelligence Exploration Program）
7	2018 年 9 月	研究开发	美国国防高等研究计划局	《下一代人工智能运动》（AI Next Campaign）
8	2018 年 12 月	人才教育	科学技术会议	《STEM 教育战略五年计划》（5-Year STEM Education Strategic Plan）
9	2019 年 2 月	安全保障	国防部	《人工智能战略》（Harnessing AI to Advance Our Security and Prosperity）

续表

序号	发布时间	领域	发行和实施相关机构	名称
10	2019 年 2 月	研究开发	白宫	《关于维持美国在人工智能领域领导地位的命令》（Executive Order on Maintain American Leadership in Artificial Intelligence）
11	2019 年 6 月	全体	科学技术会议	《国家 AI 研究开发战略计划（2019 年修订版）》（The National Artificial Intelligence Research and Development Strategic Plan：2019 Update）
12	2019 年 8 月	研究开发	国家标准技术研究院	《技术标准和相关工具开发联邦计划》（A Federal Engagement in Developing Technical Standards and Related Tools）
13	2019 年 9 月	全体	白宫	在政府部门应用人工智能的白宫峰会（Summary of the 2019 White House Summit on Artificial Intelligence）
14	2019 年 10 月	研究开发	国家科学基金会	《国家 AI 实验室项目》（NSF's AI Research Institutes Program）
15	2019 年 11 月	研究开发	科学技术会议	《人工智能研究与发展报告：2016—2019 年》（2016-2019 Progress Report：Advancing Artificial Intelligence R&D）
16	2020 年 1 月	政府采购	白宫	《关于人工智能应用的规制指南》（Draft Guidance for Regulation of Artificial Intelligence Applications）
17	2020 年 2 月	全体	白宫	《人工智能倡议：第一年度报告》（Artificial Intelligence Initiative：Year One Annual Report）

序号	发布时间	领域	发行和实施相关机构	名称
18	2020 年 8 月	研究开发	国家标准技术研究院	《人工智能的四项原则》（Four Principles of Explainable Artificial Intelligence）
19	2020 年 11 月	政府采购	白宫	《关于人工智能应用的监管指南》（Guidance for Regulation of Artificial Intelligence APPlications）
20	2020 年 12 月	政府采购	白宫	《促进可信人工智能在联邦政府的应用》（Promoting the Use of Trustworthy Artificial Intelligence in the Federal Government）
21	2021 年 1 月	全体	白宫	《国家人工智能倡议法案》（The National AI Initiative Act）
22	2021 年 3 月	安全保障	美国 AI 安全保障委员会	《最终报告》（The Final Report）

在包括物联网在内的数字技术方面，美国以网络和信息技术开发程序（NITRD）为中心实施研究开发。在物联网等数字技术普及之际，网络安全相关的研究开发也并行进展，从基础的技术开发到面向产业界的推广、安全对策都进行了综合研究。在 NITRD 中设置的 11 个 IWG（工作组）中，"支持计算的网络物理系统"（CNPS）承担着联邦政府关于整合网络空间（信息）、物理空间、人类世界的系统的相关研究开发。

在技术开发方面，美国国防部 2019 年 7 月公布的《数字现代化战略》把区块链技术列为将来必需的技术之一。除此之外，美国还在推进量子计算机、量子通信和量子传感在内的量子信息科学研究。2018 年制定了规定量子科学 10 年目标和优先顺序的《国家量子计划法案》。在此基础上，提出了 6 个政策目的（"科学优先方法"的采用、人才培养对产业培养的深入指导、为研究开发提供基础设施、维护安全和经济增长、国际合作）；国家科学基金会（NSF）和能源部（DOE），还设立了多家研究所（表 5-5）。

表5-5 美国量子信息科学的主要动向

序号	发布时间	概要
1	2018年2月	制定《国家量子计划法案》（National Quantum Initiative Act）
2	2020年6月	NSF成立三所量子挑战学院（Quantum Leap Challenge Institutes）
3	2020年8月	DOE设立5个QIS（研究中心）
4	2020年9月	国家标准与技术研究院（National Institute of Standards and Technology，NIST）建立量子经济发展联盟（QED-C）
5	2020年10月	白宫国家量子协调办公室（NQCO）发表《量子前沿：国家量子信息科学战略参考报告》。将材料科学、量子模拟、高精度测量、量子纠缠的生成和分配、量子错误的特性掌握和减轻等作为前沿领域
6	2021年1月	国家科学技术会议（Subcommittee On Quantum Information Science）发表《量子网络研究的协调方法》，制定量子网络研究开发战略
7	2021年1月	白宫量子小组委员会（SCQIS）量子合作办公室发表了国家量子合作计划（NQI）第一年度报告，提出6个政策目标
8	2021年5月	NSF提交FY2022预算案。量子信息科学需要2.6亿美元
9	2021年5月	DOE提交FY2022预算案。量子信息科学需要3.01亿美元

（三）产业公共品积淀数字化转型

硅谷优势：一位斯坦福大学教授的远见卓识 硅谷（Silicon Valley），位于美国加利福尼亚州北部的大都会区旧金山湾区南面，是高科技事业云集的圣塔·克拉拉谷（Santa Clara Valley）的别称。"硅谷"这个词最早由美国记者唐·霍夫勒（Don Hoefler）在1971年创造，并于此后广泛传播。在地理上，硅谷起先仅包含圣塔·克拉拉山谷，主要位于旧金山湾区南部的圣塔·克拉拉县（Santa Clara County），包含该县下属的帕罗奥多市（Palo Alto）到县府圣何塞市（San Jose）一段长约25英里（40.23千米）的谷地，之后逐渐扩展到包含圣塔·克拉拉县、西南旧金山湾区圣马特奥县（San Mateo County）的部分城市（比如门洛帕克）以及东旧金山湾区阿拉米达县（Alameda County）的部分城市（比如费利蒙）等地。

旧金山湾区很早就是美国海军的一个研发基地，20世纪初期，陆续有许多军事科技和航空航天企业聚集在这里，久而久之，这里便形成了一个航空航天科技研究中心。但是，在那个时候，该地区还没有任何民用高科技企业。虽然这里有斯坦福大学（Stanford University）、加州大学伯克利分校（University of California，Berkeley）以及圣塔·克拉拉大学（Santa Clara University）等许多著名的大学，也培养了众多优秀的学子，可是毕业后的学生却大多选择远走他乡，到东海岸"淘金"。

斯坦福大学一个才华横溢的教授弗雷德·特曼（Frederick Emmons Terman）发现了这一点，他鼓励学生在当地发展创业投资（venture capital）事业。在特曼教授的指导下，两个斯坦福大学的研究生威廉·休利特（William Hewlett）和戴维·帕卡德（David Packard）在一间车库里凭着538美元创办了惠普公司（Hewlett-Packard）——一个跟美国国家航空航天局（NASA）及美国海军没有任何关系的高科技公司。现在，这间车库已经成为硅谷发展的一个见证，被加州政府公布为硅谷发源地并成为重要的旅游景点。

与波士顿128公路地区一样，第二次世界大战成为圣塔·克拉拉山谷经济腾飞的重要转折点。战争在旧金山湾区吸引了大批人从事与战争有关的产业，当地从蔬菜罐头厂到电子公司都在为战争生产做着准备。圣塔·克拉拉县充分利用这一增长契机，凭借得天独厚的区位优势和较为完善的高速公路基础设施网络——它到里士满、奥克兰和通往太平洋战区的门户旧金山的军事设施和工业中心都非常方便——想方设法获取国防合作和军用产品订单，极大地促进了该地区经济的跨越式增长。

第二次世界大战之后，特曼教授加大力度促进该地区技术和工业基地的发展。20世纪40年代初，他离开斯坦福大学教职，担任战时职位，出任哈佛大学无线电研究实验室主任，并于1946年回到斯坦福大学担任工程系主任。特曼教授在东海岸的经历让他得以进行军事电子学研究，并使他深深明白西海岸工业发展和大学的诸多劣势。不仅在旧金山湾区几乎没有任何产业，而且用特曼的话说："斯坦福大学从第二次世界大战中崛起为贫困的机构，它并没有大量参与与战争有关的任何激动人心的工程和科学活动"。① 波士顿 128 公路地区的经济活力给他留下了深刻的印象，并促使他下定决心阻止斯坦福大学最好的学生前往东海岸，特曼教授开始更加努力地致力于斯坦福大学和当地产业的发展。

特曼教授试图通过在斯坦福大学周边地区建立"技术学者社区（community of technical scholars）"来加强大学在支持技术型行业中的作用。用他的话说："这样的社区是由使用先进技术的企业以及一所对周围行业的创新活动敏感的强大的大学组成的。这种模式似乎是未来的潮流。"② 为了切实实行他的这一引领未来潮流的伟大创举，特曼教授通过招募有前途的工程系学员并扩大其研究生计划，将斯坦福大学的电气工程课程建设为美国大学里最好的课程之一。到了 1950 年的时候，斯坦福大学在教职员工人数偏少的情况下，仍然获得了与麻省理工学院（MIT）一样多的电气工程博士学位。

战争经历也为特曼教授提供了重要的学术和政府关系。特曼教授充分利用与华盛顿的关系，为斯坦福大学和本地公司争取到了大量的联邦合同。斯坦福大学实验室的研究直接受益于冷战和太空竞赛期间联邦政府支出的巨量增加，当地与此相关的众多企业从中获益颇丰。但是，与华盛顿之间的物理距离通常让处在加州的公司，在与联邦官员打交道的时候处于被动地位；恰恰相反，波士顿则是"近水楼台先得月"，在一定时期内占了地缘优势的先机。当然，随着冷战结束和太空竞赛趋缓，以及以美国高速公路网格为代表的大车间经济基础设施不断完成，在 20 世纪 90 年代以后，这一所谓的优势便越来越显得苍白无力。

特曼教授所做的最大努力，就是在斯坦福大学和当地企业之间建立起了深度合作关系。他坚信："如果西部企业和西部企业家想要卓有成效地为自己可观的长期利益服务，他们就必须尽可能地与西部优秀的大学合作，并通过资金和其他援助来加强彼此之间的关系。"③

————————————

① 钱纲. 硅谷简史：通往人工智能之路 [M]. 北京：机械工业出版社，2018：20-26.
② 钱纲. 硅谷简史：通往人工智能之路 [M]. 北京：机械工业出版社，2018：20-26.
③ 钱纲. 硅谷简史：通往人工智能之路 [M]. 北京：机械工业出版社，2018：20-26.

特曼教授鼓励当地大学教师和学生熟悉本地区的企业和业务，并了解那里的事业机会。他会定期在行业会议上公开讲话，并积极安排学生去当地高科技企业进行实地考察和学习。与此同时，特曼教授鼓励当地企业家主动了解斯坦福大学的工作以及斯坦福大学的研究将如何可能帮助到他们公司的发展。特曼教授还敦促西海岸电子设备制造商协会（WCEMA）成员为共同利益努力，增强当地制造商之间的合作精神。

毫无疑问，特曼教授在当地经济发展过程中的卓越贡献，尤其是20世纪50年代的三项结构性创新，更体现了他在该地区的开创型关系网络。首先，斯坦福大学建立了斯坦福研究所（Stanford Research Institute，SRI），以开展与国防有关的研究并协助西海岸的企业，它的责任是"出于实际目的追求科学"（这可能与大学传统的内在角色并不完全兼容）。

特曼教授还促进了斯坦福工业园的发展。工业园最初是为了快速获得收入以支持土地富裕但现金匮乏的大学的发展，与此同时，帮助加强了该地区高科技企业与大学之间的新型合作关系。随着工业园土地空间的扩大，通用电气、伊士曼柯达、海军上将公司、惠普和沃特金斯·约翰逊等著名公司陆续入驻。工业园距离斯坦福大学的教室仅几步之遥，仅向可能使大学受益的技术公司授予租约。因此，园区公司经常聘请斯坦福大学的教职员工为顾问、毕业生为员工，并积极参与相关项目研究。1955年，斯坦福工业园占地约220英亩（89.03公顷），到1961年，它已发展到652英亩（263.86公顷），拥有25家公司，共雇用11000名员工。

20世纪五六十年代，西屋（Westinghouse）和菲尔·福特（Philco-Ford）等成熟企业陆续在该地区设立了研究实验室或制造工厂，西尔瓦尼亚（Sylvania）、雷神（Raytheon）和国际电话电报公司（ITT）也紧随其后。IBM则于1943年在圣何塞建立了打孔卡工厂，并在20世纪50年代又建立了一个研究中心。施乐公司（Xerox Corporation）也于1970年成立了帕洛阿尔托研究中心（PARC）。美国国家航空咨询委员会（后来的美国国家航空航天局）还在莫菲特球场租用了艾姆斯研究中心的物业，该中心很快就成了航空研究的中心。这些研究设施和分支机构通过吸引工程人才到该地区并支持本地高科技企业的发展，大大扩展了硅谷的技术基础设施和技能基础；它们还是激光、微波以及医疗仪器等各种先进技术领域的起步之源。

"硅谷时代"来临 20 世纪 70 年代初期，圣塔·克拉拉山谷（Santa Clara Valley）被称为"硅谷"，因为它是最早研究和生产以硅为基础的半导体芯片的地方。1955 年，该行业在加州帕洛阿尔托市设立了肖克利（Shockley）晶体管公司，并扎根于此。到 1970 年，该行业成为当地经济体系中最大、最活跃的部分，圣塔·克拉拉县一跃成为美国首屈一指的半导体创新和生产中心，甚至超过了 128 公路地区的早期产业集群。

飞兆半导体的起步和随后的分裂极大地影响了硅谷的发展。1954 年，斯坦福大学毕业生、晶体管的发明者之一威廉·肖克利（William Shockley）离开贝尔实验室，并力图将其发明商业化。当雷神公司支持他在马萨诸塞州建立晶体管公司的努力失败之后，肖克利在贝克曼仪器公司的支持下回到了帕洛阿尔托，创办了肖克利晶体管公司。起初，肖克利聘请了一批顶尖的工程师，但最终证明他是一个失败的管理者。公司成立短短两年，8 名顶尖工程师［后来被称为"叛逆八徒"（traitorous eight）］决定离开并组建一家竞争性企业。在纽约投资银行家亚瑟·罗克（Arthur Rock）的帮助下，他们获得了纽约飞兆摄影器材公司的支持，并成立了飞兆半导体公司（Fairchild Semi-conductor Company）。

飞兆半导体公司成立之后迅速发展，很快便超越了其母公司。从 IBM 第一笔订单——购买 100 个台面型硅晶体管——开始，到联邦政府大量合同推动（首先是空军，后来是美国国家航空航天局），1963 年飞兆半导体公司的销售额就达到了 1.3 亿美元。

飞兆半导体公司的出现及后续成长，无疑是硅谷之所以成为"硅谷"的重要一环。该公司成立以来，锐意进取，头 8 年就生产出了业内近 10 个最具有创新性的衍生产品。不仅为公司自身的未来发展奠定了基础，而且深刻影响了硅谷一系列相关产业的成长壮大。

到了 1968 年的时候，8 个原始创始人［也就是"叛逆八徒"（traitorous eight）］陆续离开了公司。罗伯特·诺伊斯（Robert Noyce）、戈登·摩尔（Gordon Moore）和安迪·格罗夫（Andy Grove）开启了新的投资行动，他们在没有书面业务计划的情况下，说服了亚瑟·洛克向英特尔公司投资 250 万美元。让·霍尔尼（Jean Hoerni）自 1961 年离开公司后，前后成立了十几家公司。"叛逆八徒"中的其他人，如尤金·克莱纳（Eugene Kleiner），则成了该地区最著名的风险投资家之一。

整个 20 世纪 60 年代，共有 31 家半导体公司在硅谷成立，其中大多数公司的历史都可追溯到飞兆半导体。1959 年至 1976 年期间，在美国成立的 45 家独立半导体公司中，只有 5 家位于硅谷之外。硅谷成为美国半导体产业无可争议的霸主，"硅谷时代"来临。

计算机行业的高速增长扩充了硅谷地区晶体管和集成电路的销路，这使得国防军工市场在当地半导体业务中所占的份额逐渐下降。20 世纪 60 年代，政府采购份额占半导体总出货量的 50% 以上，到 1972 年降至仅占比 12%，并且在接下来的 10 年中持续下降。硅谷没有像 128 公路那样高度依赖国防军工市场，而是在 20 世纪 60 年代和 20 世纪 70 年代成功实现了向商业化生产的逐步过渡。

20 世纪 70 年代初，风险资本取代了政府投资，成为硅谷初创企业的主要融资来源。20 世纪五六十年代期间，受到小企业投资税收优惠待遇的鼓励，独立投资者在加利福尼亚州建立了美国中小企业投资基金（SBIC）。风险资本业务与当地半导体行业相得益彰，成功的企业家也因此更有意愿选择将其收益再投资于有前途的新公司。到了 1974 年的时候，该地区是斯坦福大学 150 多名活跃的风险投资家的所在地，这与麻省理工学院形成了鲜明对比。

在过去的 30 年中，圣塔·克拉拉山谷已将自己转变成一个动态的技术综合体，与马萨诸塞州科技中心——"波士顿 128 公路"成为一时瑜亮。大学研究、军事开支和企业冒险精神的结合激发了当地工业发展的自我强化动力。1975 年，该地区的技术企业雇用了超过 100000 名工人，而硅谷的工程师、电子公司、专业顾问、风险资本家和供应商基础设施的集聚，也仅有东海岸 128 公路地区的企业集聚可与之相比。这两个地区被公认为是美国领先的电子创新和生产中心，其中 128 公路专门研究微型计算机，而硅谷则研究商业半导体。

尽管存在许多相似之处，但这两个地区已经沿着不同的轨迹持续发展。缺乏工业历史积淀以及远离政治经济核心区的现实，促进了硅谷新型生产关系的试验和建立。为了将技术社区的模式从马萨诸塞州转移到加利福尼亚州，特曼促进了斯坦福大学与当地工业之间的开放和互惠联系，而不是像128公路地区。当然，这只是冰山一角。尽管这个过程很少有人意识到，但西海岸的生产者正在创造一种工业系统，其运作方式与东海岸的较旧系统完全不同。

（四）战略核心企业在数字化转型中的作用

惠普为例 惠普公司成立于1939年，其内置的业态引带及生成内力、独到的创新基因以及对应市场研发团队，是中国超大城市群经济所需要的优秀稀缺资源。第二次世界大战期间，惠普在美国硅谷的一间普通车库里诞生。这与东海岸波士顿128公路上有麻省理工、哈佛、塔夫茨和波士顿等名校加持的贵族性企业的出生大不相同。惠普确有在硅谷创生一个业态上相互关联，繁育数百上千家小微、微微企业并培育出众多中小上市企业集聚，协同攻关一个条线或一个产业节点组合难题，老母鸡下蛋式的创新工作母机的内涵本色。

20世纪30年代末期，名声已起的波士顿128公路两边，出现了创新实体密集式存在的现象。早年在波士顿128公路工作的时候，特曼不满足于军方、华盛顿和麻省理工三位一体笼络高大上企业为园区建设锦上添花式的业态发展模式。离开东部，只身来到尚不起眼的斯坦福大学，成立了工学院。他身体力行，鼓励学生们在实验室和家里的地下室中，依托教授们和学校周边小微企业凑成的创业资金（venture capital），催生与当地小微企业成长相关的小微技术。

源自一组新晋理念，在实验室形成初样，同行与凑成资金的企业主们横挑鼻子竖挑眼，变成放样并正样，集聚于一个或数个关联的新业态，分布的密度和半径达到某个门槛线之后，使得集聚区内的业态出现蘖生力矩。一个个创新企业，原本在128公路需要一千万美元的投资门槛线，一下子降到了一百万美元甚至十几万美元。惠普出生在车库里，是个案，也是内生。

在特曼的带领下，威廉·休利特和戴维·帕卡德用538美元创办了公司惠普公司，与美国国家航空航天局（NASA）及美国海军没有任何关系。但今天，这间车库已经成为加州政府确认的硅谷发源地，是当地一张重要的城市旅游名片。

惠普（HP）的第一笔销售是为画米基动漫老鼠的沃尔特·迪斯尼（Walt Disney）提供8个音频振荡器。在1941年至1945年期间，用类似的探测和分析信号电子测量设备，惠普的合同销售额从37000美元猛增到750000美元，但与东海岸的雷神公司相比，显得微不足道。惠普有130名员工，在美国通用电气公司（GE）、美国广播唱片公司（RCA）、西屋电气公司和雷神公司面前，它显得不足道起。但惠普在业态上有新赛道。在该业态的引领下，一些技术公司快速成长起来，成为新兴电子行业的新军。斯坦福毕业的查尔斯·利顿（Charles Litton），虽然在1932年成立了利顿工程实验室，但由于生产的是玻璃真空管，战争临近结束时销售前景暗淡。他在自己业态和惠普业态的临域间发现了微型玻璃成型机械的产业空间，成为后续军工电子系统的主要制造商。惠普、利顿和瓦里安等两两协同，巩固了北加州作为新兴电子产品生产中心的地位。

能够引带业态，这是惠普和特曼都没有想到的。长期以来，美国西部一直梦想着拥有足够规模的本土工业，来平衡加州地区资源型农业、海洋性渔业为主导的较为落后的国民经济体系。战争外生事件给小投资、新赛道的电子产业带来了希望，西部地区以高技术、创新企业和新产业赛道，完成了这个伟大的工业化新时代的开始。

20世纪70年代以后，惠普和一批工作母机式的企业，在技术上以电子科技、配套设备制造领域为半径展开，物理集聚上向圣塔·克拉拉山谷远方拓展。惠普将自己融入一个动态技术综合体的发展螺旋中，而且，它本身就是这个螺旋的动力之一。

核心企业公共品的起伏　惠普曾经是一家业务覆盖全球170多个国家和地区、年收入在1000亿美元以上的全球科技巨擘，在峰巅位置上矗立了20余载（约从1985年至2013年），Hewlett和Parkard去世之后，掌舵人换了多代。2004年前后，微软销售疲软。到2008年，表面上，美国出现的是以两房（房地美、房利美）为诱发的金融危机，但从国民经济体系板块投资压低机会成本行为上看，更是互联网和信息高速公路在美国20世纪90年代大爆发后走向下行、曲折调整，风投金融和银行系金融合力，将高新投资转场传统领域，推高房地资产泡沫，等待新产业到来的机会主义行为。

当技术周期和投资周期不拟合的时候，金融领域资产泡沫的推高，也同时是高科技产业赛道变换的质点。随后，互联网科技慢慢内置了数字技术，网络通信变成了网络网格高通量、绵密性、低时延和加密深化的工业价值加智能智慧联网经济换挡。行为终端替代固定终端，微软固定终端窗口系统走向式微，数字孪生和数据资源的价值化和行为序贯紧密地绑定在一起，科技前沿的相位移动并前行了。但硅谷的惠普们和临近地的微软尚不知道其可怕后果。

观察的后果是，过去 10 到 15 年，行业巨无霸的翘楚——微软出现了销售持续下行，苹果凤凰涅槃。硅谷巅峰宴会上的主角，谁也不能全景画面式地知道，这一移动终端带来的调整来得如此广泛而深刻的未来定位是什么。在硅谷之外，不仅硅谷之外西雅图的微软有问题，美国之外其他国家和地区的超大企业也都在决策上错过了很多基础部位的内置蘖生机会。IBM、思科、甲骨文、施乐、惠普、戴尔、雅虎、AOL 等美国超级企业，甚至连美国之外的松下、索尼、尼康、日立、现代、浦项、三星、LC，甚至连中国的鸿基、联想、方正、紫光、同方、用友、搜狐、网易、新浪等都在一个个栽跟头般地向下探头跌身。

惠普也不例外。2015 年，经历艰难的企业战略思考，高层形成了两分法的战略决策，把原来的企业实体拆分为 Hewlett Packard Enterprise（HPE）和 Hewlett Packard Inc（HPI）。前者专注于软件解决方案及服务业务，应对云—互联网动态过程产生的产业业态的技术发展；后者从事个人计算机和打印机业务。前者是以软件和柔性结合为主。今天看来，当时的缺憾在于并不完全明白 HPE 涉足了全球数字技术支持下的联网共享经济平台，漫入云计算和网络安全的机制互联网形成过程更为重要（还在做工业互联网之想）。

原来，惠普这个依据创投 PE 起家的企业，处在美国硅谷的成熟科技业态之中太长时间了，和一个个倒下的巨无霸企业一样，他们不明白"云"是什么，更不明白，在平台经济中，制造让位给了网络网格建设的动力力矩间的差别。云，今天看来，还只是碰到了网络网格的动态技术思辨而已，并没有形成类似阿里意义上的平台——360 度意义上的生态拓展之架构。

经过7—8年的发展，惠普公司从低谷中出艰难地走了出来。但是直到今天，惠普还没有恢复昔日辉煌的产业地位。惠普特别愿意恢复和中兴的合作，中国是它翻身的最佳候选地之一。

三、城市对标（Ⅱ）：北京市、上海市、深圳市

（一）北京市

作为全国政治中心、文化中心、国际交往中心和科技创新中心，近年来，北京依托中关村在软件和信息服务业方面的领先优势，拥有知名互联网和科技企业、高端科技人才、强大的国家政策支持等良好的数字产业发展基础，形成了比较完整的数字产业生态。作为"数字中国"建设的领导者，北京市数字化转型的相关产业政策、典型做法以及取得的成效如下。

1. 产业政策

为充分发挥北京市数字产业化和产业数字化优势，加快数字技术与经济社会深度融合，进一步提升数字经济发展水平，打造成为我国数字经济发展的先导区和示范区，2020年9月20日北京市经济和信息化局发布《北京市促进数字经济创新发展行动纲要（2020—2022年）》（以下简称《行动纲要》）。《行动纲要》中提出，要支持传统工厂开展数字化改造，提升工业企业数字化水平，打造智能制造标杆工厂，并促进5G、工业互联网、人工智能、大数据等技术的融合应用，推动北京制造业高端化发展。立足北京市"四个中心"功能定位，体系化构建数字经济发展体制机制，全面提升制造业数字化转型能力，坚决推动数据要素有序流动和培育数据交易市场，大胆探索关键领域对外开放及跨境数据流动等新模式新业态，积极稳妥推进与国际数字经济、数字贸易规则对接，引领和赋能国内数字经济发展，将北京市建设成为国际数字化大都市、全球数字经济标杆城市。

北京市在相关文件中也提到了相应的制造业数字化转型方案。例如，中共北京市委办公厅、北京市人民政府办公厅于2021年8月3日发布的《北京市关于加快建设全球数字经济标杆城市的实施方案》（以下简称《实施方案》），对制造业数字化转型提出了具体要求和做法：聚焦培育数据驱动的智能制造产业，支持制造业企业智能化转型提升，探索以数字链驱动业务链

的新型服务，建设一批全球智能制造标杆工厂。北京市经济和信息化局于
2021 年 8 月 30 日印发的《北京市"新智造 100"工程实施方案（2021—
2025 年）》提出，以推动国际科技创新中心建设和首都经济高质量发展为主
题，坚持创新驱动，实施以制造业智能化转型升级为核心的"新智造 100"
工程。聚焦北京高精尖产业，全面普及数字化、网络化、绿色化，深度实现
智能化，推动制造业企业逐步转型、梯次升级，建立引领全国、领先全球的
智能制造标杆示范，培育服务全国、辐射全球的智能制造供给能力，构建具
有全球影响力的智能制造产业生态，树立"北京智造"新名片。北京市制造
业全链数字化转型的相关政策举措如表 5-6 所示。

表 5-6　北京市制造业全链数字化转型的相关政策举措

政策举措名称	发布部门	时间	总体要求/主要目标
《北京市"新智造 100"工程实施方案（2021—2025年）》	北京市经济和信息化局	2021 年 8 月	以推动国际科技创新中心建设和首都经济高质量发展为主题，充分发挥"两区"政策优势，坚持创新驱动，实施以制造业智能化转型升级为核心的"新智造 100"工程。聚焦北京高精尖产业，全面普及数字化、网络化、绿色化，深度实现智能化，推动制造业企业逐步转型、梯次升级，建立引领全国、领先全球的智能制造标杆示范，培育服务全国、辐射全球的智能制造供给能力，构建具有全球影响力的智能制造产业生态，树立"北京智造"新名片
《北京市关于加快建设全球数字经济标杆城市的实施方案》	中共北京市委办公厅、北京市人民政府办公厅	2021 年 8 月	通过 5 至 10 年的接续努力，打造引领全球数字经济发展的"六个高地"：城市数字智能转型示范高地、国际数据要素配置枢纽高地、新兴数字产业孵化引领高地、全球数字技术创新策源高地、数字治理中国方案服务高地、数字经济对外合作开放高地

政策举措名称	发布部门	时间	总体要求/主要目标
《北京市促进数字经济创新发展行动纲要（2020—2022年）》	北京市经济和信息化局	2020年9月	到2022年，数字经济增加值占地区GDP比重达到55%；基础设施建设及数字产业化能力不断夯实提升，建设完善的数字化产业链和数字化生态；一、二、三产业数字化转型持续深化，中小企业数字化赋能稳步推进，产业数字化水平显著提升；基本形成数据资源汇聚共享、数据流动安全有序、数据价值市场化配置的数据要素良性发展格局；突破制约数字经济发展的体制机制约束和政策瓶颈，建立数字贸易试验区，开展数据跨境流动安全管理试点，构建适应开放环境的数字经济和数字贸易政策体系

2. 典型做法

基于《行动纲要》《实施方案》等政策文件，北京市以全面推动数字经济高质量发展为方向，围绕产业数字化，打造数字经济发展高地，开展工业数字化转型工程，典型做法如下。

打造京津冀数字共同体 支持京津冀区域合作建设工业、金融、会展云平台，支持制造业企业拓展生产性服务，拓展智能制造系统集成应用，提供远程运维、状态预警、故障诊断等在线服务，发展融资租赁、生命周期管理、工业电子商务、产品再利用和翻新等新业务。实施"新智能100"和其他旗舰项目，以提高高精尖制造企业的能力，并将建设几个全球智能制造参考工厂。

建立北京智能制造评估诊断体系 在现有国家智能制造能力成熟度评估标准的基础上，结合北京市高精尖产业发展要求，建立"智能工厂""智慧工厂"和"数字化车间"北京智能制造评估标准框架。加快标准的推广和应用，选择第三方机构为制造企业提供智能制造能力成熟度评估、智能转型咨询和诊断服务，协助制造企业进行智能转型升级。

推动绿色智能制造协同发展 加大对绿色智能基础技术的突破，利用智能技术促进生产车间的绿色制造现代化。鼓励企业整合数字和智能技术，关注产品设计、制造、包装、回收和处置的全生命周期，推广安全原料、清洁生产、低碳能源和资源节约型废物产生，减少环境影响和资源消耗，增加可再生能源的使用，打造资源节约型和环境友好型绿色供应链，促进产品再利用，实现经济和社会效益。

推动规模以上制造业企业智能化转型升级 继续分行业、分层次推进制造业"千家企业"智能化的实施，真正实现企业智能化的大规模全覆盖。推动智能机器人、高品质数控机床、智能传感与控制设备、智能仓储与物流设备、智能测试与装配设备、集成 CAE/CAD/MES/ERP/PLM 等核心软件、工业互联网与下一代信息技术的融合及使用，并引进关键技术和设备，如智能核心软件，协助企业进一步改造核心价值环节、关键工序和工艺环节、生产单元和生产线、车间和工厂，不断提高设备互联互通、数据共享、资源优化和科学决策水平，打造智能生产线、数字化车间（智能工厂），实现制造业企业的数字化、网络化、智能化的逐步推进。帮助营利的企业推出工业互联网平台，促进整个产业链的上下游合作。

促进小微制造业企业降本提效 支持中小型和微型制造企业的设备联网和业务系统向云端迁移，促进制造和运营管理的数字化。支持使用在线办公、智能通信、远程协作和协作开发等产品和解决方案，提高企业的应急能力。推动园区、龙头企业、行业协会和中介组织建立小试检测平台和柔性制造公共服务数字平台，为小微制造企业提供试用、检测、评估和培训服务。选择并实施一系列小微制造企业智能化升级改造项目，加快全面提升小微制造企业智能化水平。通过选择制造业企业数字化赋能试点示范平台，培育和推广一系列符合小微制造业企业需求的数字平台，一批高质量的数字产品和技术将被选入"创客北京"数字化竞赛。

打造智能制造万亿级产业集群 以龙头企业为核心，构建"优秀产品+标杆工厂"的发展模式，使用智能机器，建设智能工厂，生产智能产品，拓展智能服务，优化智能制造系统创新和产业链。支持企业探索智能应用场景，聚焦智能手机、下一代显示器、新型计算机终端、机器人、无人机、智能工具等惠民产品，发展一系列智能产品和服务集群，构建"智能+"产业生态。优化空间布局，支持海淀区打造智能制造创新源头，支持北京经济技术开发区打造智能制造核心产业，辐射和带动其他地区。重点关注机器人、工业控制系统、智能工具、应急装备等细分领域，采用专业化基地发展的模式，汇集隐形冠军企业，在北京经济技术开发区、怀柔、昌平、顺义、大兴、房山等地建立一系列智能制造集群（基地），聚集一系列智能制造企业落户北京。推动京津冀智能制造合作发展，建立一系列产业支撑和示范项目。

3. 政策成效

通过多项政策的发布和实施，北京市的制造业数字化转型从多个层面得到落实和发展，制造业数字化转型成果显著，数字经济规模发展迅速。数据显示，2021 年北京数字经济增加值达到 16251.9 亿元，占 GDP 的 40.4%，位居全国第一。数字经济核心部门的增加值达到 8918.1 亿元，占数字经济的 54.87%。近 3 年来，数字经济核心领域新增企业平均每年增加 1 万家，全市数字经济核心领域规模以上企业超过 8000 家，占全市规模以上企业总数的 19%。数字经济领域的大型企业数量逐年增加，营业额达到 1000 亿元的企业从 2018 年的 2 家增加到 2021 年的 5 家，营业额达到 100 亿元的企业从 2018 年的 39 家增加到 2021 年的 58 家。

（二）上海市

上海制造业数字化转型的实践，从具体内容上可以概括为"新型基础设施支撑+区级数字化转型赋能+园区智慧化建设+龙头企业带动"的多层次综合推进模式，从空间尺度上可以概括为"长三角三省一市联动协同"的发展模式。

1. 产业政策

为了对制造业数字化转型进行有效的引导和支持，上海市政府先后出台了一系列指导意见与规划，并与长三角区域的江苏、浙江、安徽三省签订合作协议，实现制造业数字化转型共赢。

2021 年 1 月，上海市委、市政府公布《关于全面推进上海城市数字化转型的意见》（以下简称《意见》），要求深刻认识上海进入新发展阶段全面推进城市数字化转型的重大意义，明确城市数字化转型的总体要求。

2021 年 5 月，长三角三省一市（沪苏浙皖）签署的《联合开展产业链补链固链强链行动合作协议》，标志着长三角地区在更高质量一体化进程中协同推进制造业数字化转型进入快车道。

2021 年 7 月，上海市政府官网发布《上海市先进制造业发展"十四五"规划》，确定未来 5 年上海制造业的发展主要目标、发展重点和任务举措。

2022 年 10 月，上海市数字化办正式印发《上海市制造业数字化转型实施方案》（以下简称《方案》），要求加速相关制造企业的变革，推动重点产业、集团和园区的新旧动能接续转换，形成"四位一体"发展体系。

上海市制造业全链数字化转型的相关政策举措具体如表 5-7 所示。

表 5-7　上海市制造业全链数字化转型的相关政策举措

政策举措名称	发布部门	时间	总体要求/主要目标
《关于全面推进上海城市数字化转型的意见》	上海市规划和自然资源局	2021 年 1 月	坚持整体性转变，推动"经济、生活、治理"全面数字化转型；坚持全方位赋能，构建数据驱动的数字城市基本框架；坚持革命性重塑，引导全社会共建共治共享数字城市；创新工作推进机制，科学有序全面推进城市数字化转型
《联合开展产业链补链固链强链行动合作协议》	沪苏浙皖经济和信息化部门	2021 年 5 月	建设关键共性技术综合测试床、新产品和解决方案中试场、长三角区域一体化企业数字化转型公共服务平台、面向制造业的高水平开源社区联盟
《上海市先进制造业发展"十四五"规划》	上海市政府办公厅	2021 年 7 月	建成一批世界级产业集群，"上海制造"品牌进一步打响，为打造成为联动长三角、服务全国的高端制造业增长极和全球卓越制造基地打下坚实基础

政策举措名称	发布部门	时间	总体要求/主要目标
《上海市制造业数字化转型实施方案》	上海市数字化办	2022 年 10 月	紧扣城市数字化转型"整体性转变、全方位赋能、革命性重塑"要求，通过数据要素、数字技术加快企业组织模式创新、产业链延伸链接、大中小融通发展和生态圈供需适配，重点实施八大专项工程和五项保障措施，通过项目化、工程化方式，加快推动"3＋6"重点产业、重点集团、重点园区等新旧动能接续转换，形成"链主"平台、智能工厂、超级场景、创新生态"四位一体"发展体系，全力打响"上海制造"品牌

2. 典型做法

强化一流新型基础设施的条件支撑 上海制造业数字化转型的基础设施处于国内领先地位，为制造业数字化转型提供了坚实的基础设施支撑。上海市注重城市信息化基础设施、数据中心和计算平台、重大科技基础设施等新型基础设施的建设。

持续完善城市信息化基础设施 截至 2020 年年底，千兆接入能力已实现上海全市覆盖，拥有 612.7 万户 5G 用户，比上年年末增加 591.2 万户。互联网省际、国际出口带宽 28863GB 和 6941.9GB，分别比上年年末增加 7003GB 和 1865.5GB。固定宽带平均下载速率达 50.32Mb/s，成为全国第一个超 50Mb/s 的城市。累计建成 32038 个 5G 基站，其中 2020 年新增 15837 个；累计建成 51560 个 5G 室内小站，其中年内新增 37648 个，中心城区和郊区重点区域已实现 5G 网络连续覆盖。通过推进 400 余项 5G 应用项目，以行业示范应用带动 5G 产业链、业务链、创新链融合发展，培育了 15 个有行业影响力的工业互联网平台（如宝信、上海电气等），由此带动上云上平台经营的中小企业数逾 10 万家。

利用数据中心和计算平台国内第一梯队优势 数字化转型离不开数据技

术和设施基础的支持，上海是全国除北京外 IDC（Internet Data Center，因特网数据中心）业务市场规模最大的城市。2020 年，上海地区 IDC 市场规模达到 140 亿元，年增长率近 15%。上海的互联网数据中心已建机架数达到 35.9 万个，利用率、服务规模处于国内第一梯队。上海市大数据平台规模国内领先，累计已汇集全市 200 多个单位的 340 亿条数据。启用了全国首家市域物联网运营中心，第一批近百类、超过 510 万个物联感知设备，每日产生数据超过 3400 万条。

持续提高重大科技基础设施能级　根据上海市科委发布的《2020 上海科技进步报告》，截至 2020 年年底，上海已建成和在建的国家级重大科技基础设施共 14 个，设施数量、投资金额和建设进度均全国领先，大科学设施集群效应逐步凸显。例如，硬 X 射线（新中国成立以来单体投资额最大）、软 X 射线、超强超短激光等光子领域的重大设施全面建成。根据相关规划，到 2022 年上海将形成全球规模最大、种类最全、综合服务功能最强的"1+7+X"大科学设施群雏形，为数字产业化、产业数字化关键技术研发提供强大支撑。

搭建区级数字化转型赋能平台　上海市 16 个区均已成立各自的数字化转型工作领导小组，市、区数字化办之间的定期沟通协调机制得以初步建立。2021 年 5 月确立了第一批 7 家市级数字化转型示范区，积极谋划"一区一特"，找准优势定位、形成区域集聚。结合"五个新城"建设，抓紧推进数字化先行区规划建设，面向未来，率先探索人、城、产业的融合，推动区域内优势产业与重点场景的数字化转型赋能。

作为上海市制造业重要集聚地的金山区，金山区政府与中国移动上海研究院、上海联通智能制造研究院等 12 家部门、企业联合共建了"上海湾区数字化转型赋能中心"，从培育汇聚不同行业企业交流协同、解决企业数字化转型痛点难点和辅助政府相关决策 3 方面着手，建设线上公共服务平台和线下应用推广平台，汇聚经济、生活、治理数字化转型的各类工具、案例，为数字化转型提供参考借鉴，为政府提供辅助决策。

推进特色制造业园区智慧化建设　上海制造业实现了向产业园区的高度集中，2020 年年底，全市近 90% 的工业总产值集中在各级开发。开发区的主导产业集聚度高，全市公告开发区主导产业集聚度达到 84.97%，其中国家级开发区高达 92.41%，市级开发区达到 77.67%。推进园区智慧化建设成为上海制造业数字化转型的重要抓手。其中，特色园区是上海"五型经济"发展和新技术、新产业培育的主要阵地，对全市制造业数字化转型起着积极的引领和推动作用。

其中，特色制造业园区数字化转型的主要内容包括：一是优先加快布局基于 5G（数据收集和传输）、人工智能（智能算法实现智能应用场景）、工业互联网（企业间的信息整合与共享）、大数据中心（大数据存储和处理）等在内的新型基础设施，促进网络信息基础设施的"智连"，消除信息孤岛。二是协同实施厂内数字化和厂间数字化，建造智能工厂或无人工厂，推进产业链或供应链数字化。通过推动特色行业建立工业互联网平台，推进生产方式进行数字化改造，发展智能制造、共享制造、绿色制造、服务型制造、楼宇型制造、个性化定制、众创定制、柔性化生产等新模式。三是着力推进园区生产性服务数字化，尽快实现生活性服务数字化。

3. 政策成效

针对制造业领域，上海市编制发布了经济数字化转型 3 年行动方案，为生物医药、汽车、电子信息、航天、航空等十大行业制定了数字化转型方案，并推动在沪央企、地方国企、外资和民营企业结合行业特色，逐步形成以知识化、质量型和数字孪生为特征的数字化转型之路。在推动制造业转型过程中，上海市取得了一系列成果。

工业互联网应用深入推广。截至 2020 年年底，开展工业互联网应用的大型企业已有 300 多家，具有影响力的工业互联网平台 40 多个。到 2021 年年底，上海培育了 26 个有行业影响力的工业互联网平台，链接全国 120 多万家企业、820 万台设备，上云上平台的中小企业 12 万家。

建成智能工厂，实现降本增效。已建成 14 个国家级智能工厂、80 个市级智能工厂，平均提质 8.6%、降本 10%、增效 7.3%、减存 4.4%。全市已经有 248 家企业实现两化融合管理体系贯标评定，7600 家企业开展两化融合自评估。到 2023 年，上海将推动全市 70% 规模以上制造业企业实现数字化转型，带动全行业平均提质 3%、降本 8%、增效 8%。在各细分领域，上海将着力打造一批转型样板和赋能平台，包括至少建设 100 家智能工厂、100 个有影响力的制造业数字化平台、20 个 "5G+工业互联网" 工厂，还要构建以 "AI 算法超市" 为代表的服务支撑体系，对接制造、机器人及自动驾驶等领域。

（三）深圳市

1. 深圳制造业全链数字化转型的提出背景

提出科技创新、科技强市是重要战略举措 我国正处于全面建成小康社会和建设创新型国家及世界科技强国的关键时期，深圳市制造业全链数字化转型是培育我国经济增长新动能、提升国家综合竞争力的重要举措，意义重大。在全球新一轮科技和产业变革下，党的十九大报告提出创新是引领发展的第一动力，是建设现代化经济体系的战略支撑。科技创新是提高社会生产力和综合国力的战略支撑，科学探索是从微观到宏观各个尺度上的纵深拓展，有助于加强国家创新体系建设，强化战略科技力量，深化科技体制改革，建立以企业为主体、市场为导向、产学研深度融合的技术创新体系，完成经济的结构性调整，提高产业链环节的价值创造，实现国民经济高质量发展。

21 世纪是一个全球科技创新空前活跃的时代，以智能制造、信息技术、生物技术等领域为代表的新一轮科技革命和产业变革将重塑全球经济结构和产业结构，推动生产方式和生活方式的变革，改造传统产业，催生一系列新兴产业，如图 5-4 所示。

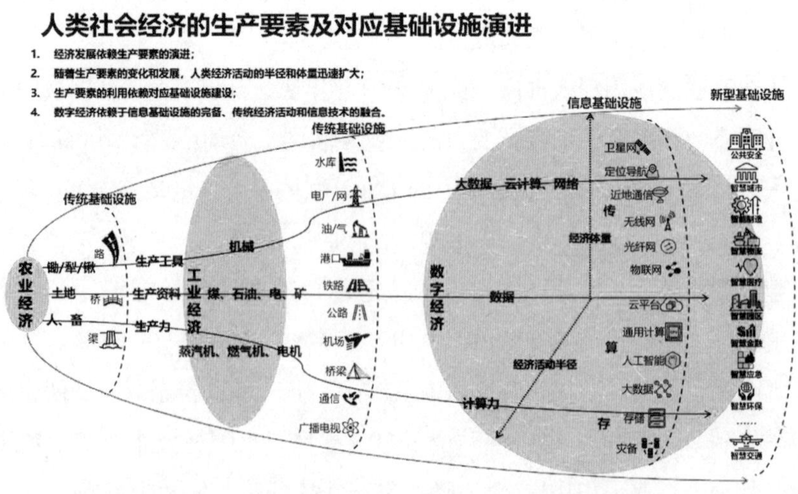

图 5-4 从农业经济到工业经济再到数字经济脱雏放飞

2. 评估深圳建设全球创新中心的存量经济增长方式

数字经济的根基在于政府主导的基础设施建设。在数字智能经济时代下，深圳建设具有全球影响力的科技创新中心，推动经济增长方式转变。数字智能经济有两方面的含义：一是经济中出现数字替代经济成分①，但不是经济的全部。这是从车间经济向数字智能经济过渡的观察特征。这时候，经济人用数字智能技术来生产某种产品比传统技术节约有效。比如，数码技术出现后，传统照相技术中的胶卷材料被替代，更为重要的是，数码技术的成像和修像环节比胶卷技术更为方便和快捷。二是数字创造经济②出现，在原有经济中原本不存在的数字图形图像的传输、编辑、制作，连带引发的网络高速化需求，数字转播中介出现，在一个数字第三方平台上，出现在人的智慧主导下的智能联网经济。二者结合起来，新的生产方式和大车间、模块化的自动化流水线生产截然不同，经济人用数字智能技术来生产、交易和消费，并形成均衡和收敛，达到资源最优配置的过程总和。

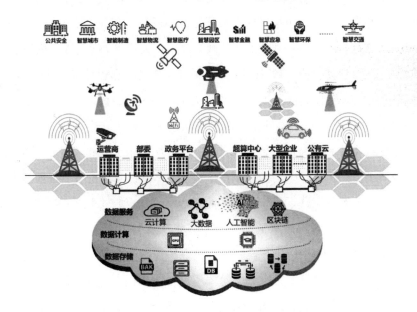

图 5-5　数字经济与科技创新雏形示意

---

① The economies of digital substitution，是产业数字化政策语言的对应学术语言。
② The economies of digital creation，是数字化产业化所使用的对应技术。

3. 深圳在全国科技创新布局中具有特殊重要的地位

科技创新能力对于处于和平发展和民族复兴阶段的中国来说尤为重要，可以说，科技创新能力是中国科创体系的核心支撑和主要标志。深圳作为一个具有各方面综合优势的中心城市，聚焦全球视野，是围绕和服务国家战略的重要实践。新一轮科技革命和产业革命突破原有领域，带来了新的增长动能，也为中国带来了引领世界、成为具有全球影响力的科技大国的机遇。深圳制造业全链数字化转型紧紧抓住了新一轮科技革命和产业革命转型的重要机会窗口，主动作为，逐步实现从"跟跑者"到"并跑者"，从"并跑者"到"领跑者"的转变。以增强全球影响力为目标，前瞻布局，在全球创新竞争格局中，逐步实现从被动跟随到主动挺进世界科技创新舞台中心的转变。

4. 深圳制造业全链数字化转型的政策提法

2020年是改革开放42周年，中国的科技领域发生了巨大的变化。国家和深圳市两个层面针对深圳市制造业全链数字化转型的建设出台了一系列指导性文件和发展纲要，包括指导思想、目标、任务、布局等多个维度的政策内容。总结分析我国科技领域的相关政策改革，大致可划分的4个阶段。

一是改革启动阶段。1977年，邓小平同志在科学和教育工作座谈会上提出，"我们国家要赶上世界先进水平，从何着手呢？我想，要从科学和教育着手"①。1985年，在全国科技工作会议和全国教育工作会议上，邓小平同志要求各级党委和政府重视教育和科技工作。同年中央发布《关于科学技术体制改革的决定》，这个决定阐明了科学技术体制改革的必要性，揭开了中国科技体制改革的大幕。1988年，邓小平提出"科学技术是第一生产力"的论断。1991年，科技部确定了11类高新技术。从1991年到2018年，国务院一共批准同意了218个国家级高新区的设立，在提升科技实力、提振国家经济、促进产业聚集和转型升级方面发挥了重要的作用。此外，国务院还设立了一批经济技术开发区，推动科学技术向生产力的持续转化。据2019年5月中华人民共和国商务部官网显示，全国共有国家级经济技术开发区219家。

---

① 迟福林．【理论新飞跃】决定当代中国前途命运的关键一招：学习领悟党的十九届六中全会精神［EB/OL］．人民网，2022-02-13.

在 1995 年 5 月召开的全国科学技术大会上，江泽民同志提出"实施科教兴国战略"的决定，20 多年的发展历程中，不断跟随时代而提出一系列新的重大决策，包括"九五"计划、2020 远景目标等。党的十九大报告更是重申了科学技术的重要性，并将科教兴国战略确定为决胜全面建成小康社会需要坚定实施的七大战略之一。科学技术创新不断被赋予新的时代内涵。

二是知识创新阶段。1985 年进行的科学技术体制改革逐步取得阶段性成果，在此基础上，1999 年启动了公立科研机构分类改革，这是深化 1985 年科学技术体制改革的一项重要举措。1999 年由中共中央、国务院颁布的《中共中央、国务院关于加强技术创新、发展高科技、实现产业化的决定》中提出，"推动应用型科研机构和设计单位实行企业化转制，大力促进科技型企业的发展"，"对于有面向市场能力的科研机构，要转为科技型企业、整体或部分进入企业，或转为企业性的中介服务机构；对于向社会提供公共服务、无法得到相应经济回报的科研机构，在调整结构、分流人员的基础上，按非营利性机构的机制运行和管理，政府主要通过扶持政策、竞争择优方式提供科研项目和基地建设经费。国务院部门所属科研机构（包括实行企业化转制的科研机构），除少数由中央管理外，一般要按属地化原则管理"。

通过对具有市场化能力的科研机构进行市场化改造和转制，将其转变为企业，或将其并入企业内的研究中心或实验室，打破了科研成果的机构垄断，实现科学研究成果与市场经济的有机结合。同时，对从事基础研究和战略性研究的公益性研究机构给予支持和保障，扩大科研成果的外部性，增强国家原始创新能力。自 1999 年启动公立科研机构分类改革后，全国范围内的科研机构总体数量大幅度减少，公立科研机构逐步向科技型企业或企业内的研发部门转型，转为事业单位、并入高等院校、转向其他中介服务机构、予以撤销等。构建起基于现代企业制度的治理结构和运行机制，将评价和激励机制与市场效益挂钩，更加突出以市场需求为目标。

三是自主创新阶段。在中国加入世界贸易组织（WTO）及中国特色社会主义市场经济体制初步建立的背景下，2003 年以中长期科技规划制定为标志的新一轮科技体制改革开启，最终于 2006 年发布《国家中长期科学和技术发展规划纲要（2006—2020 年）》，提出了"自主创新、重点跨越、支撑发展、引领未来"的科技发展方针，涉及明确国家目标、突出战略重点、强调科技前瞻、强化制度创新、体现区域特色、注重开放环境 6 方面的内容，确定了未来 15 年力争在信息、生物领域、能源资源环境、人民健康、军民两用技术、国防技术等重大专项取得突破。规划纲要提出到 2020 年建设创新型国家的目标，同时具有较强的引领性和前瞻性，规划对从 2006 年到 2020 年的科技发展进行了全面且系统的部署，直到今天，国家科学和技术发展仍然在按照规划纲要推进。

四是深化改革阶段。2012 年召开的党的十八大强调："科技创新是提高社会生产力和综合国力的战略支撑，必须摆在国家发展全局的核心位置。要坚持走中国特色自主创新道路"，"深化科技体制改革，推动科技和经济紧密结合，加快建设国家创新体系"，"实施知识产权战略"，"把全社会智慧和力量凝聚到创新发展上来。"党的十八大开启了中国深化改革、以创新驱动发展的全新发展阶段，通过简政放权，鼓励大众创业、万众创新。同时改革科技计划管理体制，成立了国家科技计划（专项、基金等）管理部际联席会议制度，由这一平台对科技计划管理的各项重大决策进行统筹和规划。

2016 年，习近平总书记在全国科学技术大会上讲话的主题聚焦于"为建设世界科技强国而奋斗"。同年 6 月发布了《国家创新驱动发展战略纲要》，提出了到 2020 年进入创新型国家行列、到 2030 年跻身创新型国家前列、到 2050 年建成世界科技强国的"三步走"战略目标，形成了创新驱动发展战略的顶层设计。2017 年党的十九大报告从以下几方面概述了实施创新驱动发展战略、建设创新型国家和世界科技强国的具体措施：瞄准世界科技前沿，进行前瞻性的基础研究；加强应用基础研究，推动我国经济向全球价值链中高端迈进；进行科技成果转化体制机制的创新，调动创新积极性，形成创新文化；培养造就一大批具有国际水平的战略科技人才、科技领军人才、青年科技人才和高水平创新团队。

5. 国家、相关部委及深圳制造业转型已有政策组合

《全国城镇体系规划纲要（2005—2020 年）》提出中国的五大全球职能城市分别是深圳、天津、上海、广州、香港。2010 年 2 月，住房和城乡建设部发布的《全国城镇体系规划纲要（2010—2020 年）》在全球职能城市概

念的基础上，提出了国家级中心城市的概念，将深圳、天津、上海、广州四大全球职能城市确定为国内的国家级中心城市，同时将重庆市由区域中心城市提升为国家级中心城市。2014 年深圳市《关于进一步创新体制机制加快全国科技创新中心建设的意见》的出台，标志着深圳市全国制造业全链数字化转型全面启动。深圳构建了"1+N"创新政策体系："1"是指《关于进一步创新体制机制加快全国科技创新中心建设的意见》；"N"是指促进科技改革和经济社会领域改革衔接配套的政策举措，包括《加快推进科研机构科技成果转化和产业化的若干意见（试行）》《加快推进高等学校科技成果转化和科技协同创新若干意见（试行）》等促进成果转化的文件，还包括《深圳市促进中小企业发展条例》《深圳市专利保护和促进条例》等地方性法规。2015 年 4 月，中共中央政治局审议通过《珠三角协同发展规划纲要》，对珠三角 3 个省市进行了定位，其中深圳被定位为"全国政治中心、文化中心、国际交往中心、科技创新中心"。2016 年发布的《中华人民共和国国民经济和社会发展第十三个五年规划纲要》在"实施创新驱动发展战略"一章中，以"打造区域创新高地"为节标题的内容中提出，"充分发挥高校和科研院所密集的中心城市、国家自主创新示范区、国家高新技术产业开发区作用，形成一批带动力强的创新型省份、城市和区域创新中心"。2016 年 12 月，国务院印发《"十三五"国家科技创新规划》，在总体部署部分提出，围绕拓展创新发展空间，统筹国内国际两个大局。支持北京、上海建设具有全球影响力的科技创新中心，建设一批具有重大带动作用的创新型省市和区域创新中心。2017 年是各项"十三五"规划集中出台的时期。国家科技企业孵化器、技术市场发展、农业农村科技创新、食品科技创新、国家科普与创新文化建设、公共安全科技创新、城镇化与城市发展科技创新、国际科技创新合作、生物技术创新、材料领域科技创新、国家技术创新工程、国家科技人才发展等领域的重点任务和措施得以明确。2018 年到 2020 年，在现有建设现状的基础上，陆续出台针对重点行业、科技人才、创新平台的政策，持续推动深圳具有全国影响力的科技创新中心建设。

表5-8　国家层面建设深圳科技创新中心相关政策

年份	政策文件名称	主要内容
2020	《加强"从0到1"基础研究工作方案》	从优化原始创新环境、强化国家科技计划原创导向、加强基础研究人才培养、创新科学研究方法手段、强化国家重点实验室原始创新、提升企业自主创新能力、加强管理服务7个方面提出具体措施
	《关于进一步支持和鼓励事业单位科研人员创新创业的指导意见》	支持和鼓励科研人员离岗创办企业，支持和鼓励科研人员兼职创新、在职创办企业，支持和鼓励事业单位选派科研人员到企业工作或者参与项目合作，支持和鼓励事业单位设置创新型岗位
	《关于支持国家级新区深化改革创新加快推动高质量发展的指导意见》	包含着力提升关键领域科技创新能力、加快推动实体经济高质量发展、持续增创体制机制新优势、推动全方位高水平对外开放、高标准推进建设管理等意见
	《关于加大金融支持科创企业健康发展的若干措施》	提出大力推进科创金融建设、优化科创企业融资环境、更好服务全国科技创新中心建设、推动首都经济高质量发展等措施
2019	《关于进一步支持和鼓励事业单位科研人员创新创业的指导意见》	支持和鼓励科研人员离岗创办企业，支持和鼓励科研人员兼职创新、在职创办企业，支持和鼓励事业单位选派科研人员到企业工作或者参与项目合作等
	《关于营造更好发展环境支持民营企业改革发展的意见》	提出"七个着力"，支持民营企业改革发展，进一步激发民营企业活力和创造力
	《关于促进新型研发机构发展的指导意见》	新型研发机构的定义、要成为新型研发机构应具备的条件，从突出体制机制创新、强化政策引导保障、注重激励约束并举、调动社会各方参与角度推动新型研发机构的发展

续表

年份	政策文件名称	主要内容
2019	《国家新一代人工智能创新发展试验区建设工作指引》	规定了国家新一代人工智能创新发展试验区建设的重点任务、申请条件、建设程序、保障措施等
	《关于促进文化和科技深度融合的指导意见》	围绕加强文化共性关键技术研发、完善文化科技创新体系建设、加快文化科技成果产业化推广、加强文化大数据体系建设、推动媒体融合向纵深发展、促进内容生产和传播手段现代化、提升文化装备技术水平、强化文化技术标准研制与推广等8项重点任务开展具体工作部署
	《关于扩大高校和科研院所科研相关自主权的若干意见》	推动扩大高校和科研院所科研领域自主权，全面增强创新活力，提升创新绩效，增加科技成果供给，支撑经济社会高质量发展
	《关于新时期支持科技型中小企业加快创新发展的若干政策措施》	加快推动民营企业特别是各类中小企业走创新驱动发展道路，强化对科技型中小企业的政策引导与精准支持
	《国家新一代人工智能开放创新平台建设工作指引》	促进人工智能与实体经济的深度融合，进一步推进国家新一代人工智能开放创新平台建设
	《"十三五"现代服务业科技创新专项规划》	加快推动现代服务业创新发展，明确"十三五"期间现代服务业领域科技创新的目标、任务和方向
	《国家大学科技园管理办法》	规范国家大学科技园建设和运行管理，提升国家大学科技园的自主创新能力和发展水平
	《关于促进国家大学科技园创新发展的指导意见》	激发高校创新主体的积极性和创造性，充分发挥好国家大学科技园的重要作用
	《中央级新购大型科研仪器设备查重评议管理办法》	规范中央级新购大型科研仪器设备查重评议工作，减少重复浪费、促进资源共享，提高财政资金的使用效益

续表

年份	政策文件名称	主要内容
2018	《进一步深化管理改革激发创新活力确保完成国家科技重大专项既定目标的十项措施》	完善管理制度，提高科学管理水平；优化科研项目和经费管理，赋予科研人员和科研单位更大自主权；弘扬科学精神，激发科研人员创新活力
	《关于科技创新支撑生态环境保护和打好污染防治攻坚战的实施意见》	统筹推进技术研发、应用推广和带动产业发展，探索环境科技创新与环境政策管理创新协同联动
	《优化科研管理提升科研绩效若干措施的通知》	优化科研项目和经费管理，完善有利于创新的评价激励制度，强化科研项目绩效评价，完善分级责任担当机制，开展基于绩效、诚信和能力的科研管理改革试点
	《关于深化项目评审、人才评价、机构评估改革的意见》	优化科研项目评审管理，改进科技人才评价方式，完善科研机构评估制度，加强监督评估和科研诚信体系建设，加强组织实施，确保政策措施落地见效
	《国家科技资源共享服务平台管理办法》	规范管理国家科技资源共享服务平台，推进科技资源向社会开放共享
2017	《促进新一代人工智能产业发展三年行动计划（2018—2020年）》	培育智能产品、突破核心基础、深化发展智能制造、构建支撑体系
	《关于创新管理优化服务培育壮大经济发展新动能加快新旧动能接续转换的意见》	解除制约新动能成长和传统动能改造提升的体制机制障碍，强化制度创新和培育壮大经济发展新动能，加快新旧动能接续转换
	《国家科技企业孵化器"十三五"发展规划》	深入推动科技企业孵化器事业持续健康发展，完善创新创业生态系统，培育发展经济新动能，为建设创新型国家提供有力支撑

续表

年份	政策文件名称	主要内容
2017	《"十三五"技术市场发展专项规划》 《"十三五"农业农村科技创新专项规划》 《"十三五"食品科技创新专项规划》 《"十三五"国家科普与创新文化建设规划》 《"十三五"公共安全科技创新专项规划》 《"十三五"城镇化与城市发展科技创新专项规划》 《"十三五"国际科技创新合作专项规划》 《"十三五"生物技术创新专项规划》 《"十三五"材料领域科技创新专项规划》 《"十三五"国家技术创新工程规划》 《"十三五"国家科技人才发展规划》	明确"十三五"期间各领域科技创新的发展思路与目标，细化重点任务与措施，全面推进各领域科技创新工作
	《国家技术创新中心建设工作指引》	加快推进国家技术创新中心建设，优化国家科研基地布局，明确建设目标和原则、建设布局与组建模式、重点建设任务、治理结构与管理机制、组建程序等
	《国家技术转移体系建设方案》	加强系统设计，构建符合科技创新规律、技术转移规律和产业发展规律的国家技术转移体系
	《国家科技创新基地优化整合方案》	进一步优化国家科技创新基地布局，推进国家科技创新基地建设

续表

年份	政策文件名称	主要内容
2016	《中华人民共和国国民经济和社会发展第十三个五年规划纲要》	支持北京、上海建设具有全球影响力的科技创新中心
	《国家创新驱动发展战略纲要》	提出"推动北京、上海等优势地区建成具有全球影响力的科技创新中心"的目标
	《国务院关于印发北京加强全国科技创新中心建设总体方案的通知》	从总体思路、发展目标、重点任务、保障措施4个方面指导北京全球科创中心的建设
	《北京加强全国科技创新中心建设总体方案》	方案提出了"三步走"方针、5个方面的重点任务，促进北京实现引领示范的作用
	《"十三五"国家科技创新规划》	提出"支持北京、上海建设具有全球影响力的科技创新中心"的目标
2015	《珠三角协同发展规划纲要》	对于珠三角3个省市进行了定位

依据国家建设制造业创新中心的思想，深圳市率先提出制造业数字化转型的政策。习近平总书记在2013年9月的中央政治局在中关村集体学习时提出"面向未来，中关村要加大实施创新驱动发展战略力度，加快向具有全球影响力的科技创新中心进军，为在全国实施创新驱动发展战略更好发挥示范引领作用。"经过多方调研及慎重决策，深圳市政府委托市经贸信息委出台《深圳市经济贸易和信息化委员会财政专项资金项目验收管理暂行办法》。

第一章 总则

第一条 为推进制造强国战略，加快建设深圳国际科技产业创新中心，规范深圳市制造业创新中心的建设和管理，依据《制造业创新中心建设工程实施指南（2016—2020年）》《关于完善制造业创新体系，推进制造业创新中心建设的指导意见》《省级制造业创新中心升级为国家制造业创新中心条件》以及《深圳市十大制造业创新中心建设实施方案》等文件，制定本办法。

第二条　本办法所称制造业创新中心，是指面向国家和深圳市制造业创新发展的重大需求，由企业、科研院所、高校、行业组织等主体按照"优势互补、利益共享"的原则，以企业法人或民办非企业单位（法人）等形式在我市行政区域（含深汕特别合作区）成立、建设和运营的新型创新载体。

第三条　制造业创新中心应以制造业转型升级、培育发展新动能的重大需求为导向，以提升产业技术创新能力为目标，以集成优化创新资源配置为核心，以建立健全产学研用协同机制为手段，打通技术、组织、商业、资本之间的分割与壁垒，汇聚整合资源，突出协同配合，突破一批制约行业发展的共性关键技术瓶颈，转化推广一批先进适用技术和标准，积累储备一批核心技术知识产权，建设发展一批共性关键技术研发应用基地，培养造就一批技术创新领军人才，加快形成发展的新动力，推动实现深圳市制造业转型发展新跨越。

第四条　市经贸信委负责统筹推进制造业创新中心建设。

第二章　遴选和立项

第五条　制造业创新中心根据产业发展情况、创新环境和创新资源特点，依托现有或新组建的产业技术创新联盟，发挥企业、科研院所、高校、行业组织等主体的积极性，通过自愿组合、自主结合，经建设方案征集、评估论证、市政府审定等程序后启动建设。

第六条　企业法人形式制造业创新中心的股东或民办非企业单位（法人）形式制造业创新中心的举办者应包含本市本领域内若干家具有较强影响力和号召力的企业、科研院所、高校等主体。

第七条　制造业创新中心为企业法人的应建立现代企业制度，有责权明晰的董事会和经营管理团队，实现企业化运行，注重对产业发展的公共服务。

制造业创新中心为民办非企业单位（法人）的应按《广东省民政厅关于社会组织法人治理的指导意见》和《广东省民办非企业单位法人治理结构与治理规则》的规定，建立健全法人治理结构和运行机制。

第八条　制造业创新中心依托的产业技术创新联盟应汇聚本领域内的企业、科研院所、高校、行业组织等各类主体，应包含至少一家市级（含）以上重点实验室、工程实验室、工程技术中心、工程研究中心等创新平台。

第九条 制造业创新中心应成立由本领域高层次专家组成的专家委员会，负责对制造业创新中心的发展方向、技术路线、建设规划、项目计划等提供咨询意见。

第十条 市经贸信息委负责接受制造业创新中心建设申请。有意愿承担制造业创新中心建设的单位提交建设申请，编制建设方案。建设方案应包括制造业创新中心的组织形式、管理机制、运营模式、技术发展路线图、拟突破的关键技术、平台建设、近期和中长期建设规划、合作协议等内容。

第十一条 市经贸信息委对建设申请进行初审和论证，形成制造业创新中心立项建议报市政府审定。审定通过的予以授牌，启动制造业创新中心建设。

第三章 建设和资助

第十二条 获授牌的制造业创新中心，由企业法人或民办非企业单位（法人）及其举办者向市经贸信息委提出项目建设资助资金申请。

第十三条 制造业创新中心的资助资金纳入市经贸信息委预算管理。资助资金可用于制造业创新中心的平台建设、技术研发、示范应用推广等项目。

第十四条 制造业创新中心为企业法人的，由企业法人对资助资金的使用负责。制造业创新中心为民办非企业单位（法人）的，由项目的具体承担者对资助资金的使用负责。

第十五条 同一项目不得重复申请市级财政资金资助。市级财政资金对单个项目资助金额不超过项目总投资的50%。

第十六条 市经贸信息委负责对制造业创新中心资助资金申请进行专家评审、现场考察，初步确定支持对象和资助金额，征求相关单位意见后形成扶持计划，在市经贸信息委官方网站上进行公示，公示期为10天。

第十七条 经公示无异议或异议不成立的扶持计划，由市经贸信息委下达扶持计划，按财政专项资金相关规定拨付资助资金。

第十八条 制造业创新中心在获得国家或广东省资金资助后可向市经贸信息委申请配套资助。市经贸信息委按不超过1∶1的比例对已拨付到位的国家或广东省资助资金给予配套，已获得市级财政资助的项目不再重复资助。

第十九条　制造业创新中心应制定规范的资金使用流程，建立和完善内部控制制度，按要求对资助资金进行财务管理和会计结算，提供预算执行情况的报告和有关财务报表。

第四章　管理和运行

第二十条　制造业创新中心应建立完善的运行和管理体制，明确各类主体的责权利，建立健全利益共享、风险共担的有效机制。

第二十一条　制造业创新中心的投入应满足基本运行需要，自主开展各类经营活动。

第二十二条　制造业创新中心应加强前沿、共性关键技术研发和扩散。开展前沿技术研发，突破产业链关键技术屏障；开展共性关键技术和跨行业融合性技术研发，突破产业发展的共性技术供给瓶颈；建立以市场化机制为核心的成果转移扩散机制，加快创新成果大规模商用进程。

第二十三条　制造业创新中心应加强对外公共服务能力建设。通过整合现有资源，实现技术和服务外溢，对外提供技术委托研发、标准制定和实验验证、检验检测、企业孵化、人员培训、市场信息服务、可行性研究、项目评价、咨询等公共服务。

第二十四条　制造业创新中心应加强知识产权储备和保护。加强关键核心技术和基础共性技术知识产权战略储备，形成战略前瞻布局。加强知识产权保护，支撑和保障制造业创新发展。建立市场化的知识产权运营、管理制度，各股东或举办者按约定享受相应的知识产权收益。

第二十五条　制造业创新中心应加强与股东或举办者以外的国内外企业、高校、科研机构等开展技术交流与合作。通过项目合作、人才引进、技术引进、参股并购、专利交叉许可等形式，促进行业共性技术水平提升和产业发展。

第二十六条　制造业创新中心应充分发挥现有资源优势，实现股东或举办者间的资源开放共享。利用互联网、云计算、大数据等新一代信息技术，建设覆盖股东或举办者的科研创新网络平台。

第二十七条 制造业创新中心应积极跟踪、收集、分析国内外本领域发展信息，定期报送创新发展情况和需求。

第二十八条 制造业创新中心应积极承担国家、广东省及深圳市制造业创新网络建设任务，打造支撑本领域创新发展的核心节点。

第二十九条 制造业创新中心可根据本领域发展情况吸收新股东、举办者或设立分支机构，相关情况需在 30 日内告知市经贸信息委。

第五章 监督和评估

第三十条 制造业创新中心应每半年向市经贸信息委报送项目进展情况和资助资金使用情况。

第三十一条 制造业创新中心应每年 3 月前向市经贸信息委报送上年度运行报告。年度运行报告主要包括制造业创新中心建设进展、考核指标完成情况、取得的成绩、项目进展情况和存在的问题等内容。

第三十二条 制造业创新中心资助项目实施过程中，如出现严重影响项目进展的重大事件或因不可抗力等因素，确需对项目负责人、建设内容、建设目标、资金用途等进行变更的，或出现项目终止或撤销事由的，项目承担单位应当向市经贸信息委提出变更、终止或撤销申请。市经贸信息委在核实情况基础上，在 20 个工作日内做出变更、终止或撤销等处理决定并书面回复项目承担单位。未经核准的，不得实施变更。

第三十三条 项目需要延长建设期的，项目承担单位应在规定期限届满前 1 个月以前向市经贸信息委提出延期申请。一般延长期限不超过 12 个月，且只允许延期 1 次。

第三十四条 市经贸信息委组织对制造业创新中心资助项目的验收。项目承担单位应在受资助项目完成后 3 个月内提出验收申请，按规定提交验收资料。验收不合格的，项目承担单位 3 年内不得申请新项目。

第三十五条 市经贸信息委根据经市政府审定的建设方案、年度运行报告情况对制造业创新中心进行现场检查和年度评估，形成年度评估报告。现场检查和年度评估中存在问题的，市经贸信息委视情况做出整改、中止或终止资助等处理决定。情节严重的，市经贸信息委报请市政府审定后撤销其制造业创新中心称号。

第三十六条 市经贸信息委每3年根据经市政府审定的制造业创新中心建设方案、历年运行报告、历年评估报告等对制造业创新中心进行考核。未通过考核的，市经贸信息委视情况做出整改等处理决定。情节严重的，市经贸信息委报请市政府审定后撤销其制造业创新中心称号。

第三十七条 市经贸信息委可委托第三方机构开展评审、检查、验收、评估或考核等工作。

第三十八条 项目承担单位存在违规截留、挤占、挪用、虚报、冒领、骗取资助资金的，或在使用过程中存在违法违纪行为的应退回资助资金，依法予以处罚或处分；将项目承担单位列入专项资金申报使用失信提示名单，3年内不受理专项资金项目申请。涉嫌犯罪的，依法移送司法机关处理。

第三十九条 受委托的第三方机构在论证、评审、检查、验收、评估或考核过程中，存在弄虚作假、隐瞒事实真相、与项目承担单位串通作弊等行为的，取消其服务资格；同时按照有关法律、法规和规章对相关单位和责任人进行处罚。造成资金损失的，依法追究法律责任。涉嫌犯罪的，依法移送司法机关处理。

第四十条 行政机关及其工作人员在专项资金管理中不履行职责或不正确履行职责的，依法追究行政责任。涉嫌犯罪的，依法移送司法机关处理。

第六章 附则

第四十一条 在深圳市建设的国家制造业创新中心的分支机构、广东省制造业创新中心申请资助资金的参照本办法执行。

第四十二条 本办法由市经贸信息委负责解释。

第四十三条 本办法自2018年12月19日施行，有效期至2020年12月31日。

6. 深圳制造业全链数字化转型的目标理念

深圳制造业全链数字化转型目标理念的提出是基于对深圳市制造业发展现状的深刻理解。2018年建设的224项重点项目和工作，任务完成率96%，进展明显。研发强度、专利数量、各项指标领跑全国，对创新型国家建设的作用不断增强，为2020年中国步入创新型国家行列当好排头兵。

深圳制造业全链数字化转型始终面向世界科技前沿、经济主战场和国家重大需求，在各领域取得突破。根据深圳科学研究中心的研究，构建了评价科技创新中心的 5 个一级指标：集聚力、原创力、驱动力、辐射力、主导力。一级指标下又有 16 个二级指标。进行测算后，得出 2011—2016 年深圳市各项综合指数如下（图 5-6）。

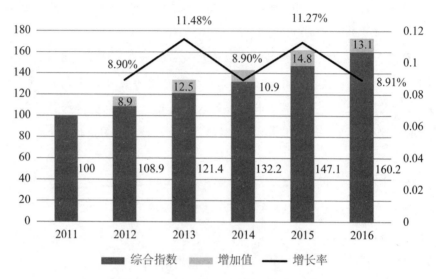

图 5-6　2011—2016 年深圳市各项综合指数

科技成果产出和影响力明显增强　根据深圳市统计局、国家统计局深圳调查总队发布的消息，2018 年深圳全社会研究与试验发展经费投入强度居全国之首，其中基础研究经费占深圳地区研究与试验发展经费的 15% 左右，占全国研究与试验发展比重的 20% 以上；全市有 69 项成果获国家科学技术奖，占全国通用项目获奖总数的 30.8%；人均发明专利拥有量为 111.2 件，排名全国第一；科技部公布的 2017 年度中国科学十大进展中，深圳有 6 项科研成果入选。深圳市高新技术企业数量创历史新高，累计达 2.5 万家。2018 年，深圳科技经费投入超过 25 亿元，基础研究、要素积累、技术创新等方面的提升也极大地促进了深圳高新技术产业的发展。

创新驱动发展成效显现　深圳创新驱动发展成效的一个重要体现是其战略性、引领性的国家创新平台的建设。国家统计局深圳调查总队发布的《深圳市 2018 年国民经济和社会发展统计公报》显示，2018 年中关村国家自主创新示范区高新技术企业总收入 58841.9 亿元，增长 11.0%，其中，技术收入首次超过 1 万亿元，高达 10629.4 亿元，增长 13.4%。同时数据显示，深圳加快向高精尖迈进进程，在 2018 年全市规模以上工业中，高技术制造业、战略性新兴产业增加值均高于规模以上工业增加值增速，分别比上年增长 13.9% 和 7.8%。服务业增加值比上年增长 7.3%，其中信息、科技、金融等优势行业占深圳生产总值的比例超过 40%，贡献率合计近 70%。

在对深圳制造业现状调研及转型内在力矩深刻理解的基础上，深圳市政府提出了制造业全链数字化转型升级的目标理念。把深圳打造成为全球科技创新中心具备下述七个方面的序贯功能特征：（1）科学技术元理念的始发地；（2）元理念碰撞走向序列战略技术的一流团队工作培育基地；（3）前瞻性战略技术实现突破的"综合性—复杂性—极限性"条件大科学装置群所在地；（4）重大前沿科技开发实验室群落集聚地；（5）知识产权、知识产品、源代码、开源系统生成的平台交互群；（6）科技创新产品从实验室放样走向"工业级产品—中试产品"再远程走向"厂商中间品—第三方市场"大市产品的市场发动地；以及（7）国民经济体系"中枢—外围"板块互动生成产业新增长点的始发动力引擎中心。

四、经济体对标：美国、日本、德国

（一）美国

1. 产业政策

美国制造业多处于全球产业链上游，整体制造业实力强劲，但存在严重的产业"空心化"问题。因此，美国在制定制造业相关政策及战略时，首要任务是吸引制造业回流以及发展先进制造业，保持美国制造业领先地位。近年来，美国主要通过《先进制造业国家战略》以及《2021 年美国创新和竞争法案》等政策推动这一任务。

《先进制造业国家战略》每 4 年更新一版，是美国希望通过制造业来推动美国经济和国家安全的重要政策。《先进制造业国家战略》最新版于 2022年 10 月由美国白宫发布，该战略提出了美国在先进制造业方面发挥领导地位的愿景，该愿景旨在通过发展先进制造业实现发展经济、创造就业、增强

环境可持续性、应对气候变化、加强供应链、确保国家安全和改善医疗保
健。围绕这一愿景，该战略设定了相互关联的三大支柱：一是开发和实施先
进的制造技术；二是壮大先进制造业的劳动力队伍；三是提升供应链弹性。
为实现三大支柱，又确定了 11 项重点目标及 37 项实施路径。具体如表 5-9
所示。

表 5-9　美国《先进制造业国家战略》支柱、目标、实施路径对应关系

支柱	目标	实施路径
支柱 1：开发和实施先进的制造技术	1. 实现清洁和可持续的制造以支持脱碳	1. 制造过程的脱碳
		2. 清洁能源制造技术
		3. 可持续制造和回收
	2. 加快微电子和半导体的制造创新	1. 半导体和电子的纳米制造
		2. 半导体材料、设计和制造
		3. 半导体封装和异构设计
	3. 实施先进制造以支持生物经济	1. 生物制造
		2. 农业、林业和食品加工
		3. 生物质加工和转化
		4. 药品和保健品
	4. 开发创新材料和加工技术	1. 高性能材料设计和加工
		2. 增材制造
		3. 关键材料
		4. 太空制造
	5. 引领智能制造的未来	1. 数字化制造
		2. 制造业中的人工智能
		3. 以人为本的技术应用
		4. 制造业中的网络安全

续表

支柱	目标	实施路径
支柱2：壮大先进制造业的劳动力队伍	1. 扩大和丰富先进制造业人才库	1. 提高对先进制造业职业的认识
		2. 吸引参与度不高的社区
		3. 解决服务不足群体的社会和结构性障碍
	2. 发展、扩大和促进先进制造业教育和培训	1. 将先进制造业纳入科学、技术、工程和数学的基础教育
		2：使先进制造业的职业技术教育现代化
		3. 扩大和传播新的学习技术和实践
	3. 加强雇主和教育组织之间的联系	1. 扩大基于工作的学习和学徒制
		2. 设立行业认可的证书和认证
支柱3：提升供应链弹性	1. 加强供应链互联互通	1. 促进供应链内部在供应链管理方面的协调
		2. 推进供应链数字化转型的创新
	2. 加大力度减少供应链漏洞	1. 追踪供应链上的信息和产品
		2. 提高供应链的可见性
		3. 改善供应链的风险管理
		4. 提高供应链的敏捷性
	3. 加强和振兴先进制造业生态系统	1. 促进新企业的成立和发展
		2. 支持中小型制造商
		3. 协助技术过渡
		4. 建立和加强区域制造业网络
		5. 改善公私合作关系

《2021年美国创新和竞争法案》（以下简称《法案》）于2021年6月在美国国会参议院投票通过，以巨额财政拨款发展本国半导体、人工智能等先进技术，维护其先进技术全球领先地位，应对日益激烈的国际竞争。《法案》内容宽泛，包含6个部分："芯片和开放式无线电接入网（O-RAN）5G紧急

拨款""无尽前沿法案""2021年战略竞争法案""国家安全与政府事务委员会的规定"及其他事项。为推动《法案》顺利进行，美国联邦政府预计在未来5年内为其拨款2500亿美元，其中60%经费用于科技创新。

2. 典型做法

美国在制造业数字化转型布局战略上的具有其独特性，侧重于增强创新实力，发展先进制造业，在国际竞争中占领先机，其典型做法如下。

通过"科技+人才"增强创新实力　美国以强化科技创新顶层设计与人才一体化发展为基本理念，将"科技+人才"重点工作予以融合部署，并依托顶层设计，将人才贯穿于各个联邦部门、各项创新活动，强化科技人才发展在机构发展、区域创新、产学研合作等方面的法定义务和考核权重。

通过大量资金投入实现技术突破　美国拨款建立美国芯片生产激励基金及无线网络供应链创新基金，以提升美国在芯片和5G领域的全球竞争力，同时拨款上千亿美元投资关键技术领域，包括人工智能、半导体、量子计算、先进通信、生物技术和先进能源等。此外，美国还提供大量资金帮助本国制造创新研究所开展核心技术的研究。

通过国际竞争保持技术领先　美国提出增强美国未来的竞争力、巩固美国与盟友及伙伴关系、增强对国际安全事务的掌控能力。美国通过多项战略及政策布局数字经济发展，保持其云计算、量子通信等多项先进技术的领先优势。

3. 政策成效

在美国针对制造业转型发展制定的多项政策及战略的支持下，美国制造业创新研发能力、先进制造业竞争力得到显著增强，主要表现在创新能力培养及先进制造能力提升等方面。

创新能力显著提升　2020年，美国国内的16个制造业创新研究所共开展500多个重点应用研究和开发合作项目、2000多个成员组织参与，其中62%的成员是制造公司，而这些行业成员中有72%是小型制造商。教育和培训了7万多名工人、学生和教育工作者，吸引了来自州、私人投资和联邦基金的2.62亿美元资金，其中1.63亿美元为联邦基金。

先进制造业国际竞争力强　以半导体产业为例，美国2021年各季度晶圆厂利用率保持在80%以上，远高于正常水平，从而满足全球半导体短缺期间的新需求。美国半导体行业约占全球市场份额的一半（图5-7），且呈逐年增长的趋势。半导体行业已在美国吸引近27.7万人投入设计、制造、测试、研发工作当中，并为美国提供了185万个就业岗位，创造了1608亿美元的收入。

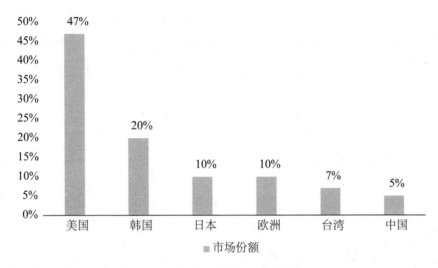

图5-7　2020年全球半导体行业市场份额排名①

（二）日本

日本认为，制造业数字化转型最理想的发展形态是"互联工业"，并将其作为实现社会5.0目标的抓手之一。"互联工业"的内涵是通过数据将机器、技术、人等各种事物互联互通，创造出新的附加价值并解决社会问题。其内容涵盖自动驾驶、机器人、生物材料、工厂基础设施和智慧生活五大方面。针对制造业数字化转型，日本经产省于2018年发布《日本制造业白皮书（2018）》，标志着"互联工业"成为日本制造业发展的战略方向。此后，日本在2018—2021年连续4年提出深入推进"互联工业"。可以看出，日本的制造业数字化转型以"互联工业"为突破口。

_____

① 《2021年美国半导体行业现状》报告［EB/OL］.战略科技前沿公众号，2021-09-27.

1. 产业政策

自 2017 年日本提出"互联工业"与社会 5.0 目标以来，日本政府结合本国特色，采取多元化手段推动"互联工业"的落地实施。其政策着力点主要表现在 3 个方面。

第一个是规范提升数据管理能力的相关政策。在法规层面，日本政府2021 年发布《通过数据促进价值创造的数据管理方法和机构（暂定）》；在商业层面，2017 年经产省发布了《企业数据流通合同导则》；在网络安全层面，2018 年，日本出台《网络安全战略》，并于 2019 年继续修改，推出新《网络安全战略》。具体政策内容如表 5-10 所示。

表 5-10　日本互联工业规范数据管理能力的相关政策举措

政策举措名称	发布部门	时间	政策意义/主要内容
《通过数据促进价值创造的数据管理方法和机构（暂定）》	日本经济与产业省	2021 年 7 月	建立各界对数据管理内容、方法的共识，确保数据流通的安全稳定
《网络安全战略》	日本经济与产业省	2018 年、2019 年	打造"网络安全生态系统"，标志着日本的网络空间战略进入新时代
《企业数据流通合同导则》	日本经济与产业省	2017 年发布2018 年修订	鼓励企业间能够通过订立合同的方式获得跨部门产业数据的使用权，并加入人工智能中各方权利和责任的内容

第二个是加速"互联工业"应用推广的相关政策。2020 年 11 月，日本经产省发布《数字治理守则》，分别从商业愿景、发展战略、重要指标和治理体系 4 个方面，设定了定性和定量指标，打造"数字化转型品牌"标杆企业。

第三个是聚焦公共领域，实施数字化普惠政策。日本主要是通过政策引导促进先进制造业的数字化转型，聚焦公共领域，实施普惠性政策。2011 年至 2013 年，日本政府先后推出《政府 ICT 战略》《活力 ICT 日本》《世界最先进 IT 国家创造宣言》，提出以大数据为核心的国家战略。

2. 典型做法

日本提出制造业数字化转型发展战略后，结合自身国情，制定并实施多项策略，包括强化工程链设计策略、活用 5G 技术赋能制造现场策略、数字化人力资源保障策略、倡导"官产学"一体化合作机制等。其具体做法如下。

强化工程链设计策略　《2020 年版制造业白皮书》特别强调要强化工程链，通过设计能力前端加载、强化部门间以及企业间的数据协作、加快虚拟工程系统等措施来增强制造业的设计能力。

（1）通过设计能力前端加载来抵抗制造业企业现场力的下降，提前将工作负载应用到设计部门，减少工作负载。

（2）实现制造业的工程链和供应链无缝连接，强化部门之间、企业之间的数据协作。

（3）支持加快建立数字虚拟系统，推动制造业普及 3D 设计，加快建立数字虚拟工程系统。

活用 5G 技术赋能制造现场策略　5G 技术具备大带宽、低时延、海量连接的网络特性，且活用 5G 技术赋能制造业现场的潜能巨大。为此，日本国家信息与通信研究机构的国家信息与通信技术研究所（National Institure of Infvrmation and Communications Technology，NICT）"柔性工厂项目"正在研究和开发智能资源流无线平台，通过非营利的"柔性工厂合作伙伴联盟"（Flexible Factory Partner Alliance，FFPA）推进传播技术标准化。通过该联盟，合作伙伴将在制造设施中广泛使用物联网，以期满足制造现场化物联网带来的新型产业革命的期待。

数字化人力资源保障策略　日本数字化制造相应的人才比较匮乏，因此，日本《2020 年版制造业白皮书》制定了一系列确保数字化人力资源的优化措施，分别从学龄教育和在职员工两个角度着手。在学龄教育方面，日本政府 2019 年指定《AI 战略 2019》，构建了相应的指标体系，旨在到 2025 年，让所有高中毕业生掌握基本信息技术知识，具备以数据科学和 AI 知识为基础的数理素养；小初高中加强统计教育，促进数学和统计的学习，并稳定实施 STEAM 跨学科综合教育；在职员工方面，日本在 2018 年开始实施"产学研合作数字制造核心人力资源开发项目"，向 20—30 岁且已经在企业工作了 3—9 年的、对数字技术感兴趣的员工进行"工厂科学家培训课程"，希望通过这类课程掌握"数据工程能力""数据科学能力"和"数据管理能力"，推动制造业数字化转型发展。

倡导"官产学"一体化合作机制　日本具有相当成熟的政府和学术界的支援体制，即"官产学"一体化合作机制。"官产学"分别代指政府、产业界和学术界，在这种模式下，日本产业界更多地选择与大学和科研机构合作开发新技术和新产品，从而使得大学与研究机构也能在开展教育和学术研究之外更好地将学术成果转化为实物成果，而政府则主要扮演制定相关政策、搭建平台环境等角色。

3. 政策成效

从政策角度看，日本"互联工业"的政策自 2017 年以来重点领域不断扩大，由最初的引导数据互联互通、提升网络安全水平，进一步扩大至提升中小企业的数字化转型能力，加大对中小企业的引导和支持。根据 2020 年 10 月日本能率协会在全国的调查，许多企业已经开始实施或考虑实施制造业数字化转型，其中大型企业（3000 人以上）考虑转型或已经转型的企业已超 80%，中小型企业也接近 80%，这表明企业对制造业数字化转型热情高涨。

图 5-8 和图 5-9 分别表示日本大型企业和中小型企业数字化转型情况。

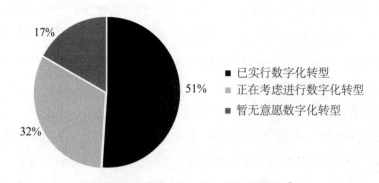

图 5-8　日本大型企业数字化转型情况①

---

①　浦文昌. 日本怎样帮助中小企业数字化转型 [EB/OL]. 澎湃新闻，2021-11-09.

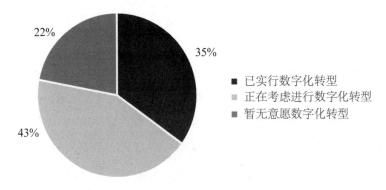

图5-9　日本中小型企业数字化转型情况①

日本产业界在推动"互联工业"的发展过程中都保持了较高的积极性，欧姆龙、发那科、富士通、三菱等龙头企业充分发挥其在自动化领域建立起的技术等优势，不断推出新产品，迭代新功能，为企业的数字化转型赋能。

此外，日本也在积极探索差异化的发展路径。一些行业结合特色探索差异化的数字化转型途径。如在汽车行业中加速普及基于模型的开发（MBD）模式，大幅压缩了研发周期、降低了生产成本，使得产品能够更加快速高效的推向市场。此外，日本加速无线技术在制造业中的普及应用，与2019年相比，企业在部署无线技术方面的意愿有了一定程度的提升，且应用场景更加广泛，实施效果更为显著，如图5-10所示。

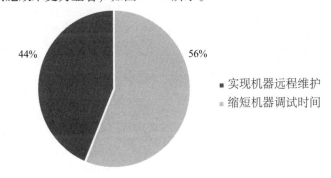

图5-10　无线技术实施效果②

① 浦文昌．日本怎样帮助中小企业数字化转型［EB/OL］．澎湃新闻，2021-11-09．
② 主要国家和地区推动制造业数字化转型的政策研究报告（2022年）［EB/OL］．搜狐，2022-07-15．

（三）德国

1. 产业政策

近年来，人工智能、区块链、云计算、大数据等底层数字技术驱动数字经济的兴起与发展，深刻影响着产业结构体系和经济增长格局。一方面，数字产业化加速扩张，不仅已经成为经济发展的"新增长极"，还是重组全球要素资源、重塑全球经济结构、改变全球竞争格局的重要力量；另一方面，在数字技术的"渗透"和"赋能"下，传统制造业的数字化程度快速提升。在此背景下，西方发达国家纷纷开始从国家发展战略层面提出要大力推进传统行业（尤其是制造业）的数字化转型。德国作为世界公认的制造强国，其较高的制造业数字化发展水平离不开其经典的政策支持。

德国通过一系列数字化转型政策，从多个层面推动本国制造业实现数字化转型升级，包括打造数字生态系统和数字化工业体系、扩大研发投入、完善数字基础设施、融合信息技术与制造技术等一系列措施，实现智能制造，步入工业 4.0。具体如表 5-11 所示。

表 5-11　德国制造业数字化转型典型政策

政策举措名称	发布部门	时间	总体要求/主要目标
《国家工业战略 2030》	德国联邦经济和能源部	2019 年	提出塑造数字生态系统的整体方法，打造开放、灵活的数字化工业体系，总体目标是为稳固并重振德国经济和科技水平，深化工业 4.0 战略，推动德国工业全方位升级，保持德国工业在欧洲和全球竞争中仍居领先
《高科技战略 2025》	德国联邦政府	2018 年 9 月	到 2025 年将研发投资成本扩大到 GDP 的 3.5%，并将数字化转型作为科技创新发展战略的核心

续表

政策举措名称	发布部门	时间	总体要求/主要目标
《数字化战略 2025》	德国联邦经济与能源部	2016 年 3 月	在国家战略层面明确了经济转型的基本路径：该战略聚焦千兆光纤网络、智能互联、数据主权、新商业模式等关键词，规划了包括"加强数据安全""保障数据主权""帮助德国企业推行工业 4.0"在内的 10 个重点步骤
《数字议程（2014—2017）》	德国联邦政府	2014 年	提出以工业 4.0 为前提，将信息技术与制造技术深度融合，以全面提高企业生产率为目标，并以此为契机部署数字强国战略
《"工业 4.0"战略》	德国联邦政府	2013 年 4 月	目的是提高德国工业的竞争力，在新一轮工业革命中占领先机。工业 4.0 计划持续优化，制造业数字化是其核心领域，通过引入新型数字技术，可将制造业的设计端、生产端和销售端联通，实现智能制造，推动了能够适应数字化的行业加速发展

2. 典型做法

全球新一轮产业变革，围绕数字化、智能化方向加速跃升。德国结合自身发展优势，聚焦数字化阶段的发展重点，加强战略总体布局，着力打造数字经济背景下国家先进制造业竞争新优势。在当前制造业发展进程中，尤其是在制造业全球价值链分工框架下，德国制造业创造了参与国际分工的独有模式和先进经验。

通过政策保障，逐步搭建数字化转型框架体系 以政策为助推，政府持续引导、支持技术研发和创新。德国在工业 4.0 战略的指引下，推出一系列政策推进中小企业的数字化转型，如《数字化战略 2025》《德国人工智能发展战略》《数字化实施战略》。经过多年发展，逐步形成在德国联邦经济和能源部的领导下，以工业 4.0 为指引，构建以中小企业工业 4.0 等大型资助板块为主体、众多小型资助项目为依托、多个能力中心为技术指导、以论坛等多种方式交流的中小企业数字化转型框架体系。

为企业数字化转型输送高素质人才　高素质、高技能的产业工人是数字化转型的重要保障。德国具有重视国民教育的传统，独树一帜地开展双元制职业教育，为制造业输送了大量高素质人才。德国通过开展教育数字化改革，采取加强数字相关基础设施建设、对教师进行培育以促进数字化教学、利用数字技术提升教育管理现代化水平等措施，提高学生自主使用数字化技术的能力，为解决中小企业员工数字化技能欠缺问题提供帮助。

通过国际合作共同推动标准化　加快推进工业互联网标准化工作，积极扩大标准化国际合作。在产业层面，以工业 4.0 平台为依托，与法国未来工业联盟、日本政府、意大利经济发展部就国际标准化路线开展合作，与中国、美国、欧盟等各国家和组织的产业组织加强合作，共同推动技术标准研发，共享最佳实践。

搭建公共服务平台，为数字化转型提供各类服务　德国政府积极发挥产业链各环节、各主体之间的桥梁与纽带作用，搭建开放合作平台促进各方协同发展。第一，为重点问题提供咨询建议。聚焦数字化转型中的关键问题，成立六大工作组，分别从架构与标准、技术和应用场景、网络系统安全、法律、教育与培训及数字商业模式六个方面，为产业发展提供实践和行动的建议与指导，并为产业界、学术界、政府机构发展提供相关的政策咨询与建议。第二，支持中小企业的数字化转型。工业 4.0 平台提供并协调信息和网络服务，使工业 4.0 解决方案在全国范围内尤其是中小型企业中广为人知。平台建立了在线图书馆，分享应用案例和测试床，为中小企业获得相关资讯服务提供了公开的信息获取渠道。同时，还在线下建立中小企业技术服务网络，便于中小企业获取数字化转型发展需要的技术、服务等支持。

为企业提供多元化全方位的资金支持　德国政府、银行、投资机构为制造业数字化转型提供全方位的资金支持。财政方面，大力支持前沿技术开发。2020 年年初，德国联邦财政部（BMF）宣布每年为每家公司 200 万—1500 万欧元研发支出提供 25% 补贴。2021 年德国联邦教育及科技部

（BMBF）启动 6G 技术研究项目，计划在 2025 年之前为其提供 7 亿欧元资金。银行方面，为企业数字化转型提供贷款支持。2017—2019 年，德国复兴信贷银行（KFW）通过支持数字化和创新的贷款项目，累计向 1164 家企业发放 1603 笔贷款，累计贷款金额高达 35.8 亿欧元。风投方面，引导风险资本加大对数字化转型的支持力度。针对处于不同发展阶段的企业，德国政府通过种类和数量众多的融资工具，扩大融资规模和金额，以吸引更多的风投资本支持企业数字化转型。

不断完善国内数字基础设施建设　德国立足于建立人、资源互通互联的智能化网络生产体系。在该体系内，海量数据信息交换、识别、处理等过程都必须基于统一标准，推动社会网络智能化的形成。网络建设方面，提升高速网络建设水平。2018 年德国联邦经济和能源部与法国经济部联合发起成立了欧洲数据云计划"GIGA-X"，通过联合基础设施建立一个能够支持欧盟云服务提供商的生态系统，能够在可信的环境中提供、整理和共享数据及服务。德国联邦政府和各级州政府拨付大量资金支持包括 5G 网络在内的网络基础设施建设。据 OECD 统计，2016—2030 年，德国联邦州政府预计将通过各种项目，累计投资 110 亿欧元支持宽带部署，其中 66 亿欧元通过 2019 年的频谱拍卖募集。德国计划到 2022 年年底为 98% 的家庭提供 5G 网络服务，2024 年年底 5G 服务覆盖主要公路和铁路路段。数据设施方面，打造云服务生态系统。

建立中小企业工业 4.0 卓越中心　德国在全国建立了 25 个中小企业工业 4.0 卓越中心，为中小企业数字化提供全面支持。中心资助中小企业，同时培养样板企业和样板实验室，供所有具有数字化改造意愿的企业参观。这 25 个中心遍布全国各大城市，服务于不同行业与领域。同时，各地的中心还会总结各自在实践当中积累的经验并进行交流与分享，不同的中心相互独立又通力合作，为全国企业提供数字化服务。

3. 政策成效

近年来，德国制造业投入数字化水平均波动上升，制造业投入数字化优势更为明显，在多数行业内，德国保持投入数字化水平的领先地位，制造业数字化转型发展稳步向前，数字化转型优势突出，产业数字化转型发展迅速。工业企业在数字设备和数字基础设施使用方面（如互联网和内部网）的情况得到了迅速改善。德国工业企业已经较快完成了数字化转型，从 2016 年的 46% 到 2018 年的 58%。在对数字化转型的态度方面，2016 年，48% 的德国工业企业表示不需要数字化，这个数字在 2018 年降到了 29%。2019 年全球平均工业数字化渗透率为 23.5%，其中德国最高，工业数字化渗透率达到 45.3%。

第六章

转型的战略目标、定位及实施路径

第一章关于全球制造业转型的 40 年观察及定义，以及后续章节的展开，帮助我们得出了这样的结论：20 世纪 80 年代以后，大车间经济内生工业"2.0—3.0—4.0"力矩，出现数字经济成分，随着增量数字成分的不断累积，循"罗斯托起飞"所指引的过程——通过稳健的基础设施投入，顺利走完存量制造经济体中内生的数字经济成分（数字经济雏形）的初次成长并向二次成长有效过渡，上述过程涵盖的数字经济基础设施群落，基于其上派生的一次数字产业群、二次数字产业群、三次数字产业群，以及对应环节建设及标准化体系等的经济行为的总和，称其为制造经济全链数字化升级的内涵。

一、转型指导思想

全面贯彻党的二十大以来历次全会精神，深入落实习近平总书记在南方多省调研的重要指示要求，以高质量发展为主题，推动数字技术与实体经济深度融合，聚焦数字产业化、产业数字化，"争当表率、争做示范、走在前列"，谱写广东省制造业全链数字化转型建设新篇章。

二、战略定位与目标

基于对全球制造业数字化转型内涵的理解，对广东省存量制造经济体内生工业 2.0—4.0 转型力矩，对数字经济中两类最基本经济成分——数字替代经济与数字创造经济——涌现的归纳抽象得出的启示性理解，我们认为广东

省制造业全链数字化转型的战略目标是一个综合性复杂目标，具体描述
如下。

（一）战略定位

通过3—7年的时间，建设若干具有世界影响力的先进制造产业集群，
遵循"产业数字化—数字产业化—数字化治理—数据资源价值化"四维过程
一体化成长的逻辑，使广东省走在国家制造业数字化转型升级的前列，在世
界范围内，与发达经济对标互有短长，在核心数字制造业领域成为示范。

（二）战略目标

结构目标　完善广东制造业数字化转型所需的数字基础设施三群群落建
设；分阶段完成基于数字基础设施三群之上的一次派生、二次派生和三次派
生产业群；循"罗斯托起飞"经济发展阶段论思想，绘制广东省制造业数字
化转型的国民经济体系整体转型画面，制定其建设内涵及出台对应标准化
体系。

量化目标　迅速辨识广东省存量制造业板块中的战略性支柱产业集群和
新兴产业集群，选取其中具有产业数字化基础的集群板块快速升级，争取每
年增速快于上海和深圳1—2个百分点；选取具有优势的新兴产业集群，个
数可在7—15个之间，每年增速快于对标省市3个百分点以上，这样才能保
证广东省在数字经济发展方面不落后于上海和深圳两市，从而在制造业转型
基础方面可与全国最好省市相媲美。

三、阶段性展开

2019年，《广东省产业集群工业互联数字化转型试点工作方案（试
行）》颁布，并启动第一批集群试点。2020年，《广东省人民政府关于培育
发展战略性支柱产业集群和战略性新兴产业集群的意见》颁布，提出打造十
大战略性支柱产业集群和十大战略性新兴产业集群。2021年，《广东省制造
业数字化转型实施方案及若干政策措施的通知》颁布；2022年，《关于组织
开展2022年产业集群数字化转型试点项目培育入库申报的通知》印发，贯
彻落实广东省制造业数字化转型的目标。

在产业集群数字化转型方面，广东省已推动东莞松山湖电子信息、广州花都狮岭箱包皮具、佛山顺德小家电、揭阳揭东塑料日用品等16个产业集群率先试点，推动集群整体数字化转型。

（一）起步期目标（1—3年）

在政策指导、意见及办法等传统公共品颁布的基础上，迅速增设广东省制造业全链数字化转型所需要的关键共性技术平台，一种对广东省制造业转型发展具有利刃加速性质的产业公共品平台——孥号机制（the open-source mechanism of know-how），形成制造业诸多部门学习、体验、参与轮训性质的"黄埔军校"，早于其他兄弟省份走完广东数字基础设施三群建设，先期绘制基于数字基础设施三群之上的一次派生和二次派生产业群对应的的数字国民经济体系整体画面；遵循"罗斯托起飞"过程的阶段性逻辑，大胆稳健地进行基础设施投入，顺利走完数字经济初次成长阶段——存量制造产业的数字化升级，或称产业数字化（数字替代经济），并及时向数字经济的二次成长阶段——数字产业化（数字创造经济）过渡。

（二）成长期目标（3—5年）

在一期目标稳健完成的基础上，平行配套数字化治理——数字关键共性技术、数据安全及进入退出规则等——公共品配套机制；适时建设基于上述3个过程之上的数据资源价值化过程——数据资源的零级市场（数据资源内生机制、数据资源动员）、一级市场（评估、确权、授信、增级、回购、担保、法律、会计关联等数据资源动员）、二级市场（数据资源第三方平台市场兑换及交易等）等，以及最优化处理上述4个环节相加形成的数字经济整体的均衡收敛过程及资源配置的总和。

（三）成熟期目标（5—7年）

在实现广东省数字产业化、产业数字化、数字化治理以及数据资源价值化的基础上，建设若干个具有世界影响力的先进制造产业集群，使广东省走在国家制造业数字化转型升级的前列。在世界范围内，与国际大区主要经济体，尤其是美国、日本、德国数字化升级对标互有短长，在核心数字制造业领域成为示范，形成对接东南亚的国际示范区，成为世界制造业数字化转型升级的排头兵。

专栏二　结构转型的阶段性展开原理

广东省国民经济体系一、二、三次产业比重分别为 4%、56% 及 40%。从发展经济学角度看，这是一个工业化经济体处在中等收入阶段的制造业水平。从制造业板块看，广东还高于全国一、二、三次产业权重下制造业 1 个百分点（全国平均水平为 5%、57% 及 38%），这和广东省作为中国第一经济大省、制造业经济高度发达的三产结构不相匹配。

根据经济发展阶段性展开原理，广东省制造业在国民经济体系中的比重，以 GDP 价值为度量，应该比全国平均水平至少低 3 个百分点，服务业应该至少比全国高 3 到 5 个百分点才更为合理。但是，下图却给出了这样一个基本判断，广东省的制造业百分比较大（发展程度较低），广东省的服务业百分比较低（高端制造服务业水平低）（图 6-1）。

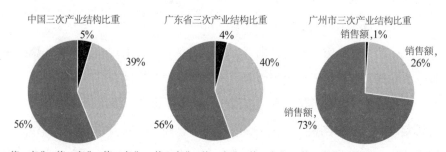

图 6-1　中国、广东、广州三产比重①

从广东省省会城市广州市与国家京上深三个核心城市比，广州市的结构不如深圳和上海，与北京距离就更远了。显然，广东和广州与北京、上海和深圳相比，其差距主要在高端服务业，尤其是高端制造服务业，专精特新类高新技术创意经济、创新经济发展不足。因为，广东的制造业规模比北京、上海都要大（图 6-2）。

---

①　国家统计局、广东省统计局。

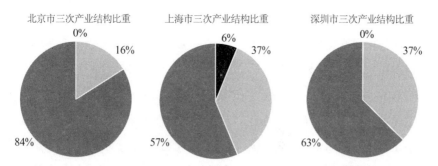

图 6-2 北京、上海、深圳三市三产比重①

从图 6-3 可以看出，北京国民经济体系三产比重与美国相当，上海和深圳在美国和日德之间，广州则落后得多。广东制造业全链数字化转型的量化目标是，在未来 3—5 年时间内，每年在高新技术，尤其是数字高新技术方面要比上海和深圳至少快 0.8%，广州要赶上上海和深圳，至少要 1.5% 以上，这还是一个不小的压力。

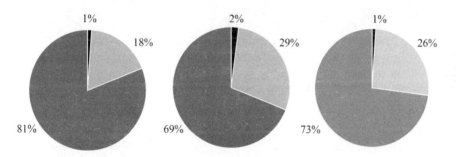

图 6-3 美国、德国、日本三产比重②

① 北京市统计年鉴 2022 [EB/OL]. 北京市统计局，2022-12-12；上海统计年鉴 2022 [EB/OL]. 上海市统计局，2023-02-06；深圳统计年鉴 2022 [EB/OL]. 深圳市统计局，2023-01-19.

② 2023 分行业增加值数据 [EB/OL]. 美国商务部经济分析局，2023-12-05；对外投资合作国别（地区）指南（德国）2023 版 [EB/OL]. 商务部对外投资和经济合作司，商务部国际贸易经济合作研究院，中国驻德国大使馆经济商务处，2023-01-01；对外投资合作国别（地区）指南（日本）2023 版 [EB/OL]. 商务部对外投资和经济合作司，商务部国际贸易经济合作研究院，中国驻日本大使馆经济商务处，2023-01-01.

但是，广东省数字经济发展度量仍然高于平均水平。2022年，中国数字经济占比为41.5%，广东为47.5%，高于全国水平6个百分点。与美国同类结构数字相比，相差14个百分点（中美两国在统计口径方面有一定误差）。根据多方数据综合分析，中国数字技术支持下的联网共享经济在消费方面要优于美国，在工业制造4.0方面则要弱于美国。而后者正是广东省制造业全链数字化转型的最本切需求。国际对标的量化目标是，未来5—7年广东省制造业全链数字化转型的任务更重。在发展速度上，广东至少每年要比全国快1个百分点，比美国快2个百分点，才能在合适的时间段内赶上、逼近甚至超越美国（图6-4）。

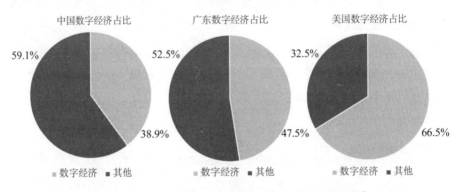

图6-4 中国、广东、美国数字经济占国民经济比重①

---

① 2022中国数字经济企业发展报告［R/OL］.中国信息通信研究院，中国企业评价协会，2023-10-26；数字化赋能制造业"当家"，广东高质量发展调研深入一线把脉数字经济［EB/OL］.广东省政务服务和数据管理局，2023-03-13；全球数字经济白皮书（2022年）［EB/OL］.中国信息通信研究院，2022-12-07.

第七章

全链数字化转型升级方案

一、发展原则与总体要求

（一）发展原则

坚持整体业态布局与突出重点推进并举原则。发挥广东省制造业规模名列全国前茅、行业门类涵盖齐全优势，在制造业数字化、数字产业化、数字关键共性技术公共品建设、数据资源价值化"四维合一"方向上整体布局，突出推进能够使制造业整体布局领先对标单元建设的先进计算九大产业链条环节——"采集—存储—传输—计算—销售—管理—流量配平—中央顶层账户系统—应用"——切近消费者一端的五大产业链条（销—管—流—央—用）的数字制造技术发展，着力解决广东制造业大而不强、软的不够软、硬的不够硬的产业瓶颈。

（二）总体要求

坚持政府引导培育与市场化产业发展有机结合　基于粤港澳"一体化"发展战略，全面深化开放合作，主动加强与泛珠三角经济圈的数字经济合作，形成关联度高、功能互补的十大战略性支柱产业集群和十大战略性新兴产业集群。提高政府引导产业发展的创新力和引领力，培育发展开放、协同、融合型的制造业全链数字化发展环境。

坚持存量产业数字赋能与数字化产业有序新生并重　广东制造业发展长期积累，资源禀赋在加工制造一端具有优势。抢抓国家新基建和数字基建政策机遇，完善人工智能、区块链、云计算、大数据等群落之间的数字化衔接，重构传统产业组织形态，加速数字产业集聚，打造数字工业强区。同时，重点突破存量产业链中难于数字化，但又具有较高价值份额收益的中高端业态的数字化升级瓶颈，形成存量产业数字赋能与数字化产业高质量新引擎并重发展的局面。

坚持数字技术市场化应用与关键共性技术深度融合　培植数据驱动型创新体系和发展模式，建立健全大数据辅助决策和社会治理机制，切实发挥数据对政府治理、经济转型、公共服务的支撑作用，加快运用数字技术补齐政府治理短板，健全关键共性技术创新公共支持协同创新。坚持用数据说话、用数据决策、用数据管理，切实增强政府服务关键共性技术的精度与效能。打造具备条件的行业领域和企业范围、产业应用场景与大数据、人工智能、云计算、数字孪生、5G、物联网和区块链、元宇宙及通用人工智能等新一代数字技术应用和集成创新与制造业深度融合，夯实数字化转型技术支撑。力争多个行业重点推进数字化转型共性技术、关键技术研发应用的可复制、可推广示范样板。

二、推进的战略路径

广东省制造业全链数字化转型战略的首要目标是产业转型；其次是给定产业链条核心环节的战略型企业、核心骨干企业转型；最后是联结一个给定制造业上游科研开发核心环节以及联结切近消费终端一方的数商中介群。这是广东省制造业全链数字化转型方案与广东省制造业数字化转型方案在观察对象上的根本不同：前者关注的是"全链制造产业—制造产业链条环节—核心链条环节上的厂商集聚"，后者关注的是"技术集群—重大项目—核心技术类企业"。

战略路径选择　（1）遵循"罗斯托（数字）经济起飞"成长阶段论的原则，绘制完型意义上数字国民经济体系产业诸群图示图解；（2）基于完型理解，通过稳健的基础设施投入，完善省域范围与国家干线数字基础设施三群对接的网络网格建设；（3）循序走完数字经济初次成长阶段——存量制造产业的数字化升级，或称产业数字化（数字替代经济），并及时向数字经济的二次成长阶段——数字产业化（数字创造经济）过渡。同时，平行配套数字化治理——数字关键共性技术、数据安全及进入退出等规则——公共品配套机制；适时启动基于上述三个过程之上的数据资源价值化建设——数据资源的零级市场（数据资源内生机制、数据资源动员）、一级市场（评估、确权、授信、增级、回购、担保、法律会计关联等数据资源动员）、二级市场（数据资源第三方平台市场兑换及交易等）等的建设，以及最优化处理上述四个环节加起来形成的数字经济整体的均衡收敛过程及资源配置的总和，即在国民经济成长的意义上，内在规避我国大制造经济起步时代纺织、车床、钢铁、煤炭、水泥行业建设中出现上游产能过剩、艰难调整、结构转型和资产报酬率低的生产能力和价值实现能力的大分流现象。在国民经济体系完型意义建设的基础上，培育产业成长重大工程；遴选引进战略核心企业和潜力骨干企业与核心产业链条集聚；培育引进实验室群及中介序列。

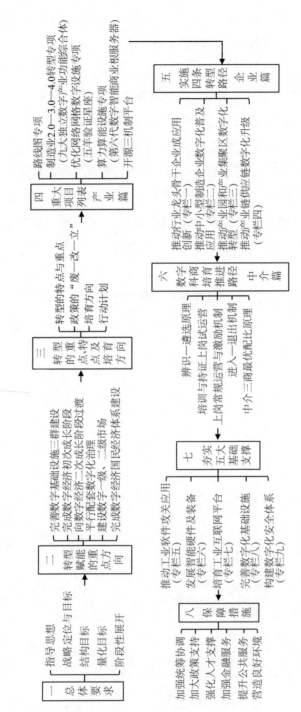

图7-1 广东省制造业全链数字转型推进路线图

专栏三 增长方式的路径依赖

国际上探讨增长方式的差异时，一般不把中国作为一个整体来比较，而是用中国的某个区域同欧洲的一个国家相比较。比如在探讨中国经济的成长时，就用"两三角"地区的经济增长与英国发展相比较。① 欧洲大陆的主体部分有十几个国家，亚洲大陆比欧洲大陆大，其主体部分是中国一家。探讨要素构成的增长方式，中国的政治疆界和区域疆界的重合度并不像欧洲大陆那样高，将中国经济增长分为不同的方式是合理的，将中国区域经济增长同其他国别经济比较是必要的。

根据经济增长理论，增长的获得来源于生产要素投入量的增加或生产要素使用效率的提高。由此来理解：经济增长方式就是实现经济增长的要素组合方式，或者是指增长过程中要素投入和要素生产率提高的构成方式。经济增长方式可划分为两类：粗放型经济增长方式和集约型经济增长方式。前者主要是指依靠物质要素的投入来增加产品数量、实现经济增长的方式；后者主要是指依靠要素质量改进和优化配置来提高产量和产品质量、实现经济增长的方式。也因之，我们认为经济增长方式应讨论要素构成方式所导致的动力学机制、增长的路径和增长的后果。这正好对应我们日常所理解的增长的原因、增长的过程和增长的福利分析等内容。

珠三角增长方式的路径依赖 珠三角地区面积 4.2 万平方千米，人口 2500 万。40 年来，凭借优越的区位条件和国家政策，通过吸引外资、发展出口加工业，推动了制造业的飞速发展，形成了加工产业集群优势。"两三角"和泛渤海地区采用的技术进步路线——或者说，它们的发展模式是中国香港、中国澳门、中国台湾的等经济增长模式在中国沿海和近海的复制：大量进口原料，加工一道或数道工序，变成零件、部件、半成品或总装品出售。通常称为"两头在外，中间加工"的车间生产模式。

---

① 彭慕兰. 大分流：欧洲、中国及现代世界经济的发展 [M]. 史建云，译. 南京：江苏人民出版社，2000：187-188.

　　"两三角"采用的发展模式决定了各自对劳动、资本、土地、矿产等资源的需求特征。对劳动资源，"两三角"与泛渤海地区的发展模式使得劳动密集型产业快速发展，需要大量的劳动力投入。在早期，中国的劳动资源是丰富的，但在随后的发展过程中，"两三角"地区慢慢出现了"民工荒"，依赖"两头在外，中间加工"的生产方式，厂家数量在同一技术水平面上的"复制式"拓展导致对廉价劳动资源的深度依赖。

　　"两三角"与泛渤海地区的快速发展，对城市用地、开发区、工业企业用地、农村居民点用地需求不断增长。但土地资源的供给是有限的，近些年来，"两三角"与泛渤海地区耕地大量减少。同时，车间经济规模巨大，旅游、演艺、数据处理会展经济、创意工坊和创客空间类偏好创新的经济成分遭遇挤出效应。同时，车间经济的工业污染随规模增加而增加，无机化学物质及小分子有机化合物的污染，一次性使用后，净化的成本非常高。大规模、低水平车间生产过程的路径依赖是污染程度高。

　　"瑞士增长模式"的路径依赖特征　从零部件或总装品类的批量生产来看，两三角都是大车间流水线式生产。但是，"新港澳台"模式并不是四地区的原创，在渊源上，更像是对欧洲平原大陆与近海及岛屿地区——英、德、法、意、卢、比、荷——七个区域经济发展模式的复制。"两头在外，中间加工"的模式，在1970年代以前就在欧洲大陆及其岛屿区域发展起来了。早年，英国进口欧洲大陆的原材料，生产化工和制造业产品。后来，海岛地区的运输在很多重化工业领域中不具备优势，因为更大的消费中心在欧洲大陆。物流与调度、供应链系统和整合信息技术使得汽车生产和重化工生产在欧洲大陆更为节约。英国的飞机制造、罗尔斯—罗伊斯制造、瑞虎汽车等纷纷被欧洲大陆兼并，都是典型的例子。欧洲大陆岛屿和近海平原地区在过去一个世纪对人类经济的贡献是继承了工业革命的早年成果。一些原来只能在大的联合企业才能出现的工业消费品，比如空调制冷产品和计算机，现在在一家一户的家庭中。比较起来，我国几个平原近海地区、岛屿和半岛地区构成的东南沿海区域非常类似上述七国。从这种意义上说，"两三角"模式的"祖师爷"在欧洲。

　　欧洲大陆平原及岛屿地区的发展模式是否就是欧洲大陆各国经济发展的

不二法门呢？瑞士人给出了漂亮的答卷。瑞士地处欧洲内陆，无一海里的海岸线，不仅不在交通枢纽地区，而且多山。在欧洲平原地区工业经济发展起来后，如果瑞士简单模仿欧洲平原地区，显然是将自身的经济放在了制造业产品运输的成本劣势上。瑞士选择了钟表等精工制造。精工制造的技术进步路线成功地帮助瑞士规避了大工业时代的运输成本劣势。和精密工具制造相关联，瑞士人还在医疗器械、医药分离和提纯、蛋白质三维构造制药、生命科学技术和蛋白质的三维构造制药相结合等方面，找到了自己的发展定位。作为一种模式，瑞士不仅通过精密工具制造、蛋白质三维构造制药等成功地规避了运输成本劣势，而且整个主导产业群都和瑞士的地理区位及资源构成所允许的技术进步路线相匹配。比如，瑞士人发展了雀巢类跨国集团突破自己地理疆界狭小的局限。雀巢类产品的生产可以在世界任何地方设置加工车间，瑞士人提供的是品牌、信用和管理技术，这和明清时代地处内陆的徽商在整个中国大陆发展的营销网络技术是何等的相似。瑞士经验表明，一两个产业具有和本地资源匹配的技术进步路线还不足以被称为一种模式，而经济中的主导产业群和本土的经济资源所内含的技术进步路线相耦合，形成一股强大的正加外部性，才可以和沿海岸线经济区的发展相匹敌。

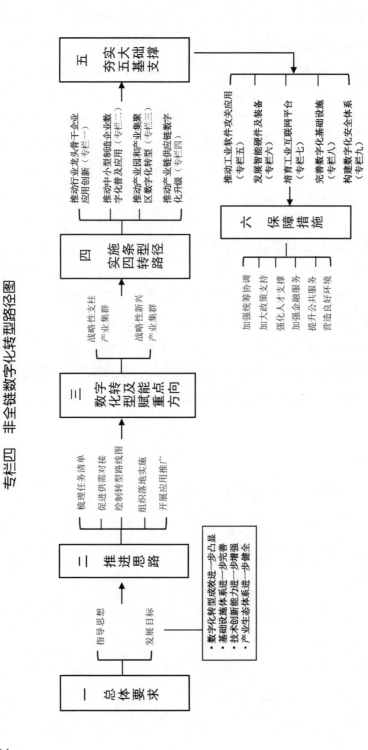

专栏四 非全链数字化转型路径图

图7-2 2021年广东省制造业数字化转型实施方案

三、转型赋能的重点方向

(一) 转型的特点与重点

广东省制造业全链数字化转型的特点是：经济规模既是地区性质的又是国家性质的。处在全世界最大的制造业经济体之中，任何中国国家政策一经制定，在广东省都会变为政策沉没成本（sunk cost）。广东省要梳理自己数字化转型的需求并制定转型任务清单，面临着与长三角、环渤海等地区形成竞争性清单，同质性切入的投入实施的不确定性。同时，在世界范围，广东省GDP高于处在世界前十的韩国，是一个"国家级别的"大尺度经济体，其制造业转型又是国家规模的。一旦形成任务清单，与域内制造业企业精准对接，又将面临类似韩国经济体一样的众多世界范围国家级别经济体转型政策调整带来的不确定性。两个不确定性叠加起来，形成转型的风险。这种兼具地区和国家性质的特点，对广东省的制造业转型提出挑战。

广东省制造业全链数字化转型的重点是：辨识数字经济基础设施群落以及其余其上的一次派生、二次派生和三次派生产业群并序贯建设。数字基础设施是指经济人——生产者和消费者——之间共同分享使用的基础性通用数字联结网络网格的总和。与生产者有生产基础设施，运输者有道路交通基础设施，交易者有市场基础设施，支付者有货币基础设施等一样，数字基础设施是一种极其稀缺且珍贵的新经济资源，广东国民经济体系升级换代中具有神奇的资源动员及重组后的产业升级幻化作用。因而，辨识及完善补充数字基础设施群落及序贯建设其上的一次数字产业（原材料）、二次数字产业（数字材料的结构化、产品化处理）及三次数字产业（数字中间品的终端消费及服务化处理），是广东省制造业全链数字化转型的重中之重。

(二) 政策"废—改—立"

广东省制造业全链数字化转型是一种全新经济的建设过程，存量规章制度的"废—改—立"是绕不开的一个环节，贯穿在转型升级过程的全部。加强学习，对现行规章制度进行全面梳理，抓重要环节、循时间节点、压实责任、密切协作是必然要求。

全链数字化转型是对行政体制"放—管—服"线下向上"惊险一跳"的重大技术变革机遇，"废—改—立"是对"放—改—服"实施的自然工作延伸。建立健全行政权力关于数字资源动员——评估、确权、授权、交易、处置等——全过程的职责清单，明确行政审批事项的法定依据、审批程序、审批内容、审批机关、审批时限等，对政务公开、资源共享、所有者权益，资源优化配置异常重要。

存量制度的"废—改—立"线下线上的"惊险一跳"，让数字过程在帕累托最优条件下畅通、灵动和轻松敏捷起来，与增量数据资源法规相比，刚刚开始的"废—改—立"工作密不可分。建立专门工作组织机构负责协调推进，确保数字化转型的顺利进行，加强内部管理工作规范、透明有效。

（三）培育方向

广东省制造业全链数字化转型战略培育方向：第一战略培育方向是国民经济体系完型意义上的产业集群（数字基础设施三群），基于三群之上的一次派生（数字材料）、二次派生（数字制造）及三次派生（数字服务、数字产业群）；第二战略培育方向是诸产业群内的核心企业、骨干企业、潜力成长企业；第三战略培育方向是数字实验室群及数字中介。有了对上述全产业链意义上的产业、核心链条及中介实体的培育，广东省制造业全链数字化转型才是能建立在国民经济体系意义上全链产业转型。

（四）行动计划

广东省制造业全链数字化转型战略行动计划：（1）基础设施产业，应该以5—7年为区间制定行动计划；（2）产业链核心环节上的核心企业，应该以3—5年为区间制定行动计划；（3）实验室和数字科商中介，应该以1—3年为区间制定行动计划。其逻辑在于，上述不同区间实是一个产业、一个实体和一个中介成长的期望调整区间。

四、重大专项列述

（一）重大专项一：《广东省制造业所需数字基础设施三群转型战略实施方案》

该实施方案应包括下述基本内涵：

1. 绘制技术拼图

在世界范围，数字技术拼图已经形成。过去 10 年，全球数字技术爆发的内在动因是绵密通信、室内外流程场景控制、第三方计算及叠加形成的人工智能泛化涌现。新一轮数字技术的哲学基础在 70 年前已经形成。因于此，上述叠加过程使得通信技术趋向大通量，人工智能导向柔性智造，配套数据涌向算力第三方平台共享，区块链中央顶层账户系统根向价值分级，5G 及以上低延时通道树枝状漫向边缘微末计算等数字技术集束状大爆发，一张国民经济体系全覆盖式的数字智能联网向智慧组网升级的拼图清晰无误地摆在了管理、经济及企业战略家面前。

数字操作范式变革　影响遍及世界各国　数字化关联技术集中爆发推动多学科融合发展：科研从理念创新、文献出版、专利授权到实验室产品垂直整合，两两整合达到行业链条闭洽的技术部门跨界碰撞，多部门技术形成以场景为单元的操作范式变革，新范式产品的规模人群应用催生爆发性产业涌现，并向经济之外的社会生活领域渗透，从引领性国家通过供应链向外围国家扩散，大国间出现由数量集成向业态提升、由技术封闭向产品开放、由数字物联网络向价值网络升级的趋势。

各国正在竞赛数字经济制高点　数字技术革命带来了两种崭新的经济成分：一是数字技术对传统流程升级，大幅度节约生产成本形成替代，涌现数字替代经济成分（the economies of digital substitution）。比如，早年数码照相技术出现后，传统照相过程中的胶卷实物材料被数码电磁单元替代，照相、成像、修像、复制及获取图形等环节被节约性替代，生产的效率大大提高。二是数字创造经济成分（the economies of digital creation）出现。当数字成像技术应用范围扩大时，巨量的电磁数码图形图像传输、编辑、制作引发厂商间数码传输通道高速化需求，促成地下光纤互联网和地表蜂窝移动互联网通过地面关口站"超网"联结，引发信息通道增容及元器件单元传递通量代际升级。

在数字替代和数字创造二合一的意义上，数字经济成分不再是大车间制造经济如影随形般的数字替代孪生子（the digital twin of real economy），而是基于替代积累形成的始发数据凝聚区块，在人类较高智慧导引下，生成动态数字"干—支"线区块，使工业物联网向价值网联，再向智能智慧网联美学互联等超大智慧网联体迈进。

在广义上，数字经济是继依靠人和动物的体力，对太阳和土地及自然资源的再生能力进行初级整合生产的农业经济之后，又继依靠化石能源和机械动力，在车间内进行精细复杂批量生产的工业经济之后，又向依靠人和联网资源组合动力，在"空—天—地"一体化半径内，在"宇观—人观—微观"绵密空间内进行智能智慧化生产的第三次经济革命。

数字经济的定义是：站在农业经济和工业经济的基础上，厂商用数码作为原料并用对应处理技术来生产；通过中间品市场集成和复合数码化产品；消费者运用社交行为及黏性俱乐部平台（club goods）消费，上述三个过程加起来；形成的综合性均衡收敛过程及资源优化配置经济活动的总和。

2. 揭示率先建成数字基础设施二群的产业成长逻辑

经济基础设施是指经济人之间共同分享使用的基础性通用联结网络核心硬件设施及对应软体规则的总和。20世纪后半叶以来，与长链车间制造产业相对应，大工业经济的基础设施快速升级，"公—铁—高（速）—高（铁）—港—桥—涵—隧"八大基础设施单元构成的基础性标准共享网格成为现代化经济的标配。1990年以来，中国"公路—铁路—高速—高铁"四大基础网格单元在港口、桥梁、涵洞和隧道等枢纽设施单元的强化下，于960万平方千米的国土面积上织成了"五纵七横"和"八纵八横"的基础设施网格。"一日同城"化让沿海和内地、都市和远郊在资源动员和交易方面的差距大大缩小，运行于其上的国民经济规模乘数式地放大。

近10年来，与数字经济成分相对应的基础设施展现出单元成群及标准化配套的清晰画面。更令人惊讶的是，这一清晰画面的实现，正是得益于新中国成立70年来几代人艰苦奋斗建成的"五纵七横"和"八纵八横"的基础设施的配套和完善。我们称其为现今国民经济体系的基础设施一群。

启发我们的是，数字经济的高速成长，简单依赖前序经济形成的基础设施一群的网格资源还远远不够，还需再添上"网（地下光纤互联）—网（地表移动蜂窝互联）—网（星际互联）—星（授时坐标星座）—通（通讯星宿）—导（导航星垣）—定（定位星河）—遥（遥感星城）—器（临空和平流层浮空、游空及滞空飞行器群）—关（地面枢纽关口站）—站（基站和微机站）"十一个新骨干基础设施单元群。

一个更为诱人的前景是，数字经济正在由主导向主流演化，经济活动中处理的数通量将会由现在的海量规模数据向天量规模升级，地下光纤互联网、天空卫星互联网和地表移动蜂窝互联网和在"空—天—地"意义上，三网合一变得必须。

当对应数字高速通道网生成传输天量数据并与核心企业、核心市场和核心金融机构第三方平台的"前—中—后"台运营之后，数据的赋值、确权、授权、存储及循价交易的基础设施出现相对独立的亚单元序列，以次根和枝蔓的方式在整个经济体汇总绵密延展。例如，在地面陆港、河港、海港和空港处理货运单元及编组的"港务—航道—集装箱—疏浚—运营"，在空中传输的卫星群落也有对应的"星座—通信—导航—定位—遥感"处理功能。加上浮空、游空和滞空飞行器设施单元及组合，有价数字资源的生产、传输、交易、消费和资本化积累将使新经济更为节约和繁荣。在一次和二次两个基础设施群的托举之下，经济从车间制造向数字智慧生产迈进变得理性可期。

数字基础设施承载的新业务、新业态、新模式不断涌现，工业互联网、车联网、智慧城市等融汇发展，使得资源配置、中间服务、个性化消费与对应的"通用大数据—商业根服务器后台—人工智能超级处理中台—机构及个人边缘计算前台"实时集合并平台智能决策、大车间时代的物理联网升级为"（政）府—产—学—研—资—商—媒"一体化互动和智能智慧处理超级平台。新型数字基础设施的拓扑功能块垒变了。

一是能够泛在感知、泛在智能保证实时处理和决策。比如，智能摄像头、自主机器人、智能家电、智能网联车、自动化生产线等，设备及装备的智能化、边缘计算、时间敏感网络等成为主要的新型信息基础设施。二是需要数据"流动"。数据以不同的接入方式进入存储设备，经过处理后在不同的人、组织、设备之间流动。数据流动依赖包括有线和无线传输方式，尤其是5G的发展，在大带宽、低时延、广连接上进一步解决了数据传输的时延要求高、连接数超大、带宽成本高的问题，以光纤、5G为代表的移动接入、以卫星传输为代表的空间网络等成为新型信息基础设施。三是大数据处理及人工智能成为主要的生产力。未来的生产活动和社会活动将依赖大数据实时辅助以及人工智能助理等服务，在家庭、各种组织以及组织之间构建物联网平台、大数据及人工智能平台，保证数据的处理、分析、计算，并形成协同设计、协同生产、资源智慧管理分配等能力。海量、分布式的大数据存储、云平台、人工智能平台及区块链应用等成为新型信息基础设施。四是要求设备、网络、平台之间以及系统间实现互联互通与安全调用。在大数据智能化、网络化协同及平台化支持下，企业、社会和各行业积极开展数字化转型。数字化转型成为数字经济的新动能，这要求新型信息基础设施如设备、网络、平台之间实现互联互通与安全调用，保证各层级生产系统、监控系统、管理系统之间以及跨组织、跨行业、跨区域平台基础设施之间的安全互通，保证数据及服务的开放共享和协作。数字经济成型及起飞亟待与之对应的数字基础设施先一步配套建设。

3. 绘制数字基础设施二群建设内涵的画卷式展开

目前，5G、工业物联网、云计算、大数据、人工智能、区块链等新一代数字技术大爆发，需要我们将它们在数字经济基础设施中的关联位置绘制成一张逻辑功能上易于理解的图解画面。

（1）数字经济基础设施二群的逻辑功能完形图解

数字经济场景下的数字基础设施一群是铺垫实体经济基础设施的八大基础单元"公—铁—高—高—港—桥—涵—隧"依托数字技术升级后的"五纵七横"和"八纵八横"基础设施网络网格，而数字经济基础设施二群是建立于一群之上并如影随形般存在的集高通量、绵密性、低时延、隐私保护与安全防护于一体的数字功能网络网格。前者是国民经济实体经济基础底层数据的传输干道网格，后者是国民经济体系中间层和运营层数据的生成与中枢"外围—互动"的环线及枢纽部分的网络网格承托载体。

图 7-3 中，实体经济八大基础设施单元网格被压缩。数字基础设施二群的一个群落，也是数字经济基础设施的骨干三网群落：（1）光纤互联网（中间视平线下线上入户网），移动互联网（蜂窝状和基站辐射示意）和卫星互联网（"星—通—导—定—遥"分层卫星）标示地面段、深空段网格节点（图中间 Wi-Fi 发射塔释义部分）；第二个群落（2）卫星之下无人机之上的平流层各种近空段飞行器，游空、浮空和滞空飞行器组合（图中间位置对应飞行器示意区域）

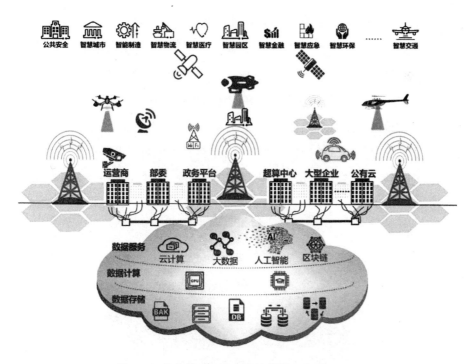

图 7-3 数字基础设施二群的逻辑拓扑功能图解

数字基础设施二群与一群二者互为补充，新基础设施网格因数字化高通量反馈机理，网格的传输不仅是吨位性物理流量的，更是电磁性绵密流量的，原来的纵横棋盘格式的"五纵七横"和"八纵八横"类物理网格空间变为"中心—外围"逻辑功能超拓扑空间。经济活动呈现泛在感知、万物互联、瞬时计算和高效管理的全景式画面。

图 7-3 上方的黑色模块是连通与数字基础设施并运营于其上的数字经济

与社会的地方网格。

图中的 3 个区域合起来，数字经济基础设施一群、二群的"8+11"大类单元融合后的逻辑拓扑功能途径趋于完善：不仅中枢网络有智能，而且边缘终端——有第三只眼睛（超越人的智能）——有超人智能。当智能双向互动的时候，高阶正负反馈带来的智慧形态出现了。这是数字经济孕育成形后起飞迈向成熟的数字基础设施前提。

（2）数字基础设施二群的建设内涵

将数字基础设施二群的逻辑拓扑功能图解到数字基础设施的解剖空间上，一个施工意义上可理解的横截面俯瞰图（图 7-4）标出了实体基础设施 8 大单元内 11 个亚类施工单元（公路—隧道—油田—桥梁—港口—地铁—铁路—机场—电厂—水厂—水库），处在俯瞰图的最低端。派生并叠加于其上的数字基础设施需要再建设的 10 个亚类单元（区块链—人工智能—基础信息库—灾备—存储—CPU—GPU/NPU—云平台—大数据—共享交换）叠加于其上（向心第二个环状部分），构成数字基础设施二群建设的一个核心板块。

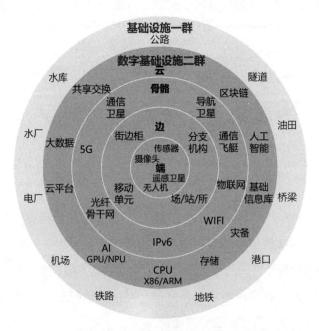

图 7-4　数字基础设施横截面俯瞰内涵要求解剖示意

作为亚类单元，这 10 个亚类基础设施单元存在于数字经济基础设施二群的 11 个大类单元当中的每一大类中，就好像大脑中有神经纤维束交会的突触（节点枢纽）和躯干及四肢有神经中枢通道（脊椎脊髓大通道）及运动纤维束联结点（运动神经连接点）一样。正是这些核心枢纽和中枢通道的联结，形成了国家数字基础设施的绵密网格网络。它们既与国家层面 11 大类数字基础设施单元（向心第三个内环部分）相融汇，又与地方中心枢纽与核心节点枢纽及平台节点枢纽相融汇（对接施工）。显然，这一部分有国家建设，有区域和基层公共部门建设，也有与核心骨干企业共建的内容。没有这些基础设施亚类单元的合理布局，数字"中枢—外围"传输非常困难；没有理想态的布局，核心企业很难在数字经济时代有国际领先的竞争力，大量的小微和微微企业还得停留在现时非良性竞争状态，网上企业因降低运营成本"吃掉"线下实体门店业务，但又因服务体验不如线下实体商店又"回吐"市场份额的拉锯现象，造成巨大的沉没成本（sunk cost），因而形成宏观经济的财政歉收和社会成本净损失。

由外向内的第三个环状部分直接是国家干线和地方大区中心数字基础设施的枢纽关口站和微关口站点，这一部分是国家和地方数字公共品，应该由公共部门建设，由公共实体和骨干企业来运营，他们就像"铁—公—基"的建设和运营关联"投资—建设—运营（EPC+BOT+TOD）"的国家基础建设逻辑一样。第四、第五环状部分是近地城市、小区和园区边缘端，这部分基础设施由地方公共部门与厂商单位联合承建，形成边缘智能数据单元。结合起来，与"铁—公—基"传统基础设施不一样的"网—云—算"智能基础设施功能形成。

4. 数字基础设施二群的建设内涵及标准体系

（1）新型基础设施建设的定位及目标

定位：在 2023—2027 年间，分阶段建成全球领先、空天地一体化的数字智能智慧联网设施，为数字经济提供数字基础设施支撑。

目标：第一阶段为 2023—2025 年间，建成以国家投入为主，省和地方政府落地，遴选行业龙头骨干企业参与建设的数字经济核心基础设施先行示范区。第二阶段为 2025—2027 年间，"十四五"期间于全国铺开数字智能基础设施建设的同时，在全省范围协作推广。第三阶段为2027—2030年间，在"十五五"的前3年，在建成空天地一体化数字基础设施由智能向智慧有序升级的基础上，建成空天地一体化数字智慧经济所需的数字智慧联网设施。

（2）基于数字基础设施二群建设内涵的标准化元义

数字基础设施二群由连接国家数字基础设施11个单元的10个亚类数字基础设施合理布点补充而成，其建设的内涵要求是建成由网格绵密性、高通量、低时延三特征构成的国家"中枢—外围"数字处理基础设施。

数字基础设施元义是数字经济体系下数字基础设施建设标准的形而上学思考。它可以为专业规划和重大设施设计机构提供细化的原理出发点，其细化和标准化列表应该由实验室意义上的放样设计及模型团队来完成。

表7-1较为序贯逻辑详尽地分列了数字经济核心基础设施建成后对应数字基础设施诸亚类单元及组成群落（其对于干线基础设施的位置在图7-1的云朵部分）中的内容所需细则设施的单元名录。

表7-1　数字经济基础设施二群施工类别核心候选单元及标准体系分列

分类	分列及说明
1. 数字采集与生成候选	实现数字孪生社会的数字化采集设备，如固定或移动摄像头、泛在的物联网传感器（消防、气象、水文、环境、工业、智能家电等）、遥感等；实现数字替代技术和数字创造过程形成的数据捕捉、生成、初级组合、模块化及网络化设备等
2. 数字传输与反馈候选	接入便捷、带宽丰富、低成本、空天地一体全面覆盖的泛在网络，如有线（电信、广电、电力）、无线（2G、3G、4G、5G、Wi-Fi、微波、卫星）、IPv6以太网、枢纽接口组合、枢纽运营联结、平台设施及智能智慧设施等
3. 数据存储与拓扑反馈设施候选	实现数字经济生产资料——数据的存储和交换，如新型基础信息库、关键行业基础生产数据的存储和灾备，以及数字社会海量数据存储、交换平台。数字存储核心元器件组团设施、逻辑拓扑云空间分布设施、数字传输调峰调谷公共品设施、国家安全公共品与区域安全公共品集成设施

分类	分列及说明
4. 数据处理设施候选	具备充沛的各种算力（通用、AI 等）、处理各种数据的平台，如电信、公安、电力、交通、医疗、税务、应急等行业生产、大数据处理平台，以及超算中心、公有云等
5. 数据算力	其标准化应先规划新一代数字算力体系产业链之后再列表
6. 数据共享与协同设施候选	实现行业数据互通和全社会治理的数据"铁路"大动脉设施

（二）重大专项二：制造业 2.0—3.0—4.0 转型战略实施方案

广东省制造业园区全链数字化转型重大专项［工业园区全链数字化 CBD，又称广东省数字产业功能综合体（GD-COIDIC，The Conglomeration of Independent Digital Industrial Centers）］，由两个部分组成：一是建筑承载体；二是产业功能综合体。前者是后者的物理承载体；后者是基于前者的独立产业功能综合体。

1. 建筑功能综合体

由 8 个数字基础设施大楼主体：（1）数字工商根服务器大楼；（2）智慧搜索引擎大厦；（3）第六代数字智能工商平台；（4）数字中央顶层账户系统大楼；（5）中介托管大厦；（6）边缘算力算能大厦；（7）数据流量配平大厦；（8）元宇宙与 ChatGPT 开源三机制平台，及对应商业配套设施序列组成。

2. 独立数字产业功能综合体

广东省数字 CBD 内置了下述数字产业培育和数字经济成长功能。在珠三角大车间制造经济的基础之上，参与并依托国家建设空天地一体化数字基础设施干线网络重大工程，率先在广东省（珠三角地理中心区）建成数字经济先行示范区，并成为国家数字经济及关联前沿科技研发的重镇。

由童庆禧院士（中国科学院、北京大学）、曹和平教授（北京大学）、王晋年院士（国际宇航科学院、广州大学）、邬伦院士（国际欧亚科学院、北京大学）领衔的"北京大学—中科遥感—中科空天"数字中国科研团队联合项目——广东省数字CBD六个一发展计划：

设立一个中欧美等国际科学家院士工作站；

建设一个空间数字经济示范基地：广东省数字CBD；

建立一个空间信息与数字经济产业技术研究院；

研发一个对接国家新型基础设施建设的空天地一体化的数字经济服务平台；

设立一个空间智能与数字经济产业基金；

形成一个空间数字经济产业生态与产业集群。

广东省数字CBD是我国乃至世界上第一个产业前沿和数字经济升级性质的新型数字国家干线基础设施的枢纽节点延伸。当广东省数字枢纽节点的总部经济（规模经济、范围经济、创新经济）集聚形成中枢算力集合，并在科学决策、前沿科技和高新团队引导下，与国家乃至世界范围众多数字企业及数字交易中介围绕数字基础设施二群生长及分蘖形成边缘二级算力支点，并第一次在世界范围形成"中枢—外围"算力拓扑构造后，广东省数字CBD将会成为孕育"珠三角"地区数字经济雏形的第一引擎。

3. 一个广东省数字CBD项目理想描述

（1）建设项目名称

广东省数字CBD是项目的营商名称，其学名为独立数字产业功能综合体（COIDIC）。

（2）项目位置

项目位于广东省××中心及停车场约500米范围内，通达性非常好。

（3）项目内容

广东省数字CBD，即广东省数字产业功能综合体有6个数字基础设施。

（4）项目用地

表 7-2 项目主要技术指标（样本参考数字）

广东省数字综合体经济技术指标				
项目			指标	单位
用地面积			59283	m²
建筑占地面积			27863	m²
建筑密度			47%	\
绿地面积			11856.6	m²
绿化率			20%	\
总建筑面积			191716	m²
其中	计容建筑面积		118566	m²
	其中	商业根服务器	18692	台套
		第六代数字智能商务平台交易集群	7900	m²
		流量转播平台	8092	m²
		中介托管公司	20854	m²
		超级搜索平台	20854	m²
		大数据云计算实验室	20854	m²
		配套服务设施	20850	m²
		动力楼	470	m²
	不计容建筑面积		73150	m²
	其中	地下车库	73150	m²
容积率			2.0	\
建筑高度			24	m
停车位			2258	辆
其中	地面机动车位		110	辆
	地下机动车位		2148	辆
非机动车位			2779	辆

（5）广东省数字 CBD 区位、产业功能、物理落地及愿景图（样本数字）

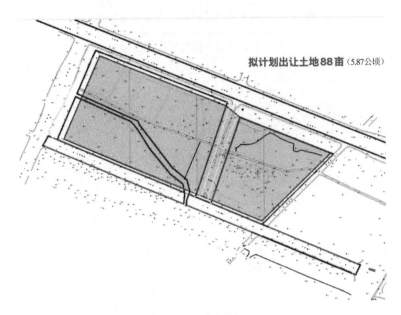

图 7-5　红线规划图

图 7-6　设计愿景图

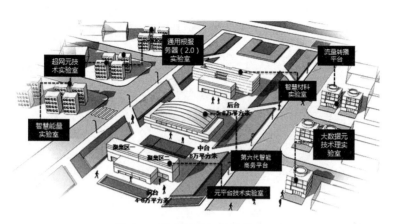

图 7-7　数字技术逻辑功能图示

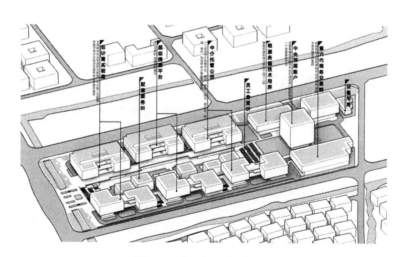

图 7-8　空间物理落地图示

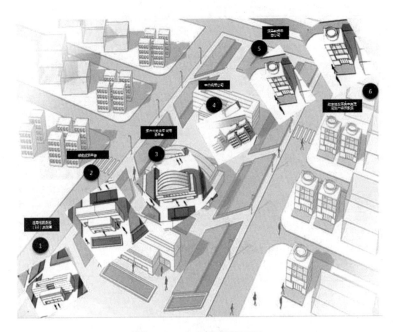

图7-9　产业链成长图示

（6）项目投融资方案

表7-3　广东省数字 CBD 建设投资资金平衡表（样本数字）

支出		收入	
项目	金额（亿元）	项目	金额（亿元）
土地	-1.76	商业销售	9.0
建安	-10.75		
利息	-1.40		
其他	-0.24		
投入合计	-14.15	收入合计	9.0
项目资金平衡：-5.15（亿元）			

表7-4　广东省数字 CBD 建设资产平衡表（样本）

（地面段）

资产（平方米）		估值（亿元）	
一、资产	191716	一、总估值	24.96
1. 出售面积	60000	1. 出售资产价值	9.00
2. 自持面积	131716	2. 自持资产价值	15.96
其中：地上	55856	其中：地上	8.38
地下	75860	地下	7.58
二、总支出（亿元）	14.15	二、总产出估值	24.96
资产投资报酬率：176.40%			

（7）产业投资收益平衡表

广东省数字 CBD 建成后，因其领先和独特的产业生成模式，将会成为全中国独一无二的领先性数字基础设施一、二、三群整合运营的示范地，其产业收益分为两大块：（1）地面段收益；（2）空间段和临空段收益。分一期和二期 3—5 年建成以后，可形成数字替代经济和数字创造经济两个部分超过年 50 亿元的数字 CBD 营业额。

地面段收益　表7-4 为广东省数字 CBD 产业培育成本收益平衡表：地面段。

空间段收益　在童庆禧院士总体设计下，地面段收益基于建成具有数字经济基础设施三群性质的独立产业功能综合体的收益（曹和平牵头），空间段（王晋年牵头）和临空段（邬伦牵头）的收益平衡表如下：

表7-5 广东省数字CBD产业培育成本收益平衡表（样本）
（空间段和临空段）

先期培育成本（亿元）广东省数字CBD（空间段和临空段）	
1. 中俄国际科学家院士工作站（童庆禧、王晋年、曹和平）	-0.35
2. CBD空间信息与数字经济研究院	-0.35
3. 临空段数字枢纽服务	-0.50
4. 空间段遥感集市服务	-0.50
5. 数字产业基金	-0.10
6. "中枢—外围"算力服务	-0.70
7. 团队建设（院士高端团队）	-0.85
总支出	-3.35
运营收入（估）（亿元）	
总收入	30
产业培育投资报酬率：895.5%（年化298.5%）（注：产业培育支出事实支出为3.56亿元，请求国家开发银行贷款支持0.85亿元，其余2.71亿元资金由科研团队通过纵向、横向资金及运维收入平衡）	

（8）融资方案

表7-6 广东省数字CBD产业培育成本收益平衡表

项目（亿元）	第一年	第二年	第三年	第四年	第五年
建设相关支出	9.50	6.31	0.71	0.60	0.60
产业与商业收入	0.01	1.67	13.80	6.05	7.52
资金盈余	-9.49	-4.64	13.09	5.45	6.92

项目前两年累计资金缺口约14.13亿元，拟通过资本金和债务性融资解决，具体如下：

资本金1.8亿元 本项目由原股东一次性缴足剩余注册资金0.9亿元，达到1亿元；同时，公司通过引进战略投资人增资扩股新增资金0.8亿元。

银行借款13亿元 拟向国家开发银行申请国家政策性贷款6亿元，该款项专项用于新型数字基础建设；拟向商业银行申请项目贷款 7 亿元，用于整体项目建设投入和补充流动资金。

上述融资已由融资团队及目标商业银行实质对接解决。

社会收益 除了上述短期项目投资和产业培育收益外，长期的和经济收益可以从产业创造、就业增加、财税贡献方面来理解。

表 7-7　广东省数字 CBD 中长期社会收益表

可度量收益	软实力收益
一、产业创造 广东省数字 CBD 基础设施二群：数字根服务器、超级数字引擎、第六代数字平台、中央顶层账户系统、平台托管公司、边缘算力算能枢纽、拓扑数据库联立运营群、数字及科技前沿团队、大科学试验装置。 二、就业增加 CBD 内提供就业岗位：3.5 万个 （估计约有 1 万人的办公用地缺口，计划二期解决） 远程就业岗位：30 万个 三、流量数字交易 1 万亿—3 万亿 四、总部经济服务收入 100 亿—300 亿 五、税收收入 10 亿—45 亿	一、经济升级 世界数字经济引领地 二、珠三角数字商业都会区 三、高端科研团队集聚培养基地 四、世界数字贸易"盟总部" 五、21 世纪珠三角地区 亚洲的"布鲁塞尔型"都会城市

更多不可度量的社会贡献可从世界数字贸易组织（D-WTO）——"盟总部"——花落广东省来理解。广东省将成为数字技术支持下世界与互联网文化发展的积淀地、对应高端产业总部集聚地和关联最新科技成果展示发布地的世界互联网之都。

（三）重大专项三：新一代空间信息集聚并五羊星座验证星

上述科研联合体团队将以成熟的项目组合——空间信息与数字经济产业技术研究院为发展目标和建设重心。

1. 建立临近空间应用发展中心

研发临近空间浮空平台，实现超分辨率及时对地观测和通导遥一体化的新一代基于浮空基站的 5G 通信服务，服务于大中城市之外地区与"一带一路"区域。并为将来 6G 发展打下基础。

2. 建立 SAR 卫星星座发展中心

发展"千眼星座"，实现全天候每日无缝的毫米级全球监测能力。尤其解决多云多雨地区和"一带一路"空间信息保障能力不足问题，同时着重实现地表毫米级形变的持续无缝监测能力，服务于灾害监测和预警，特别是我国高速铁（公）路、大桥、大坝及超高层建筑等基础设施安全监测以及保险等行业。星座融合卫星物联网能力，真正实现空地一体化地表全方位监测。

3. 建立微小卫星对地观测与星链网发展中心

以微小卫星为基础发展卫星通信与卫星遥感一体化的卫星网络体系，与地面基站结合，形成新型、新一代的星链网络。

4. 建立空间遥感大数据发展中心

以国家高分辨率对地观测和民用空间基础设施遥感卫星数据为基础，结合国内外对地观测卫星星座，发展"遥感集市"类型的比肩谷歌地球的新一代数字地球与空间遥感信息服务平台。

5. 建立空间信息智能应用服务中心

发展空间信息与人工智能结合的空间智能技术，建立空天地一体化的空间智能监测服务体系，服务于数字农业、大宗商品交易、财产保险、数字国土、数字林业、数字水利、生态环境、城市治理、防灾减灾、数字海洋等应用。

六大数字基础设施建筑及配套设施序列建成并联立运营之后，可与国家"空天地"一体化数字基础设施二群 11 个核心单元组成的高通量、低时延、绵密性拓扑全球网格集合（5G、6G），其与国家大车间制造经济基础设施一群 8 大核心单元组成的地表平面网格集合叠加并高效对接。

六大数字基础设施序列在一个固定物理场所联立后，具有促进数字经济各产业成长的独特公共品助推作用，可称之为国家某个给定半径区域内数字产业基础设施枢纽节点，或者称之为相对于制造经济基础设施一群，及相对于数字基础设施二群的数字基础设施三群，简称广东省数字 CBD。

（四）重大专项四：广东省重大数字产业科研基础设施——数字商业根服务器

概念释义：技术根服务器的功能是对厂商地址的根部存托和技术运维。商业根服务器的功能是对厂商根部地址之上的数字流量进行确权、授权及价值关联进行始发区块链意义上的第三方存托、算法解析和超序贯组合。换句话说，技术根服务器是处理物理流量的，商业根服务器是处理价值流量的。理论上，只要人类和厂商的行为有事实判断、价值判断和美学判断（或叫均衡判断）之别，那么商业根服务器是序列性的。

1. 数字商业根服务器

数字商业根服务器是继信息互联向万物互联之后，制造经济从万物互联向价值互联过渡升级的核心独立数字功能综合体。有了数字商业根服务器，制造经济的核心产业聚落将能够对数字流量进行超净超精的加工运算，工业联网出现高通量、绵密性、低时延和隐秘性支持下的"中枢—外围"互动特征，在经济体的结构质量上超越制造经济体，从而使运营成本更低、投资报酬率更高、增速更快。

数字商业根服务器是对厂商数字流量进行辨识、确权、授权、评估、授信、增级、回购、担保、托管、置换及法律会计关联等一揽子数据资源价值化处理的总和。政策性语言称其为数字资源的价值化。这也是国家"十四五"规划中关于数字经济四个方面的内容，"产业数字化—数字产业化—数字化治理—数据资源的价值化"序列的最高阶段，也是难度最大的闯关阶段。

数字商业根服务器是一种对任何一个内网在动态开放过程中建立最为前沿的高安全性的防火墙机制。基于其上，在防火墙内根据多目标辨识及数据特征向量解析，通过特定的目标设置及限制性条件最优算法，追踪其基于始发区块链之上的价值关联及信用级别，再依据超维空间中算法机制对特征向量配对、黏性、绑定、授信、增级、回购、担保，使得向量空间中的价值单元在含金量意义上形成兑换头寸，从而为数字确权单元提供数据资源意义上的资产管理服务，使得厂商企业获得超大金融集团才有的资产管理业态，我们称这一过程为数据资源的算法一级市场过程。元宇宙只不过是基于始发区块链和顶层算法体系之上的标准化以及赛博空间当中的一般化和规范化处理而已。这是数字经济能够像工业经济超越农业经济一样，超越制造经济业态的优势所在。

完成上述过程，八大独立数字功能综合体，（1）通用数字区块链技术支持下的商业根服务器；（2）超级搜索引擎；（3）第六代数字"中枢—外围"智能商务平台；（4）数字中央顶层账户系统；（5）边端算力算能处理单元；（6）数据 RPA 算法单元优造（比如，"银系—非银系—非银类"金融机构闭洽链条的数字算法包络）；（7）数字开源机制"前—中—后"三平台运营；（8）数字中介托管平台，是团队及场景运营的一揽子数字过程的必须基础设施。

2. 数字商业根服务器技术模块

数字商业根服务器包含两个核心模块。一是近底层技术，提供动态网络防火墙装置，其作用在于保护任何大于 1 个终端、小于全球终端的内网价值单元不受外部流量的侵害并能保障价值安全运营的多标识高安网络体系。

二是高安体系内网流量资源的价值动员技术（DRMS, Digital Resource Mobilization System），为 MIN 体系保护的网内子价值单元及组合提供确权、授权、评估、授信、增级、回购、担保、配对、黏性、绑定、存托、认证、托管、置换、法律及会计关联一揽子 RPA 运算的流量一级市场服务（北京大学曹和平教授团队）。

数字资源在安全防火墙体系 MIN 的保护下，在资源动员机制内价值化并兑换，数字经济才会真正的货币化。或者说，物理数字经济（相当于实物经济，in-kind economy）才能向物理货币经济过渡。在这之前的货币，只能是发行货币，是财系的；而不是交易货币，是银系的。

3. DRMS 系统介绍

基于多标识网络体系以上的数字一级市场软件程序包络群，基于商业银行及厂商的信息服务与结算数据库的建设，在此之上，加入区块链节点的行为日志记录，运用智能合约，实现交易的公平与安全。（1）商业根服务器为信息的存储提供了安全可靠的场所；（2）商业根服务器可以利用区块链记录节点的历史行为，充分发挥信息的可追溯性和不可篡改性。

建立与多目标体系保护的网内子价值单元及组合提供了确权、授权、评估、授信、增级、回购、担保、配对、黏性、绑定、存托、认证、托管、置换、法律及会计关联一揽子 RPA 运算的数学模型基础，与李挥教授的研究形成了科研链条上的相互支撑。

4. 建设方案

依据产品规划，需要对已有的区块链平台、MIN 高安全网络与商业凭证交易等应用业务进行产品化完善，包含整体的系统结构、业务接口、用户界面、业务逻辑优化等。另外，从公司运营角度考虑，需要进一步完善研发团队及运营团队的人员结构，力争 1 年内完成产品交付，2 年内实现收支平衡。

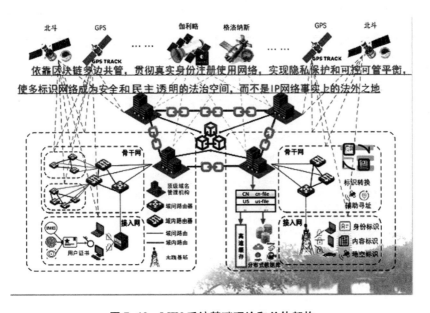

图 7-10　MIN 系统基础理论和总体架构

5. 运营规划

表 7-8　数字商业根服务器运营规划表

序号	建设节点
Q1	完成公司注册
	完成公司关键岗位人员招聘，组成基础的运营团队
Q2	完成公司第一个承接项目的实施方案，完成公司的相关制度的建设
	完成第一个承接项目的基本功能模块开发工作；研发团队所有人员配置完成
Q3	完成公司运营机房的建设工作，公司营销团队建设完成
	第一个承接项目进入试运行，完成第二个承接项目方案设计
Q4	第一个承接项目进入正式运营，公司运维团队建设完成
	第二个承接项目进入试运营阶段
Q5	第二个承接项目进入上线运营阶段
	公司进入正常运营状态

第八章

数字化转型的内生动力机制分析

一、制造经济转变主导增长方式的动力学机制组合

单纯的工业化累积造成制造能力大于内部需求的市场缺口，需要寻求本体之外的市场来实现供需均衡。通过贸易协调偏差寻求增长的动力学机制实际上是斯密增长机制。拉尔（Lal）认为斯密增长属于内涵式增长——收入的增加依靠要素质量的改进及优化配置来实现——的一种：通过购买技术和管理来改进和提升工艺，在专门化和劳动分工的基础上再将产品销售出去。[①]这一点符合斯密增长的精髓。市场和贸易可以增加各国经济在重商主义意义上的生产率。例如，法国香槟地区单位土地能够生产出更多、更好的葡萄；英国近北海地区单位劳动能够生产出更多、更好的皮毛和水产。一个统一而有效的市场可以把香槟和北海联系起来。二者分别按照自己的比较优势生产，然后进行交易，得到比自己分别生产对方优势产品更多的产品，从而提高收入。在增长的动力学意义上，对外开放实际上是斯密重商主义增长方式的当代中国版式。

二、斯密增长和普罗米修斯增长组合的增长方式

作为内涵式增长，斯密增长优越于外延式增长。不过，斯密增长仅仅是

---

① 迪帕克·拉尔. 印度均衡：公元前1500—公元2000年的印度［M］. 节选和修订版. 赵红军，主译. 北京：北京大学出版社，2008：1-343.

内涵式增长的一种，难以完成中国现代化目标第二阶段的内容。在对外贸易过程中，虽然车间制造及关联技术通过贸易转移到了国内，但由于技术壁垒对核心技术的限制，那些价值实现能力要求高，比如精工制造和精细化工、核心技术等还是留在了发达经济。在中国日益变为世界车间的同时，快速扩张的制造经济越来越依赖于发达经济的研发，自己国内的研发能力反而被部分替代或者被完全挤出了市场。从贸易结果看，国内产业的产品结构越来越依赖国际市场的需求结构，进而改变了自己产业结构的展开方向。加工制造和日用制造行业项目投资快，累积比重大，在相当短的时间内变成了世界的制造车间。

当制造类产业集群在经济中的比重过大的时候，处在其上游的创意和研发产业群将会遭遇挤出效应，规模变小，无法在外部性的意义上为制造经济及关联产业提供原创性的技术和创意。同样的理由，处在制造产业集群下游面向市场的产业群也将遭遇挤出效应，市场营销网络"薄"，品牌的市场拓展成本高，成为品牌后维持成本更高。

制造经济需要与现代经济内涵式增长的第二种方式——普罗米修斯增长组合。在古希腊神话世界里，普罗米修斯盗火之前的人类在晚间只能用星光照明；在食品消费上和其他动物一样茹毛饮血；在冬季防寒时被动地运用各种保暖材料来防止体温散发。普罗米修斯把火从天堂偷到人间后，人类获得了一种全新的照明、食品消费和取暖手段。其结果是在照明、食品和防寒三个领域，人类完全超出了与自己为伍的动物界。作为动物的人变成了一个大写的人。工业革命对基于农业之上的经济中多种过程的替代和普罗米修斯盗火异曲同工。工业革命的新技术提供了一种建立于矿物能源基础上的经济。人类用矿物原材料替代了依赖土地的有机物质、人均产量长期难以大幅增加的情形得到改变。从此，人类步入了一个不依赖太阳和季节的节奏进行生产的世界。我们把新要素加入经济过程使得经济技术水平跃迁式升级的发展称为普罗米修斯增长。①

---

① 迪帕克·拉尔. 印度均衡：公元前 1500—公元 2000 年的印度（节选和修订版）[M]. 赵红军，主译. 北京：北京大学出版社，2008：1-343.

在产业构成中，形成斯密增长比重过大的制造群的超速增长会在规模和外部性意义上排斥普罗米修斯增长，普罗米修斯经济成分过多将会以同样的方式排斥斯密增长。寻求二者之间的最优结合，是人类今天成功经济，尤其是大尺度经济增长的重要政策取向。目前，我国制造经济运行的三个主要特征都和制造经济成分过多，与排斥了普罗米修斯增长有着直接的联系。

三、格罗斯曼的产业均衡动力学机制分析

以上是经济学家关于增长动力机制的主流思想，制造业全链数字化转型升级需要讨论路径依赖意义上的、产业均衡意义上的增长动力学机制。格罗斯曼（G. Grossman）从产业的纵向整合和横向整合角度讨论了产业均衡增长的动力学机制，对广东省制造业全链数字化转型的增长路径极具启发性。

（一）定义偏好和替代弹性

假定经济中存在 J = 1，2，…，j 个制造产业，I = 1，2，…，i 个产品。

给定消费偏好为：

$$u = \sum_{j=1}^{J} \mu_j \log\left[\int_0^{N_j} y_j(i)^{\alpha_j} di\right]^{1/\alpha_j} \qquad 1$$

其中，$y_j(i)$ 是对产业 j 中第 i 种产品的消费量；N_j 是产业 j 的产品种类数，即 j 产业生产连续的 N_j 种产品；μ_j 是消费者花费在产业 j 上的支出份额（占总支出的比重），$\sum_{j=1}^{J} \mu_j = 1$；$\alpha_j \in (0, 1)$，测度产业 j 中的不同产品的差异程度，α_j 越大，产品越相近。

对 α_j 表示产品差异程度的解释：CES 效用函数的替代弹性 $\xi = \dfrac{1}{1-\alpha}$ 与 α 的关系。

CES 效用函数

$$U(x_1, x_2) = (b_1 x_1^{\alpha} + b_2 x_2^{\alpha})^{1/\alpha} \qquad \alpha \leqslant 1$$

效用最大化的一阶条件是：

$$b_1 x_1^{\alpha-1}(b_1 x_1^{\alpha} + b_2 x_2^{\alpha})^{(1-\alpha)/\alpha} - \lambda p_1 = 0$$
$$b_2 x_2^{\alpha-1}(b_1 x_1^{\alpha} + b_2 x_2^{\alpha})^{(1-\alpha)/\alpha} - \lambda p_2 = 0$$
$$E - p_1 x_1 - p_2 x_2 = 0$$

合并前两个等式，可得

$$\frac{x_1}{x_2} = \left(\frac{b_2 p_1}{b_1 p_2}\right)^{1/(\alpha-1)}$$

替代弹性 ξ 是

$$\xi = -\frac{d\ln(x_1/x_2)}{d\ln(p_1/p_2)} = \frac{1}{1-\alpha}$$

由上式可知，α 越大，ξ 越大。ξ 值越大，则表示两种商品间的可替代性越高，可替代性高则意味着产品的差异程度小。因此，α 越大意味着产品差异程度越小、产品越相近。

消费者面临的预算约束为：

$$E = \sum_{j=1}^{J} \int_0^{N_j} p_j(i) y_j(i) \, di \qquad\qquad 2$$

构造拉格朗日函数：

$$L[y_j(i), \lambda] = \sum_{j=1}^{J} \mu_j \log\left[\int_0^{N_j} y_j(i)^{\alpha_j} di\right]^{1/\alpha_j} + \lambda\left[E - \sum_{j=1}^{J} \int_0^{N_j} p_j(i) y_j(i) di\right] \qquad 3$$

F.O.C［即3式对 $y_j(i)$ 求导有］，则一阶条件为：

$$\frac{\partial L}{\partial y_j(i)} = \frac{\mu_j}{\left[\int_0^{N_j} y_j(i)^{\alpha_j} di\right]^{1/\alpha_j}} \left[\int_0^{N_j} y_j(i)^{\alpha_j} di\right]^{(1-\alpha_j)/\alpha_j} y_j(i)^{\alpha_j-1} - \lambda p_j(i) = 0 \qquad 4$$

$$\frac{\partial L}{\partial y_j(s)} = \frac{\mu_j}{\left[\int_0^{N_j} y_j(s)^{\alpha_j} di\right]^{1/\alpha_j}} \left[\int_0^{N_j} y_j(s)^{\alpha_j} di\right]^{(1-\alpha_j)/\alpha_j} y_j(s)^{\alpha_j-1} - \lambda p_j(s) = 0 \qquad 5$$

由4式与5式得出：

$$\frac{y_j(i)^{\alpha_j-1}}{y_j(s)^{\alpha_j-1}} = \frac{p_j(i)}{p_j(s)} \qquad\qquad 6$$

对6式简单整理有：

$$y_j(s) = y_j(i)\left[p_j(i)/p_j(s)\right]^{1/(1-\alpha_j)} \qquad\qquad 7$$

6式代入预算约束得到如下需求函数：

$$y_j(i) = A_j p_j(i)^{-1/(1-\alpha_j)} \qquad\qquad 8$$

即：

$$A_j = \frac{\mu_j E}{\int_0^{N_j} p_j(i)^{-\alpha/(1-\alpha)} \, di} \qquad 9$$

其中，E 是代表性消费者的总支出。产业 j 中每种产品的唯一供给者，将 A_j 视为常量，且面对的是具有常数需求价格弹性消费者。

在产业市场出清的条件下，经济中的企业有三种增长路径依赖：一是垂直整合型（integration）路径，即厂商生产中间产品并用此生产最终产品；二是专业的最终产品生产商；三是一种专业的中间产品商，即企业可以以其中的一种状态进入市场，自由进入的条件使得均衡是零利润均衡。最终商品的生产只需要两个环节——从中间品到最终品。1 单位的最终产品只需要 1 单位的中间产品，除了中间产品，最终产品的生产不需要任何其他投入。中间产品商所生产的产品必须与对应的最终产品相适应，不同的最终产品需要不同的中间产品。

（二）定义生产者技术和机会成本

生产最终产品的技术是 $y = x$，x 为中间品。因此对产品 i，$y(i) = x(i)$，潜在收益为 $p(i)x(i)$，中间品生产商的最优策略是生产高质量产品。

由需求函数 7 式：$y(i) = Ap(i)^{-1/(1-\alpha)}$

$$\Leftrightarrow p(i) = A^{1-\alpha} [y(i)]^{\alpha-1}$$

厂商利润最大化：

$$\max_{x_i} \ \omega p(i)x(i) - x(i) = \omega A^{1-\alpha} x(i)^{\alpha} - x(i)$$

$$F.O.C. \qquad \alpha\omega A^{1-\alpha} x(i)^{\alpha-1} - 1 = 0 \qquad 10$$

$$\Rightarrow y(i) = x(i) = A(\alpha\omega)^{1/(1-\alpha)}$$

因为在对称均衡中，A，α，ω 仅与产业有关，因此由 8 式和 10 式得

$$p_s = 1/(\alpha\omega) \qquad 11$$

$$y_s = A(\alpha\omega)^{1/(1-\alpha)}$$

专业的最终产品商的期望利润为：

$$\pi_s = \eta(r)(1-\omega)p_s x_s - k_s = \eta(r)(1-\omega)(\alpha\omega)^{-1}A(\alpha\omega)^{1/(1-\alpha)} - k_s$$

$$= \eta(r)(1-\omega)A(\alpha\omega)^{\alpha/(1-\alpha)} - k_s \qquad 12$$

总收益的另一部分 $\omega p_s y_s$ 由中间品生产商获得。

专业的中间产品商的期望利润

$$\pi_m = (1-\alpha)\frac{\eta(r)}{r}\omega A\,(\alpha\omega)^{\alpha/(1-\alpha)} - k_m \qquad 13$$

纵向整合厂商的总收益：

$$p_v y_v = (y_v/A)^{-(1-\alpha)} y_v = A^{1-\alpha} y_v^{\ \alpha}$$

边际收益为 $\alpha A^{1-\alpha} y_v^{\ \alpha-1}$ ，边际成本为 λ ，故利润最大化的产量：

$$\alpha A^{1-\alpha} y_v^{\ \alpha-1} = \lambda$$
$$\Rightarrow y_v = A\,(\alpha/\lambda)^{1/(1-\alpha)} \qquad 14$$
$$p_v = \lambda/\alpha$$

其利润：

$$\pi_v = (1-\alpha)A\,(\alpha/\lambda)^{\alpha/(1-\alpha)} - k_v \qquad 15$$

将 11 式和 14 式代入 9 式，得产业 j 的产品的总需求量：

$$A = \frac{\mu E}{\int_0^N p\,(i)^{-\alpha/(1-\alpha)}di} = \frac{\mu L}{v p_v^{\ -\alpha/(1-\alpha)} + s\eta(r)p_s^{\ -\alpha/(1-\alpha)}} \qquad 16$$

$$= \frac{\mu L}{v\,(\alpha/\lambda)^{\alpha/(1-\alpha)} + s\eta(r)\,(\alpha\omega)^{\alpha/(1-\alpha)}}$$

（三）均衡结果分析

模型的均衡结果可能有三种：产业中的所有厂商都是纵向整合型厂商；产业中的所有厂商都是专业化下游产品生产商；产业中两种厂商同时存在。

混合均衡（Mixed Equilibria）：**两种厂商同时存在**

均衡时，产业中所有厂商的期望利润都为零，即有 $\pi_s = \pi_m = 0$。则联立 13 式和 15 式得上游外包和下游外包企业数目之比：

$$r_0 = \frac{\omega(1-\alpha)}{1-\omega} \times \frac{k_s}{k_m}$$

对应的该产业产品的总需求量：

$$A_0 = \frac{(\alpha\omega)^{-\alpha/(1-\alpha)} k_m}{\omega(1-\alpha)} \times \frac{r_0}{\mu(r_0)}$$

且满足：

$$v\left(\alpha/\lambda\right)^{\alpha/(1-\alpha)} + s\eta\left(r_0\right)\left(\alpha\omega\right)^{\alpha/(1-\alpha)} = \frac{\mu L}{A_0} \qquad 17$$

若 $\pi_v = 0$，则由 15 式得

$$A_1 = \frac{\left(\lambda/\alpha\right)^{\alpha/(1-\alpha)} k_v}{1-\alpha}$$

且满足：

$$v\left(\alpha/\lambda\right)^{\alpha/(1-\alpha)} + s\eta\left(r_0\right)\left(\alpha\omega\right)^{\alpha/(1-\alpha)} = \frac{\mu L}{A_1} \qquad 18$$

转移动态：对纵向整合型厂商来说，在 vv 线下，$\pi_v > 0$，纵向整合型厂商会进入市场；在 vv 线上，$\pi_v < 0$，纵向整合型厂商会退出市场。同时，对专业化外包厂商来说，在 oo 线下，$\pi_o > 0$，专业化外包厂商会进入市场；在 oo 线上，$\pi_o < 0$，专业化外包厂商会退出市场。这就形成了产业组织模式的动态调整。

定理一：由于若 $A_0 \neq A_1$，17 式和 18 式的联立方程没有公共解，因此在以上假设下，产业 j 中不可能同时存在两种类型的企业组织方式（如图 8-1、8-2 所示）。

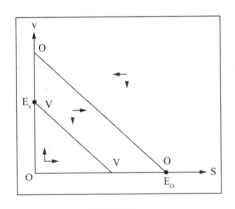

FIGURE I

图 8-1 Equilibrium Cruves: $A_1 > A_0$

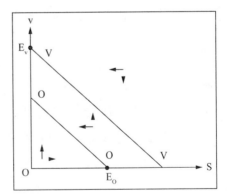

FIGURE II

图 8-2 Equilibrium Cruves: $A_1 < A_0$

纵向整合均衡（Mixed Equilibria）

定理二：当 $A_1 < A_0$ 时，若产业均衡时 $A < A_1$，则：

$$\pi_v = (1-\alpha)A\,(\alpha/\lambda)^{\alpha/(1-\alpha)} - k_v < 0$$

$$\pi_s = \eta(r)(1-\omega)A\,(\alpha\omega)^{\alpha/(1-\alpha)} - k_s < \eta(r)(1-\omega)A_0\,(\alpha\omega)^{\alpha/(1-\alpha)} - k_s = 0$$

可见，这样的均衡是不稳定的。

若 $A_I < A < A_0$，则 $\pi_v > 0$，$\pi_s < 0$，均衡不稳定。

若 $A > A_0$，则 $\pi_s > 0$，均衡不稳定。

因此，当且仅当 $A = A_I$ 时，即只有纵向整合厂商存在，且 $v_I = (1-\alpha)\mu L/k_v$，产业均衡是稳定的（图 8-2 中的 E_v 点）。

外包均衡（Mixed Equilibria）：只存在外包厂商

定理三：$A_I > A_0$ 时，存在稳定的产业均衡（图 8-1 中的 E_o 点），即只有外包厂商存在，此时：

$$s_O = [(1-\omega)\mu L]/k_s$$

$$m_O = [(1-\alpha)\omega\mu L]/k_m$$

（四）产业均衡组织模式的决定

总的来说，使 $\dfrac{A_I}{A_0}$ 增大的因素会促进外包的形成。λ（纵向整合型厂商生产中间品的成本越高）越大，产业越有可能倾向于外包；纵向整合型厂商固定成本越大且专业化厂商的成本越小，则外包更有可能成为均衡的结果。更有效的匹配技术也会导致产业的外包化，即给定 s 和 m，$\dfrac{\eta(r_o)}{r_o}$ 越大，$\dfrac{A_I}{A_0}$ 越大。

在匹配技术规模报酬不变的假定下，产业的 μ_j、L（经济规模）对产业均衡的组织模式没有影响。但如果匹配技术规模报酬递增，那么产业的 μ_j、L 越大，产业的组织模式越倾向于外包。

均衡模式的决定（影响 A_I 和 A_0 大小关系的因素），这部分主要分析 α 和 ω 对均衡产业组织模式的影响。

α 对产业组织模式的影响

1. 先从 α 开始，参数 α 描述产业最终产品间的可替代性。如果 α 接近 1，该产业的产品几乎是完美的替代品且该产业竞争力很强。如果 α 接近于零，消费者将产业最终产品视为完全不同的产品且每个生产者享有相当的垄断力量。即：

$$\frac{A_I}{A_O} = \omega\,(\lambda\omega)^{\alpha/(1-\alpha)}\,\frac{\eta(r_O)k_v}{r_O k_m} = f(\alpha,\ \omega) \qquad 19$$

$$r_O = \frac{\omega(1-\alpha)k_s}{(1-\omega)k_m}$$

通过 19 式可以看出，替代参数 α 通过两个不同的渠道影响厂商的相对利润，进而影响产业组织均衡结果。对于给定的 r_O，当且仅当 $\lambda\omega > 1$ 时，$\frac{A_I}{A_O}$ 随 α 上升而上升。由 $p_v = \lambda/\alpha$，$p_s = 1/(\alpha\omega)$，因而有 $p_v/p_s = \lambda\omega$。如果 $\lambda\omega > 1$，专业化的最终产品厂商将其产出以低于垂直整合型厂商产品的价格出售。那么需求弹性越大，专业化厂商的潜在利润越大。如果 $\lambda\omega < 1$，垂直整合型厂商产品将其产出以低于专业化的最终产品厂商的价格出售，且专业化厂商的潜在利润随需求弹性上升而下降。λ 与 ω 的比较实际上是比较（规模不经济导致的）成本劣势和结构不完善订约所导致的扭曲。在一个不完美的合同下，专业化的中间产品厂商只获得总利润份额中 ω 的份额，但却承担全部生产成本的投入。因此，厂商的产量少于利润最大化产量，导致价格高于利润最大化所对应的价格。

2. 产业内最终产品间的替代参数 α 也通过厂商从其生产行为中获得利润份额的改变而影响 A_I 和 A_O。对垂直整合型厂商来说，其利润为总利润的 $1-\alpha$ 倍，则其（给定总利润）潜在的利润随着 α 的增加而减小。对外包厂商来说，其利润为总利润的 $\omega(1-\alpha)$ 倍，则其（给定总利润）潜在的利润同样随着 α 的增加而减小。两种类型的最终产品生产商的潜在利润都随 α 的增加而减少并且比例相同，因此，α 的变化在这个角度看对 $\frac{A_I}{A_O}$ 没有净影响。

3. 参数 α 还通过另一个渠道影响 $\frac{A_I}{A_O}$，进而影响均衡的产业组织模式。由前面的分析可知，中间产品厂商数 m_O 取决于参数 α，因此，α 越大 m_O 越小（s_O 不变）。也就是说，更少的中间产品厂商（m_O 越小，s_O 不变）进入市场，则中间产品厂商找到与其合作的最终产品厂商的概率增加。这会降低产业对专业化产品的需求。因此，α 增加（m_o 减小，s_o 不变），r_o 减小，进而 $\dfrac{A_I}{A_O}$

和 $\dfrac{\eta(r_o)}{r_o}$ 增加。

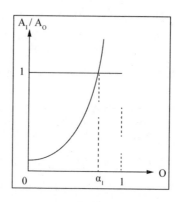

FIGURE Ⅲ

图 8-3　Industry Organization for $\lambda\omega>1$: The Role of the Elasticity of Substitution

图 8-3 给出了当 $\lambda\omega > 1$ 时，$\dfrac{A_I}{A_O}$ 和 α 之间的关系。从上面的分析可知，

当 $p_s < p_v$ 时，随着 α 的增加，专业化厂商的利润也即增加。α 的增加也同时

使得中间厂商匹配成功的概率增加。这两个方面的原因使得 $\dfrac{A_I}{A_O}$ 随 α 的增加

而增加（即 $\dfrac{A_I}{A_O}$ 是 α 的增函数），这说明替代参数的增加提高了外包倾向。当

且仅当 $\dfrac{A_I}{A_O} > 1$ 时，稳定的外包均衡存在。如图 8-3 所示，当 $\alpha > \alpha_1$ 时，$\dfrac{A_I}{A_O} >$

1，存在一个稳定的外包均衡；当 $\alpha < \alpha_1$ 时，$\dfrac{A_I}{A_O} < 1$，存在一个稳定的纵向

整合均衡。

现在考虑 $\lambda\omega < 1$ 的情况。在这种情况下，α 越大，纵向整合厂商的利润

越高。但是 α 的上升使得中间产品厂商与最终产品厂商的比例 m_o/s_o 下降，

增加了中间产品厂商匹配成功的概率，进而使得外包成为均衡结果的可能性

增加。

两个方向相反的因素同时起作用，因此，α 变化的净效应取决于那个力更大。图 8-4 描述了两种不同的情况。图 8-4 中，panel a 中 $\dfrac{A_I}{A_O}$ 是 α 的单调减函数。如果中间产品厂商与最终产品厂商的比例 m_o/s_o 对中间产品厂商匹配成功的概率影响不大的话，这种情况就会出现。因此，α 的变化对纵向整合厂商与外包厂商利润的影响超过对 $\eta(r)/r$ 的影响，当 α 较大时，纵向整合对厂商来说更有吸引力。

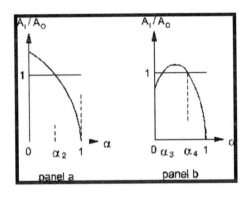

FIGURE IV

图 8-4 **Industry Organization for $\lambda\omega > 1$: The Role of the Elasticity of Substitution**

18 式对 α 求导，有：

$$\frac{\partial f(\alpha,\ \omega)}{\partial \alpha} = \omega\ (\lambda\omega)^{\alpha/(1-\alpha)} \frac{\eta(r_0)k_v \log(\lambda\omega)}{r_0 k_m\ (1-\alpha)^2} + \omega\ (\lambda\omega)^{\alpha/(1-\alpha)}\ \frac{k_v}{k_m} \times$$

$$\frac{\dfrac{d\eta}{dr_0} \times \left[-\dfrac{\omega k_s}{(1-\omega)k_m} \right] r_0 + \dfrac{\omega k_s \eta}{(1-\omega)k_m}}{r_0{}^2} > 0$$

$$\Rightarrow \frac{\eta(r_0)\log(\lambda\omega)}{r_0\ (1-\alpha)^2} + \frac{\dfrac{d\eta}{dr_0} \times \left[-\dfrac{r_0}{1-\alpha} \right] r_0 + \dfrac{r_0 \eta}{1-\alpha}}{r_0{}^2} > 0$$

$$\Rightarrow 1 - \varepsilon_\eta > -\log(\lambda\omega)/(1-\alpha) \qquad\qquad 20$$

当且仅当 $\Rightarrow 1 - \varepsilon_\eta > -\log(\lambda\omega)/(1-\alpha)$ 时，$\dfrac{A_I}{A_O}$ 随 α 增加而增加。其中，

ε_η 为 $\eta(r)$ 对 r 的弹性。当 $\lambda\omega > 1$ 时，19 式右边小于 0，不等式成立，这就是图 8-4 描述的情况。当 $\lambda\omega < 1$ 时，19 式右边是正的且随 α 趋近于 1 而接近无穷，不等式成立，这就是图 8-4 描述的情况。

ω 对产业组织模式的影响

ω 的变化通过三种方式对 $\dfrac{A_I}{A_O}$ 产生影响：首先，ω 的增加使得中间产品厂商的利润增加；其次，ω 的增加减小了不完全合约引起的扭曲，这也使得中间产品厂商的利润增加；最后，ω 的增加促使更多的中间产品厂商进入市场，进而使得每个中间产品厂商匹配成功的概率降低。也就是说 ω 的增加降低了 $\dfrac{A_I}{A_O}$。

18 式对 ω 求导，有：

$$\log\left(\frac{A_I}{A_O}\right) = \log\omega + \log\lambda^{\alpha/(1-\alpha)} + \frac{\alpha}{1-\alpha}\log\omega + \log\eta(r_0) -$$

$$\log r_0 + \log\left(\frac{k_v}{k_m}\right) \quad \frac{\partial\log\left(\dfrac{A_I}{A_O}\right)}{\partial\omega}$$

$$= \frac{1}{\omega} + \frac{\alpha}{(1-\alpha)\omega} + \left(\frac{1}{\eta(r_0)}\times\frac{\partial\eta}{\partial r_0} - \frac{1}{r_0}\right)\times\frac{\partial r_0}{\partial\omega}$$

$$= \frac{1}{(1-\alpha)\omega} + \frac{(\varepsilon_\eta - 1)}{r_0}\times\frac{(1-\alpha)k_s}{(1-\omega)^2 k_m}$$

$$= \frac{1}{(1-\alpha)\omega} + \frac{(\varepsilon_\eta - 1)}{r_0}\times\frac{r_0}{\omega(1-\omega)} > 0$$

$$\Rightarrow \varepsilon_\eta > (\omega-\alpha)/(1-\alpha) \hspace{3cm} 21$$

当且仅当 $\varepsilon_\eta > (\omega-\alpha)/(1-\alpha)$ 时，$\dfrac{A_I}{A_O}$ 随 ω 增加而增加。当 $\omega = 0$ 时，不等式成立。当 $\omega = 1$ 时，（由于 $\varepsilon_\eta < 1$）不等式不成立。因此 ω 与 $\dfrac{A_I}{A_O}$ 之间是一个倒 U 形的关系。ω 较小或者较大时，外包是产业均衡的结果；而 ω 处于中间值时，纵向整合是产业均衡的结果。如果 ω 很小，则中间产品厂商生产

中间产品的激励很小且其生产成本很高。如果 ω 很大，则有大量中间产品厂商生产中间产品，但其匹配成功的概率很低。因此只有在 ω 既不是很大也不时很小的情况下，外包才会是均衡的结果。

第九章

人工智能、大模型、元宇宙原理

一、一个场景再现

各位领导，各位来宾：

大家好！

首先，我想和大家做一个游戏。假如您出国旅游，但是却不懂外语，那么您如何跟当地人交流呢？在座的各位朋友，有没有会说韩语（日语、俄语）的？我想和您做一个交流。

您好，我不懂汉语。但是通过使用这个软件，我们可以进行无障碍的沟通。

您了解生活中有哪些人工智能的应用吗？

非常感谢您的配合，我们已经进行了无障碍的沟通。

我手中这个小软件就利用了人工智能的原理，进行了语音识别和翻译，实现了不同语言的无障碍沟通。类似于这样的人工智能应用，生活中还有很多。

比如，我们家有两只狗，但是有些朋友可能不知道这是什么狗，怎么办呢？刚好我有一块电话手表，用它来扫一扫就行了。

再如，我们去旅游，拍了一张照片，但是却发现照片中有几个游客，怎么办？利用人工智能的方法，我们可以让他们消失。

又如，我们拍摄一些照片之后，发现不清晰，怎么办？人工智能可以帮助我们让它们清晰起来。大家可以对比一下这些照片，左侧是真实图片，右侧是人工智能处理之后的图片。

可以看出，哪怕图片全都是马赛克，人工智能都能帮您还原。

其实，人工智能早就不是实验室里的试验品，而是已经走入了千家万户。例如，现在随处可见的人脸识别系统是人工智能，辅助医生诊断 CT 影像的系统是人工智能，在路上开车违章，会抓拍罚款的电子眼也是人工智能。除此之外，手机上的各种语音助手软件、智能音箱、美颜软件、短视频平台的推荐机制、电子邮件的防垃圾邮件系统，也都是人工智能的应用。在自动驾驶、智慧工业等领域，人工智能也是不可或缺的。如果把人工智能从我们的生活中剥离，人类恐怕要退回到 30 年前。

我是一个人工智能的门外汉，但是我还了解一点数学。今天我想和大家一起回顾一下人工智能的历史，以及管中窥豹的了解一些人工智能的数学原理，如果有讲得不对的地方，欢迎各位来宾批评指正。

二、人工智能的发展史

人工智能并不是一个新生的科学概念。在上古时代，东西方文明中都出现了人造人的神话。到了 20 世纪 30—50 年代，由于神经生物学、计算机科学、数学等学科的发展，人工智能第一次进入了科学家的视野。

1950 年，英国计算机科学家图灵（Alan Mathison Turing）提出了一个问题：机器会思考吗？

图灵提出了一种测试机器智能的标准——图灵测试：一个人 C 通过文字等方式与另一个人 A 和一个计算机 B 交流，他能否通过一连串的问题区分 A 和 B 哪个是人，哪个是计算机？如果人类无法区分出 A 和 B，就称计算机通过了图灵测试。

图灵预言到 2000 年时，计算机在经过 5 分钟的提问之后，就会骗过 30% 的人类，让人相信对方是真实的人类，而非计算机。图灵测试每年都会举办，在 2014 年时终于有一个人工智能软件被 33% 的人类认为是一个 13 岁的小男孩，它通过了图灵测试，这个软件叫作尤金·古斯特曼。

顺便一说，在计算机科学领域的世界最高奖叫作图灵奖，就是以图灵的名字命名的，它被称为计算机界的诺贝尔奖。图灵曾经在"二战"时帮助英国制造计算机破译德军密码，许多人认为他是盟军赢得战争的法宝之一，这段故事也被拍摄成电影——《模仿游戏》。

到了 1956 年，美国计算机科学家马文·明斯基（M. L. Minsky）、约翰·麦卡锡（J. McCarthy）以及信息论的奠基者香农（C. E. Shannon）等人召开了达特茅斯会议。在这次会议上，人们创造出了人工智能这个词。从那次会议开始，人工智能也进入了大发展时代。

后来，马文·明斯基和约翰·麦卡锡都因为在人工智能领域的贡献获得了图灵奖。而香农已经不需要图灵奖了，他的名字被命名到通信理论方面的诺贝尔奖上，那就是香农奖。

从此之后的几十年中，由于算法和算力的限制，人工智能几经起落。直到 1997 年，IBM 的人工智能程序"深蓝"战胜了雄踞国际象棋霸主 12 年的加里·卡斯帕罗夫（Garry Kasparov），人工智能迎来了第三次大发展。

从那之后的 20 多年，在人工智能算法方面涌现出许多灵魂人物，例如，被誉为深度学习之父的多伦多大学的计算机学家杰弗里·辛顿（Geffrey Hinton），他将反向传播算法（BP）引入了人工智能领域。纽约大学计算机科学家杨立昆，他最著名的工作是卷积神经网络（CNN）。他们俩同加拿大蒙特利尔大学计算机学家约书亚·本吉奥（Yoshua Bengio）共同获得了 2018 年的图灵奖。

三、损失函数

那么，计算机是如何实现"智能化"的呢？说到底，这是一个数学问题。我们首先来举一个例子：如何预测房屋的成交价格？

也许我们每个人都有一种简单判断：大城市比小城市房子值钱，市区房子比郊区房子值钱，学区房比非学区房值钱……那么，你能用数学关系表示出来吗？

比如，在最简单的模型下，我们考虑房屋的价格与面积有关。我们有了一些房屋的面积，以及它们的成交价格，把数据 (x_i, y_i) 画在一张图上，如下：

从图形上看，我们发现房价和面积接近于正相关，我们希望获得一个函

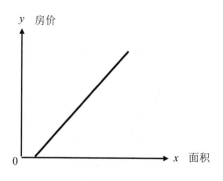

图 9-1　房价与面积的线性关系图解

数关系，使它尽量准确地表示出房价 y 与面积 x 的关系，最简单的关系就是直线 $y=wx+b$。其中 w 是直线的斜率，b 是直线的截距。参数 w 和 b 的值不一样，这条直线就能在平面内改变位置。

我们希望每一个数据点都能在直线上，但是实际上，这往往是做不到的，通过函数关系预测的房价 y_i 与实际的房价 y_i 之间总有差别。我们用损失函数描述这个差别：把每一个数据点真实的价格 y_i 与输出的价格 y_i 预做差，再把这些差分别做平方和。

$$J = \frac{1}{2m} \sum (y_i - y_{i预})^2 = \frac{1}{2m} \sum [y_i - (wx_i + b)]^2$$

如果损失函数特别小，就说明我们的函数贴近实际的数据，这就是一个好的回归分析。我们的目的就是要寻找合适的参数 w 和 b，使得误差函数 J 最小。在数学上，这叫作最小二乘法，在高斯（Carl Friedrich Gauss）和勒让德时代人们就找到了通过方程求解参数 w 和 b 的方法。

不过，如果参数特别多，高斯的方程算法就不是那么方便了，人们提出了一种逐步趋近的方法——梯度下降算法。通过一次次的逼近，找到小的损失函数和最优的参数。

具体来讲，损失函数 J 其实是参数 w 和 b 的函数。我们定性地画出损失函数随着参数的变化规律，它有可能存在一个最低点，我们希望寻找到这个最低点。

大家看，在参数取适当值、损失函数最小的时候，损失函数是不随着参

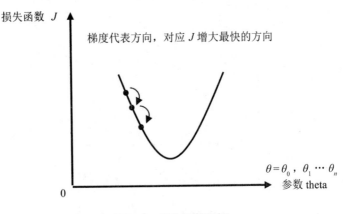

损失函数 J

梯度代表方向，对应 J 增大最快的方向

$\theta = \theta_0$，$\theta_1 \cdots \theta_n$
参数 theta

0

图 9-2　损失函数图解

数变化而变化的，或者说损失函数对这个参数的梯度（导数）为零；如果参数选取不当，损失函数会随着参数的变化而变化，梯度（导数）不为零。而且，梯度（导数）越大，往往表示距离损失函数的最低点越远。

于是，我们首先预设一对参数 w_i 和 b_i，然后使用算法进行迭代：我们一点一点沿着误差函数寻找，就能慢慢找到那个误差函数的最小值点，此时的参数 w 和 b 就是最优解——它是表示房价与面积关系的最优直线。

当然，房屋的价格并不只取决于面积。我们可能有更多的输入数据。例如，每一个房子都有面积参数 x_1、城市参数 x_2、房屋年龄 x_3、位置参数 x_4，那么我们可以假设价格是这四个参数的线性组合：

$$y_{预} = w_1 x_1 + w_2 x_2 + w_3 x_3 + w_4 x_4 + b$$

此时，我们就有了 5 个参数 w_1，w_2，w_3，w_4 和 b，我们要做的就是不停地通过求解梯度来调整参数，找到最合适的那一组，使得预测的结果与已知数据之间的误差函数最小。只是，刚才我们是在二维平面上寻找损失函数的最小值，这时我们是在一个五维空间中寻找损失函数的最小值。

输入数据、进行计算、调整参数，这个过程被称为机器学习或者机器训练。假如最后找到或者逼近了最优解，训练就结束了。如果还没有找到，就需要调整参数和模型。其实，这和人类的学习过程非常相似，皮亚杰关于认知发展理论中的同化和顺应过程，就是这样的一个过程，俗语中的吃一堑长一智，也是这个原理。只是现在我们用数学的方法把它表现出来。

四、神经网络

从本质上讲，人工智能问题就是通过这种一点点调整参数的方法，寻找一个函数，能够从输入的值尽量准确地获得输出值。实际的机器学习问题，要比刚才的例子复杂得多，比如，房价不光与面积大小有关，还与距离市中心远近、房龄长短、楼层情况、物业水平、周边工厂学校医院情况、汇率，甚至人口结构等因素相关，而且很有可能不是线性关系。在图像识别问题上，一幅图就有上百万个像素，也就是上百万个输入参数。

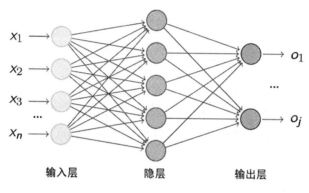

输入层　　　　隐层　　　　输出层

图9-3　单层神经网络①

为了应对这些复杂的问题，科学家们设计了神经网络算法，你在网上搜索人工智能、机器学习、深度学习等关键词时，可能经常会看到这张图，这就是一张神经网络图，其中每一个圆圈叫作一个神经元。

神经网络的开创来源于人类对生物大脑的认识。人脑中有数百亿个神经元细胞，每个神经元细胞前方有树突用于接收信号，当树突受到刺激时，神经元会判断这个刺激大小，如果刺激足够大，神经元就会决定通过神经递质或者电信号的方法，通过突触将信号传给下一级。

1943年，美国神经科学家沃尔特·皮茨（Walter Pitts）和沃伦·麦卡洛

---

① 《神经网络训练中，错误数据集对模型结果的影响有多大［EB/OL］. 曼孚科技，2021-09-08.

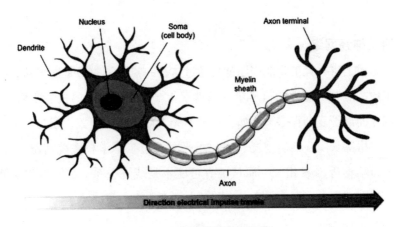

图 9-4　典型神经元结构①

克（Warren Sturgis McCulloch）分析了人类神经元的结构，他们提出，人脑的神经元是一个多输入、单输出系统，而且输出只有两种：0或者1。如果输出是0，就表示上一级神经元不向下一级传递信号；如果输出是1，就表示上一级神经元向下一级传递信号。用计算机可以模拟人类的大脑，这就是所谓的人工神经网络。

他们提出了最早的人工神经元模型——M-P模型。

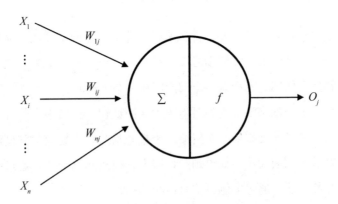

图 9-5　人工神经元模型：M-P 模型

---

① 神经网络训练中，错误数据集对模型结果的影响有多大 [EB/OL]. 曼孚科技，2021-09-08.

这个模型的操作流程是:

1. 给定输入参数 $x_1 \sim x_n$,将它们线性组合起来获得函数值 y。

$$y = w_1 x_1 + w_2 x_2 + w_3 x_3 + w_4 x_4 + b$$

2. 把函数值 y 放进一个非线性的激活函数中,获得一个 0 到 1 之间的值 $f(y)$。经常使用的激活函数叫作 $sigmoid$ 函数,它的表达式和图像如下所示。

3. 获得的激活值越小,向下级传递信号的概率越低;激活值越大,向下级传递信号的概率越大。

通过这样一番操作,我们就能把一堆输入数字变成 0 或者 1 的输出。只要选择的参数合适,我们就能让计算机帮助我们做一些判断题。比如,我们给计算机一幅图,这是一幅有 25 个像素点的纯黑白图像,我们要让计算机判断这个图像代表的是不是字母 X。

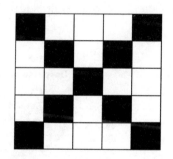

图9-6　25个像素点的纯黑白图像

计算机并不能像我们一样一眼看出图像内容,它只认识数字。这张图有 25 个像素点,每个像素点要么是黑色,要么是白色,相当于有 25 个输入,每个输入端要么是 0,要么是 1。于是,这张图片对计算机来讲,就是一个 5×5 的数字矩阵。

1	0	0	0	1
0	1	0	1	0
0	0	1	0	0
0	1	0	1	0
1	0	0	0	1

如果是灰度图或者彩色图片又如何呢?灰度图片中的每一个像素点可以

用0~255之间的一个数字表示，相当于一个8位的二进制数字；如果是彩色图，每个像素点需要用 RGB 三个颜色的饱和度来表示，数据量再扩大三倍……但无论如何，计算机看来，任何一张图片都是一组数字，只是数组长度有大有小而已。

将图片代表的数字输入神经网络的输入层，数据依次流过隐藏层，传递到输出层，输出值只有两种可能：0 或者 1，输出 0 表示计算机认为这不是 X，输出 1 表示计算机认为它是 X，这就完成了机器识别过程。

在训练时，我们把许多图片输入系统，并且告诉计算机正确的结论，这样计算机就能求出误差函数——这个误差函数与刚才预测房价的函数形式不同，但是原理都是类似的：模型越接近实际，误差函数就越小。通过梯度下降法，计算机会一次次调整参数，不断减小误差函数，最终获得一组最优解，这时，训练就完成了。以后，你给计算机一幅图片，它都能判断个字母是不是 X 了。

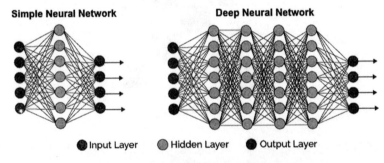

图 9-7　单层神经网络和深度神经网络①

如果只是判断一张图是不是 X，也许一层神经元也就够了。然而，现实当中我们利用人工智能翻译文章，需要认识几千个文字或者单词，并理解语法，判断含义。只有一层神经元，没法处理现实世界如此复杂的问题。其实，人脑中的神经元有许多层，每一层神经元又有多个神经细胞，于是人工智能也仿照这个结构，做了多层（深度）神经网络。

---

① 神经网络训练中，错误数据集对模型结果的影响有多大 [EB/OL]. 曼孚科技，2021-09-08.

多层神经网络的隐层是多层神经元，每一层中又有许多个神经元，相邻两层之间的神经元两两之间都有连接，所以这种神经网络也被称为全连接网络，它能处理更加复杂的问题，于是，机器就能像人一样，可以"思国思家思社稷，赏花赏月赏秋香"了。

不过，全连接网络最大的问题是复杂度太高。举例来讲，如果还是判断刚才的图是不是 X 的问题，有 25 个输入参数。假设隐层有 3 层，每层有 25 个神经元，这样，就有大约 2000 个参数需要优化。大家注意，这还是一个只有 25 像素的简单黑白图片。实际上，每一幅图像的像素点成千上万，又有 RGB 三种颜色，在实际训练时又需要使用大量图片进行训练，在以前的计算能力下，这几乎是不可能完成的任务，这也是之前人工智能陷入低谷的原因之一。

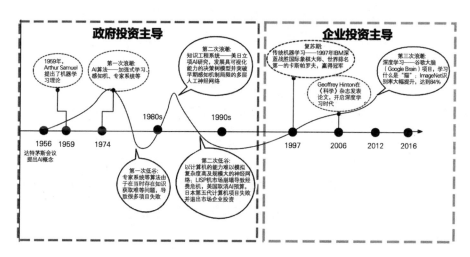

图 9-8　人工智能发展示意图

后来，杰弗里·辛顿引入了反向传播算法，这种算法的意思是：在优化时，无须对所有参数同时进行优化，只要首先考虑最后一层的参数，优化过后再看前一层参数，如此反复进行训练即可。他的工作让人工智能进入了第三次热潮。

五、视觉原理

现在谈到人工智能，大家第一个想到的是大语言模型 ChatGPT。但是在 GPT 出现之前，人工智能领域的王者是图像识别和处理。比如，现在的人脸识别，准确度已经超过了人类。那么，你知道计算机具体是怎么认识人脸的吗？

一幅图像输入计算机，计算机会把它变成一大堆数字，通过全连接网络和机器学习的大量的训练知道什么样的数字表示什么物体。但是，如果所有的图像都通过这种方法进行训练，效率是非常低的。而且，当图像稍微进行放缩、旋转时，计算机可能就不认识它了。

相比来讲，人对于物体的识别训练却非常快——人们只要见到过几次摩托车和汽车，就能牢牢记住它们的区别。下次再遇到摩托车时，哪怕它的方向变了，位置变了，或者撞破了，我们依然能区分这是摩托车，而不是汽车，这是为什么？

1981 年，诺贝尔生理学和医学奖颁发给了神经科学家大卫·休伯尔（David Hubel）和瑞典神经科学家托斯坦·威泽尔（Torsten Wiesel），以表彰他们发现了视觉原理。

他们将电极插入猫的脑子中，让猫看到各种线条，观察脑子中电极的反应。他们发现：猫大脑中与视觉相关的神经细胞分为两种，一种是只对特定的线条有反应，他们称之为简单神经细胞；另一种对线条的运动有反应，他们称之为复杂神经细胞。

在他们的启发下，日本科学家福岛邦彦提出了神经认知模型。

福岛邦彦说：人类的视觉神经是分层的。首先，物体发出或者反射的光进入眼睛，通过瞳孔晶状体等照射到视网膜上成像。视网膜上的感光细胞会将图像转化为神经冲动传递到大脑。

大脑最初接受视觉信号的神经皮层叫作初级皮层 V1，它所获得的是一大堆像素点。随后，V1 皮层会把处理过的信号传递到 V2 皮层，V2 皮层会得到图像的边缘、方向等信息；V2 皮层再次对信号进行处理，进入 V3 皮层，在这里神经元会获得物体的轮廓、细节等信息……信号经过多个皮层的传递，最终抽象出物体的大量特征，从而做出判断。比如，你看到我，知道我是李永乐老师。实际上你看到的并不是一个整体的我，而是一堆像素点，这些像素点首先抽象出边缘、方向，发现我好像是直立行走的，然后又发现了我的轮廓，好像两个胳膊两条腿，一个鼻子俩眼睛，应该不是昆虫，你又继续看到了更多抽象信息，最终才知道我是李永乐老师。

根据这个发现，许多科学家开始研究如何利用计算机软件模拟视神经系统，其中有突出贡献的就是我们刚刚谈到的杨立昆。他设计了真正实用的卷积神经网络（Convolutional Neural Networks，CNN），并且把它用在了图像识别领域，取得了巨大成功。

六、卷积神经网络 CNN

例如，我们想判断一幅图片是不是 X，要知道 X 的写法其实有很多种。

不过，我们仔细观察这些图就会发现，它们都有一些共同特征，比如，中间应该有个十字交叉，左上部位有个向右下的线条，右上部分有一个向左下的线条等。尽管每一幅图的特征可能不完全一样，但是满足的共同特征越多，图片就越有可能是 X。

于是，我们首先通过一些方法来寻找这些特征，具体方法是用一个 3×3 或者 5×5 的矩阵与图像上对应位置的矩阵做卷积，所谓卷积就是矩阵上对应元素相乘，然后再把乘积加起来。

这样做的意义在哪里呢？刚才我们说道：我们要提取图片的"特征"。现在，卷积核左上、中间、右下三个数字是 1，如果原图片中某个部位也有这样的特征，卷积后特征图该处的数字就很大。我们在特征值矩阵上找到比较大的数字，就说明图片在该处更有可能具有这个特征。我们用卷积核对整个图片矩阵做卷积运算，本质上就是在搜索哪些部位具有这些特征。如果我们再更换不同的卷积核，就能找到图片中不同的特征了。

其实有时候，我们只需要知道这幅图像的某个部位存在这个特征就好了，并不关心那些没有这种特征的位置。所以，我们可以将无用的信息去掉，缩小信息处理量，这个过程叫作池化。

比如，我们可以将特征图中每个 2×2 的方框内最大的值作为整个方框的值，于是就能够将这特征图缩小，从 5×5 变成了 3×3，当然如果我们愿意，它还可以更小，但它依然包含了特征信息和相应的位置。

然后，我们可以将池化后的特征图代入激活函数（如 Sigmoid 函数），当特征值比较大的时候，获得的激活值比较大；特征值比较小时，激活值也小。这样，这一层的特征提取就做完了。

总结来讲，经历了卷积、池化、激活三个步骤，模拟了人眼的一层视神经，通过这一次的操作，我们得到了这张图非常细节的特征。随后我们将第一层的输出作为第二层的输入，进行第二次卷积、池化、激活，获得更大范围的图像特征，以此类推，这就是福岛邦彦所提出的神经认知模型。

最终，当我们获得了足够宏观的信息时，我们就将这些经过处理的信息接入全连接网络，通过机器学习过程判断最终输出这幅图像是什么。由于信息经过了预处理，所以这回全连接网络的复杂度远远低于直接将所有数据输入网络的情况。

这几乎完全模拟了人类的认知过程。当我们用数据训练机器识图之后，机器最终找到了最优化的参数和卷积核，这个过程就叫作训练，就如同小的时候爸爸妈妈带着我们去逛公园，告诉我们这是杨树，那是柳树一样。我们把一个机器没有见到过的图片丢给机器，机器也能够判断这个图片到底是什么，虽然我们不知道机器到底把参数设置成什么样子。同样，当我们认识了杨树和柳树的时候，几乎能够一眼将它们分辨开，但是我们自己却不清楚大脑是如何做到这一点的。

七、算法、数据与算力

我们一直在讨论算法，实际上，人工智能的发展需要三个环节：算法、算力和数据。

显而易见，人工智能的算法如此复杂，程序员不可能每次都从零开始编辑，这就好像厨师做菜不能从种菜开始一样。一些基础的代码和逻辑应该是已经编辑完成，可以直接调用的，这就是所谓的人工智能框架。

最近几年，由于人工智能大火，许多公司都开发了自己的人工智能框架，比较流行的是谷歌开发的 TensorFlow，和 Facebook 开发的 PyTorch 等。

在人工智能时代开发框架，就好像在移动互联网领域开发通信标准一样，会具有基础性、全行业的战略优势。

随着中国计算机和互联网技术的发展，我们对人工智能的需求量越来越大。于是，华为也开发了自己的开源人工智能框架：MindSpore，还有百度开发的飞桨 PaddlePaddle。必须要有越来越多的程序员使用这种框架进行开发，我们的人工智能生态才能成熟起来。

俗话说：巧妇难为无米之炊。无论算法设计的多优秀，如果没有给机器"喂"数据，也就是通过大量图片进行训练，机器依然无法认出哪怕是一张很简单的图片。所以，拥有大量数据是人工智能的一个重要环节。

你可能不知道，我们每个人其实都给机器"投喂"过数据。比如，有时候你登录某个网站，网站上会让你识别模糊不清的文字和数字，甚至让你在图中找出各种稀奇古怪的东西。也许你以为这只是网站故意刁难你，但是也很有可能，这是网站在用你的肉体训练它的机器呢。你每点一次验证码，它就完成了一次机器学习。

现在，微软开发出了 ChatGPT，谷歌也紧跟着发布了大语言模型，可以预见，即便谷歌的算法和算力都超过微软，他的模型短时间内也不可能超过 ChatGPT，因为全世界众多用户给 ChatGPT"喂"了太多的数据。

人工智能的另一个重要基础是算力。在人工智能领域，所需要的计算难度并不大，比如，卷积运算就是简单的加法和乘法。但是由于图片是像素矩阵大，卷积核又多，计算工作依然很繁重。举例来讲，一张 800×600 的彩色图片，RGB 三种颜色，像素点有 144 万个之多。如果用 3×3×3 的卷积核做一次卷积，需要计算大约 1300 万次乘法和 1200 万次加法。这还只是用一个卷积核进行一次处理。在实际的训练中需要用成百上千张图进行成千上万次的训练。

由于训练和检验过程都比较慢，所以以前的人工智能软件基本不能实现实时处理。想想看几年以前，我们用的那些图像处理软件，是不是都要拍好照片才能处理，没办法实时美颜？

现在，一切都变了，人们发现了比 CPU 更好的处理方法。

CPU 就是计算机的中央处理器，它的特点是可以处理许多复杂的问题，但是并行能力差，只能算完一个再算另一个，就像 1 个老教授，什么都会算，但是你得一样一样来。

处理显示问题的显卡，里面装有的处理器叫作 GPU，GPU 的特点是它只能处理比较简单的问题，例如，图像渲染问题。但是它的并行能力非常强，就好像有 1 万个小学生。处理人工智能问题，其实大量的运算交给小学生就够了，所以人们就习惯了用 GPU 来计算人工智能。GPU 的典型的厂商是英伟达，曾经他只是一家专注游戏显卡的公司，随着人工智能时代的来临，英伟达成了时代的弄潮儿。

现在，我们有了更快的人工智能处理器——NPU（神经网络处理器），它是专门用来计算人工智能神经网络问题的，比 GPU 更加专一，效率也更高。这种处理器不光是 1 万个小学生，而且还有超能力，可以同时计算很多个加减乘除法。

人工智能技术是一种通用技术，它能让计算机帮助人类完成许多繁重的工作，从而极大地解放生产力。而 AI 芯片又是人工智能领域的根技术之一。所谓根技术，是那些能够衍生出并支撑着多个技术簇的技术，它可以持续为整个技术树提供滋养，在很大程度上决定着技术树的荣枯。

在历史上，发生过几次工业革命，每次工业革命都是以科学的突破和根技术的发展为基础。例如，18 世纪，牛顿力学和经典热力学出现了突破，瓦特（James Walt）改良了蒸汽机，带领人类进入了蒸汽时代，这就是第一次工业革命，它让英国成为日不落帝国。19 世纪末 20 世纪初，因为法拉第（Michael Faraday）发现了电磁感应，麦克斯韦（James Maxwell）阐明了电磁波原理，人类发明了发电机和无线电通信技术，让美国成为世界第一强国，这就是第二次工业革命。20 世纪中叶，因为电子技术、计算机技术的突破，人类迅速进入了电子时代，这就是第三次工业革命，日本抓住了机遇从战争的阴影中走出，一跃成为世界第二发达的国家。

前三次工业革命，中国都没有赶上。可是，现在世界正处在以无线互联网、人工智能、新材料、生物科技等技术为代表的第四次工业革命中。在这一次，我们希望中国人不会缺席，希望我们的民族企业能够在 5G、人工智能、新材料和生物科技技术方面发力，而这就需要各位企业家共同的努力。

第十章

全链数字化转型公共支撑体系

一、出台全链数字化转型国民经济体系整体图解指引

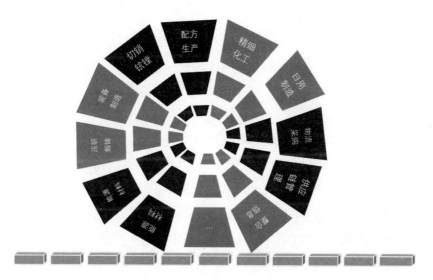

图 10-1　全链数字化国民经济体系整体图解示意①

　　如图 10-1 所示，下端长方体为国民经济体系产业长链，能源基础原材料、重工重化工、压延锻铸、装备制造、切削镟镗、配方生产、精细化工、日用制造、物流采购、供应链管理、整合信息技术。将此产业长链围起来形

---

　　① 　图片来源：课题组制作。

成一个闭合的饼图，其外围圈层为传统制造业，其二次圈层为传统存量制造业的数字化升级，或者数字替代产业部分，其三次圈层为数字产业化，或者为产业数字化提供数字化升级的核心数字企业、小微数字企业，甚至微微数字中介集聚，它们形成制造经济数字化升级成分当中完全不具备的新经济成分。他们是数字经济中的数字创造经济部分。一般而言，这一部分经济的投资报酬率比数字产业化的投资报酬率要高，通常称为蓝海经济部分。

在最核心的部分可以称为数据资源价值化部分，是数字经济的大脑和心脏，其投资报酬率一般称为普罗米修斯报酬率，比蓝海投资报酬率更高，它超越了行业隐形冠军和独角兽企业，是全球网络网格运营商或者称为巨无霸。过去 20 年间，中国的百度、阿里、腾讯和头条，某种意义上取得了这样的产业地位，在美国，特斯拉、微软、苹果、推特和脸书也取得了这样的产业地位。

显然，出台广东省制造业全链数字化转型升级整体图解指引变得非常重要，它是综合部门决策中心、各级政府以及经济人投资建设运营的最重要参考路线图。

二、建设公共品配套支撑体系

数字化转型升级在初期往往是创新环境的建设，而创新环境本身是一种公共品。公共品的建设具有沉没成本高、建设周期长、投资报酬率低、难于建设激励相容的高努力程度工作环境。一系列能够促进数字化转型升级的公共配套支撑体系，将会使数字化转型升级的建设速度加快。

目前看来，各国政府采取了以下的转型升级公共品配套政策支持。比如，2012 年美国的《数字政府战略》，2017 年英国政府的《数字英国战略》，以及大体上同一时间，印度、日本、澳大利亚、阿联酋、加拿大、德国等国家陆续发布的数字经济战略都是上述公共配套支持的内容。在制造业全链数字化转型升级方面，德国的"工业 4.0"、美国的《工业互联网战略》《中国制造 2025》最具代表性。

这些战略指引性的国家政策指引一般强调：

（1）科技创新主体的创新能力建设。例如，硅谷、慕尼黑的创新主体以中小企业为主，筑波以大型企业、大公司为主。

（2）强调数字关键共性及核心技术攻关机制建设。数字技术支持下的制造业创新中心将政府部门、科研机构、高校、企业、风险投资机构等加以整合。

（3）注重高端人才培育。硅谷、伦敦等全球著名科创中心十分注重对于高端人才的培育。美国两个最具代表性的科技创新城市是纽约和波士顿。旧金山、硅谷附近坐落着斯坦福大学、加利福尼亚大学等一系列世界名校。在科技创新人才的培养中，硅谷特别注重培养学生的创新创业精神。斯坦福大学在人才培养中十分注重文化氛围建设和课程建设，鼓励学生走出校门积极创业。作为英国的首都，伦敦这一世界级城市具有很强的人才吸引力。

（4）以政策兜底，为科技创新构建良好环境。英国执行宽松自由的人才流动政策，为创业人才的回流提供创业条件和宽松的环境。英国的人才评价体系不断完善，采用定性与定量相结合的评估方式对高等教育科研水平进行评价，评价结果对外公开，接受大众监督，具有较高的透明度和可信度。

（5）优化资源配置方式。科技创新资源配置是一个有机协调、动态开放的过程。处于创新中心的市场、社会、政府都需要在自己的组织内优化资源配置结构，政府应在管理体制上不断创新，企业作为科技创新主体应该参与到创新活动的方方面面，高校应该为科创人才提供源头动力的支持，科研机构应该深入基础研究，不断产出科研成果。目前科技创新资源的配置方式主要有自由配置、政府指令配置、协调互动配置三种方式。自由配置模式是西方资本主义国家首先主张并使用的一种资源配置方式，但局限是对于市场环境的要求较高，若市场环境较为闭塞、信息不对称，则其资源配置效果会受到较大负面影响。政府指令配置方式是指政府通过行政指示、命令和计划干预科技创新资源的配置，采用该配置方式的代表国家是挪威以及东欧和拉丁美洲的一些国家。这种方式是以政府的绝对配置为核心，政府从宏观上通过行政命令来约束和规范企业、高校和科研机构。

（6）注重创新生态环境建设。创新生态环境与不同的创新主体、创新要素和创新环境在特定的时间和空间内相互联系、相互依存，共同构成了创新生态系统。创新生态环境包括三个层面的构成内容：一是国家层面鼓励创新的各项政策和制度，包括激励机制、创新政策；二是市场层面的创新市场环境，包括金融环境、文化环境、人才环境等；三是企业及个人层面的创新意识、人才资源、竞争精神等。这些内容构成了创新生态环境的基本元素，通过各个类型的模式和学习，影响科技创新。一个充满活力且可持续发展的创新生态系统和创新生态环境，具备孕育一批世界级的创新企业和创新企业集群的潜力，增强制造业创新中心在其所在城市或地区的地位。

（7）建立科技创新评估体系。一般而言，对于一个科技创新的评估应当包含创新资源、创新投入、创新成果、创新产业、创新载体、创新文化、创新影响等指标，不同国家有不同的科技创新评估方法和分类。美国国家科学基金会（NSF）每两年发布一次科学与工程指标（Science and Engineering Indicators，SEI），作为分析美国及世界其他主要经济体创新能力的定量评价指标。其判断指标经过调查统计得出，体现在七方面：研究开发、学术研究开发、中小学科学教育、大学科学教育、工业技术和全球市场以及公众态度。美国智库团体美国信息技术与创新基金会（ITIF）发布了 3 种关于评价创新能力的指标，分别是大西洋世纪创新竞争力评价、国家新经济指标和全球创新政策指数报告。其中，大西洋世纪创新竞争力评价包括人力资本、创新能力、创业情况在内的 6 个一级指标以及 16 个二级指标；国家新经济指标评价体系包括知识密集型工作、全球化、经济活力、信息技术经济以及创新能力等 5 个一级指标及其 25 个二级指标；《全球创新政策指数报告》共评估了 7 个核心创新政策领域的 84 个子指标。英国的科技评估机构可以分为 3 类，分别是政府科技评估机构、研究机构和科技中介机构。评估对象主要是针对立项前、实施中期、计划结束后 3 个阶段的实施效果以及对科研人员、科技奖励申请的评估。

三、实施全链数字化转型考核及激励机制

未来 10 年到 15 年，是制造业数字化转型发展的关键期、升级期、突破期，重点建设创新载体、管理考核机制、产业扶持机制、联动创新机制、评估机制、金融体系等几方面加强探索、深化改革，以促进制造业创新中心发展不断走向成熟。

（一）强化载体创新——改革制造业创新平台建设机制

建设制造业创新中心目标是整合全产业链的研发创新资源，以产业链带动创新链，解决关键共性技术研发，促进技术成果转移扩散和首次商业化，最终形成以创新中心为核心节点的制造业创新网络。解决因政策扶持和制度选择设立部门不同而相互分割，科技创新和体制机制创新双轮驱动的效应不但没有显现出来，而且相互掣肘的中心发展现状。

为此建议：（1）政府统筹制订制造业创新中心发展规划，政府发挥这类研发载体建设的引领作用，在规划和起步阶段，不仅要主导平台的建设，还要出台有针对性的政策，明晰中心建设权责归属，鼓励平台的发展；在平台的发展和成熟阶段，政府要积极引导社会参与，尤其对效益性平台应引导他们营造自我造血功能，政府应逐渐退出平台。（2）政府在发挥引领作用的同时，积极转变职能，由执行者变为规划者、组织者和服务者，强化创新中心各主体间在研发性功能转化平台建设工作中的支撑功能，推进政府、市场和社会三者之间各司其职、协调发展、共同作用，打造符合国情、政情的"政府主导、市场能动、社会参与"的制造业创新中心建设新模式。

（二）强化管理创新——改革创新管理考核机制

制造业创新中心处于建设初期，在实践中相关管理制度边界不断被突破，运行机制、运营方式与各方注资问题不断涌现，各类管理办法等相关政策性文件亟待完善。

为此建议政府从以下两方面给予支撑：一是政府建立科学合理的制造业创新中心绩效考核体系，以可持续发展为根本目的进行宏观调控。二是制造业创新中心根据政府考核指标，建立具体的内部绩效管控和激励机制，将制造业创新中心建设目标与运营指标在内部转化，将指标分解落实到部门、责任人，直接与组织和个人绩效指标挂钩。通过过程绩效的有效管理，为制造业创新中心目标的实现提供过程保障。

（三）强化导向创新——改革产业扶持支持机制

制造业创新中心作为推动核心技术研发与商业化的新型机构，将成为我国经济社会持续快速发展的重要增长极，现有十大领域的制造业创新中心在进行集群聚集中应获得各个层面的政策扶持和特殊支持。

为此建议，从以下 3 方面给予支撑：（1）税收政策方面。对于协同创新的技术密集型产品应在增值税和消费税上给予税收优惠，甚至采用税收减免政策，对于协同创新能力属性强的创新中心及牵头单位经认定后应给予企业所得税方面的税收优惠。（2）财政金融政策方面。由于制造业创新中心的培养初期，需要大量的资金投入，并伴随着极高的风险，企业协同创新的积极性并不是很高。为了降低在价值投资策略中投资标的的科技成果转化过程中的失败概率，广东可以设立战略性引导基金，针对科技成果中试风险大、中试资金来源困难等问题，在全国范围内寻求顶尖技术企业、高校、科研院所进行邀约，解决科技成果中试难的问题并储备核心技术。（3）人才引进政策方面。由于制造业创新中心需要高智力支持，人才的供给为协同创新提供了重要的保证。因此，对人才引进，政府应在住房安置等方面给予相应政策倾斜，同时也可出台力度更大的高层次专业人才奖励补贴等政策。

（四）强化联动创新——深度改革制造业的赋能机制

广东省以及整个大湾区有雄厚的制造业基础，传统制造业向高端制造业全面转型升级是必然的发展趋势。西方发达国家在制造业赋能方面，是一个"串联式"的发展过程，数字化、网络化、智能化是西方顺序发展的三个阶段。我们不能走西方顺序发展的老路，用几十年时间充分发展数字化制造之后，再发展数字化网络化制造，进而发展新一代智能制造，这样就无法完成我国制造业转型升级的历史任务。广东必须充分发挥后发优势，采取"并联式"的发展方式，推动数字化、网络化、智能化"并行推进、同步发展"。

为此，建议政府相关部门采取有力措施，一是坚持"创新引领"，直接利用互联网、大数据、人工智能等最先进技术，瞄准高端制造业方向，加快研究、开发、推广、应用新一代高端制造技术，推进现代信息技术和制造技术的深度融合，走出一条推进转型的新路。二是循序渐进推进企业的智能升级，充分利用广东推进"互联网+制造"的成功实践给我们提供的重要启示和宝贵经验，企业根据自身发展的实际需要，"以高打低、融合发展"，采取先进的技术路线解决传统制造问题，不断加入各种新技术，提高丰富完善

"互联网+制造"水平，扎扎实实地完成数字化"补课"过程，向更高的智能制造水平迈进。

（五）强化评价创新——改革中心评估机制

对照国际政策体系，扫除创新要素流动的制度性障碍，促进创新要素的双向流动，有效利用全国科技资源，提高创新质量和效率。增强区域创新政策性，让创新政策的资助、贷款和税收减免等政策工具与国际形势和贸易规则相适应。

为此，建议完善内部科技评价体系，尤其要调整高精尖端科技研发的评价导向。具体包括两方面：在基础科研与转化方面，要避免"唯论文"的评价体系，让科研人员可以在较长的研究周期下，完成整个技术开发与产业应用，适当减少科研人员在论文方面精力和时间的投入。在强化科技投入方面，要减轻 GDP 增长的考核压力，进一步完善主导企业与研发机构的成长评价体系，将中心自主研发、实现成套设备自主可控、掌握核心技术等作为中心发展的重要评价指标。

（六）强化杠杆创新——改革产业基金运作机制

自 20 世纪 90 年代产业投资基金的概念进入我国以来，其发展也烙印了"中国特色"。

为此，建议广东省参考中国市场现有的三种产业投资基金（行业类、地域类及综合类）对制造业创新中心进行基金设置。行业类产业投资基金，投资对象为某一特定行业，通常是投资管理机构擅长的领域，通过组建专业团队，重点关注特定的行业并在其细分行业中形成竞争优势，整合十大产业链上下游。典型实例包括中国航空产业投资基金、中国文化产业投资基金、九鼎矿业基金等。地域类产业投资基金，专注某一地区发展，以某些特定地域中的企业作为投资对象。此类基金中 LP 主要为区域性的政府财政、企业及自然人，这类基金意在起到搭建区域内投融资平台、扶持当地中小企业发展的作用。地域型产业投资基金的发起人通常与当地政府有很紧密的联系，典型的地域类产业投资基金包括建银国际所管理的皖江城市带承接产业转移投资基金、黄河三角洲产业投资基金等。综合类产业投资基金，其投资并不局限于某一行业或地域，而是广泛关注全国各地具有高增长潜力未上市的企业。其中的典型包括渤海产业投资基金、中信产业投资基金、招商湘江产业投资基金等。同时，产业链金融也要根据其特点进行金融产品设计，如票据类产品应在其产业特色下，配套合适其发展的多层次长链金融。

第十一章

全链数字化转型的政策性建议

一、政策性建议原理

政策性建议的三原则是：（1）站在全社会角度，提出广东省全链数字化转型的"进入—退出"条件——激励惩罚机制；（2）站在产业成长角度，提出数字化转型升级过程中投资与制造业的机会成本均等条件；（3）提出制造业转型升级的同时，核心企业—潜力成长企业—传统中小微企业的支持计划。在此三原则基础上，国民经济体系成长将获得最大收益。

二、出台制造业数字化升级的风险防范措施并引导支持厂商共同体建立序列性关键共性技术创新平台

对转型后处于先进制造领域的企业，最大的问题在于，虽然它们是鼓励进入并加速成长的对象，但由于处在"专精特新"领域，细分方向上的盈利模式、竞争模式和成长模式极其不稳定，成长的风险时刻伴随着这类企业，关键共性技术的公品平台（非公品平台）变得非常重要。比如，广东省核心城市正在建设的制造业创新中心仅仅是这种公品平台的很少一部分。成序列地沿产业链上下道工艺顺序设置超出单个企业建设能力，支持一组（处在同一产业链条上）或者数组（处在不同产业链条上或者相邻产业链条上）的厂商联合起来建立关键共性技术平台。目前，这种平台的建设瓶颈在于从高校里的"基础实验室—专项实验室—特种实验室"向"创意工坊—创客空间—厂商实验室（实验室初样、放样、正样）"再向"孵化器—加速器（工业

级产品 1，工业级产品 2）"，并最终向产品大市过渡。

三、出台传统制造业领域"小微—微微实体"能够分享到数字化场景下行为再造、激励高努力程度的远程开源机制平台及支持措施

对处在传统制造业领域的厂商，它们处在政策组合罚出的状态下，普通的政策主要是培训升级。比如，制鞋、制帽、制衣、小五金类厂商、众多公共部门及行业协会在为它们提供传统主流支持的基础上，比如，培训从工业2.0（ERP 流程数字化）向工业 3.0（柔性操作及无人工厂与 ERP 软件无缝对接）过渡，在前二者合一的基础上，向工业 4.0 迈进（工业 2.0—3.0 数字化资源在安全可靠、评估确权、授信增级、托管置换、法律会计关联等基础上入格上网行云），更需要以班组和功能单元的核心岗位在开源三机制平台上互动、激励耦合，在高努力状态下创新成长。

四、出台核心战略型企业稳健数字化转型做优做强支持方案

对超大企业集团市场占有量大、就业量大、利润收窄但仍有可观总量规模的行业龙头企业，鼓励它们采取"一厂两制"的方法，老产品、老管理、老方法但仍然行之有效，采取基金支持政策、利润返还政策及鼓励做优做强政策；新产品、新管理、新办法采取专精特新项目支持路径，并对一厂两制、并轨运行及转型合一运行的企业提供全方位的政策扶持，确保全链数字化转型过程中"战略型—规模型—收益型"厂商稳健转型，出台这类企业的稳健转型方案。

五、出台广东省制造业全链数字化转型产业群成长协同发展所需的环境政策

出台"高新企业—中小微企业—战略核心企业"底层技术支持措施，尽快完善数字基础设施三群建设，配套数字基础设施三群之上派生的一次数据原材料（散装数据）、二次制造（结构化数据）、三次服务化数据（精细配方类数据）期限性年度行动计划，在产业链及产业群协同成长的意义上为广东省制造业全链数字化转型提供优质环境。

六、出台"公益性—产业成长性—厂商项目性"复合型基金

完成上述政策支持需要全链数字化转型配套基金。该基金应该以"公益性—产业成长性—厂商项目性"为目标。过去 40 年间，广东省制造业发展与对标省市比较就是缺少一批重大项目、超级企业和核心骨干产业链条。该基金应该在"战略—核心—重大"等全球制造业中心建设意义上落笔。

第十二章

附　件

一、广东省各市全链数字化转型的政策举措

（一）广州市全链数字化转型的政策举措

"广州制造"一直以来都是广州的闪亮招牌，从制造业门类、工业产值增长、先进制造业和高技术制造业发展等方面无不体现广州制造业的发展成绩。在制造业门类方面，作为华南地区工业门类最齐全的城市，广州拥有41个工业大类中的35个；在工业产值增长方面，10年来，广州规模以上工业增加值从3806亿元增长到5086亿元，规模以上工业总产值从15037亿元增加至22567亿元，年工业投资额从578亿元增加至1101亿元；在先进制造业发展方面，2021年，全市先进制造业增加值占规模以上制造业增加值比重首次突破65%，广州规模以上工业增加值同比增长7.8%，且高技术制造业增加值同比增幅达25.7%。

广州制造业的不断发展，离不开广州市相关政府部门的统筹规划和大力支持。党的十八大以来，广州市全面实施先进制造业强市战略，在2017年提出"实施制造强市战略"，到2022年更在政府工作报告明确"产业第一、制造业立市"的目标。其中，在制造业全链数字化转型方面，广州市政府相关部门也制定和实施了一批具有广州特色的制造业全链数字化转型相关政策举措，具体如图12-1和表12-1所示。

首先，从政策时间线来看（如图12-1），广州市政府在制造业全链数字化转型方面的政策主要可以分为两个阶段。第一个阶段的政策侧重点是对本

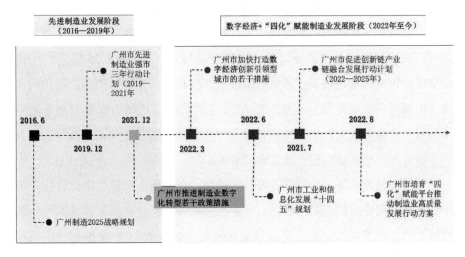

图 12-1　广州市政府制造业全链数字化转型相关政策时间线

土先进制造业发展的规划，包括 2016 年颁布的《广州制造 2025 战略规划》和 2019 年颁布的《广州市先进制造业强市三年行动计划 （2019—2021年）》。第二个阶段则是包括数字经济和"四化"融合推动制造业高质量发展，在第一阶段和第二阶段之间，广州市颁布了专门针对制造业数字化转型的政策文件，凸显了数字化转型的重要性。

其次，从政策工具视角对广州市制造业全链数字化转型一些代表性政策举措进行分类和特点分析。如表 12-1 所示，广州市在制造业全链数字化转型方面的政策分类大体与广东省省级政府相似，还是以需求型、供给型和环境型政策为主，总体而言，这些政策举措有以下三个特点。

第一，聚焦广州本土优势产业。广州在全链数字化转型政策中始终坚持以广州的汽车制造、高端装备、家居、生物医药等优势行业转型为重点，如在 2022 年颁布的《广州市加快打造数字经济创新引领型城市的若干措施》中就提到"加速数字技术与制造业融合发展"，要"重点深化汽车制造、智能家居等优势产业应用"，以及在 2022 年颁布的《广州市培育"四化"赋能平台推动制造业高质量发展行动方案》等政策中，多次提出的开展"六大行动（智车、强芯、亮屏、融网、健药、尚品行动）"。

第二，重视产业链和供应链在转型中的协同作用。广州在数字化转型相关政策中多次强调以"链长制"为抓手，支持"链主"企业发挥龙头带动作用，构建以数字经济为引领的现代工业和信息化产业体系，如在 2022 年颁布的《广州市促进创新链产业链融合发展行动计划（2022—2025 年）》中提出坚持"围绕产业链部署创新链、围绕创新链布局产业链"两条路径协同共进，把握新兴产业发展主动权。在 2022 年颁布的《广州市推进制造业数字化转型若干政策措施》中提出依托重点产业"链长制"工作推进机制，提升产业链协作效率和供应链一体化协同水平。

第三，精准施策，分类推进数字化转型。在广州市全链数字化转型政策中，多次强调要根据不同产业链、行业、企业特点，分类制定和采取不同的政策举措，助推制造业企业全链数字化转型，如在 2022 年颁布的《广州市推进制造业数字化转型若干政策措施》中提出推进制造业数字化发展，要"一链一策""一行一策"和"一企一策"，在 2022 年颁布的《广州市培育"四化"赋能平台推动制造业高质量发展行动方案》中按照"专精特新"企业、中小企业、龙头骨干企业等不同类型企业各自制定"四化"培优育强工程。

表 12-1　广州市制造业全链数字化转型的代表性相关政策举措

政策分类	二级分类	时间	具体内容	来源文件	颁布部门
需求型	社会宣传	2021 年 12 月	提出加强宣传引导。在公共媒体、公共场所、公共渠道加强制造业数字化转型宣传，举办制造业数字化转型专题论坛，促进国内外交流。支持建设工业互联网展示中心，宣传推广数字化转型优秀案例	《广州市推进制造业数字化转型若干政策措施》	广州市人民政府
	政府鼓励	2021 年 12 月	培育工业互联网平台。提出对于平台企业被国家工业和信息化部门评选为跨行业跨领域综合型工业互联网平台的，一次性奖励 500 万元；被评选为国家级特色型或专业型工业互联网平台的，一次性奖励 300 万元	《广州市推进制造业数字化转型若干政策措施》	广州市人民政府

续表

政策分类	二级分类	时间	具体内容	来源文件	颁布部门
供给型	基础设施建设	2021年12月	提出夯实数字化转型基础设施。包括"一园一策"加强产业园区内外网络建设；加快工业互联网标识解析体系建设；培育工业互联网平台	《广州市推进制造业数字化转型若干政策措施》	广州市人民政府
	人才培养	2022年8月	实施"四化"技能人才培训工程，依托工业互联网平台建设制造业数字化人才公共实训基地，搭建"四化"人才智库，推动产教融合，开展产业人才专场招聘	《广州市培育"四化"赋能平台推动制造业高质量发展行动方案》	广州市工业和信息化局
	技术创新支持	2021年12月	开展技术创新行动，包括支持工业软件的研发及应用推广和发展智能硬件及装备	《广州市推进制造业数字化转型若干政策措施》	广州市人民政府
	资金投入	2022年8月	搭建产业智库、行业联盟和协会等平台机构，对成立全国性行业协会、产业智库的可按照规定给予一次性奖励，通过政府购买服务等方式促进行业协会发展。对各产业链企业和行业协会牵头举办的各类产业活动，符合条件的，可按照规定给予一定比例的补助。推进产业基础再造。按相关规定对首台套重大技术装备、首批次新材料、首版次软件的销售推广予以一定比例资金支持。同时鼓励和引导企业采购应用新产品，对企业购买上述新产品的，给予一定补贴	《广州市培育"四化"赋能平台推动制造业高质量发展行动方案》	广州市工业和信息化局

续表

政策分类	二级分类	时间	具体内容	来源文件	颁布部门
环境型	法规管制	2022年7月	在科技产业金融融合行动中提出，探索市场化投资管理制度和激励制度，完善国有投资基金的容错机制	《广州市促进创新链产业链融合发展行动计划（2022—2025年)》	广州市人民政府办公厅
	目标规划	2022年5月	建立了广州市工业和信息化发展"十四五"规划指标体系，针对规模结构、创新驱动、质效提升、数产融合和绿色发展每一个一级指标提出具体的发展规划和目标值，如提出先进制造业增加值占规模以上工业增加值比重到2025年要实现65%	《广州市工业和信息化发展"十四五"规划》	广州市人民政府办公室
	营商环境	2022年8月	搭建平台化服务体系。以"服务企业提升年"行动为抓手，成立专责服务组，深入300家重点工信企业生产一线"摸实情、问需求、解难题"，动态掌握企业生产经营、项目建设情况，及时收集和解决企业困难诉求	《广州市培育"四化"赋能平台推动制造业高质量发展行动方案》	广州市工业和信息化局
	标准体系完善	2021年12月	支持制造业企业、行业协会等参与、制定制造业数字化领域相关国际、国家、行业标准和团体标准，建立数字化转型规范标准	《广州市推进制造业数字化转型若干政策措施》	广州市人民政府

（二）深圳市全链数字化转型的政策举措

深圳制造业发达，表现为制造业企业上榜数量多、工业总产值与增加值跃升大、先进制造业与高技术制造业占比大。首先，深圳制造业企业上榜数量占比大。在"广东制造业企业 100 强"榜单中，广州、深圳上榜企业占近七成，其中，深圳以 51 家位居上榜企业数量第一。其次，深圳工业总产值与增加值跃升大。深圳规模以上工业总产值从 2011 年的 2 万亿元，跃升到 2021 年的逾 4.1 万亿元，稳居全国大中城市首位。10 年间，工业增加值从 5091.4 亿元增长至 10356.03 亿元，增长了一倍。最后，深圳的先进制造业以及高技术制造业占比大。数据显示，深圳先进制造业、高技术制造业占规模以上工业增加值比重分别达 67.6%、63.3%。

制造业是实体经济的主体，是城市经济发展的根基和综合实力的体现。深圳制造业取得佳绩，离不开深圳市各部门的统筹兼顾。例如，在制造业发展方面，深圳市人民政府重视制造业的发展，在政府工作中指出要推动制造业高质量发展，坚定不移地打造制造强市。在制造业数字化转型方面，深圳市信息与工业化局出台《深圳市数字经济产业创新发展实施方案（2021—2023 年）》，助力深圳制造业转型升级。下文将从政策时间线和政策特点两个视角对各部门出台的政策进行划分。

首先，从政策时间线来看，如图 12-2 所示，较为直接相关的深圳市制造业全链数字化转型的相关政策始于 2021 年，为由深圳市工业和信息化局颁布的《深圳市数字经济产业创新发展实施方案（2021—2023 年）》。该政策以围绕数字经济产业创新发展为主，对工业互联网产业发展和深化制造业数字化转型提出具体的实施方案。在接下来的两年中，关键的政策举措包括 2021 年 2 月的《关于推动制造业高质量发展坚定不移打造制造强市的若干措施》和 2022 年 8 月的《深圳经济特区数字经济产业促进条例》。总体而言，这一阶段的深圳市政府主要从数字经济发展和制造业高质量发展两个主题切入全链数字化转型。

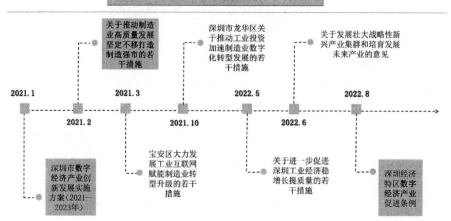

图 12-2　深圳市政府制造业全链数字化转型相关政策时间线

其次，在政策内容方面，如表 12-2 所示，从政策工具视角对政策举措进行分类，深圳市在全链数字化转型相关举措同样主要集中在需求型、环境型和供给型政策三种。需求型政策方面，政府主要通过激励产品创新来促进制造业数字化转型；环境型政策方面，主要通过目标规划和标准体系完善来推动制造业数字化转型；供给型政策方面，则通过基础设施建设，法规完善，技术创新支持，资金投入和人才培养来促进制造业数字化转型。

表 12-2　深圳市制造业全链数字化转型的代表性相关政策举措

政策分类	二级分类	发布时间	总体要求/主要目标	来源文件	颁布部门
需求型	政府鼓励	2021年2月	加大创新产品推广力度。实施"三首"工程，编制重大技术装备首台（套）、新材料首批次、软件首版次推广应用指导目录，按一定期限内产品实际销售总额给予研制单位不超过30%，最高1000万元奖励	《关于推动制造业高质量发展坚定不移打造制造强市的若干措施》	深圳市人民政府

政策分类	二级分类	发布时间	总体要求/主要目标	来源文件	颁布部门
环境型	目标规划	2021年1月	以"数字产业化"和"产业数字化"为主线，从供给侧和需求侧双向发力。到2023年，我市数字经济产业位居全国大中城市前列，数字产业化和产业数字化水平大幅提升，成为推动我市经济社会高质量发展的核心引擎之一	《深圳市数字经济产业创新发展实施方案（2021—2023年）》	深圳市工业和信息化局
	标准体系完善	2021年2月	提出完善制造业创新体系。布局建设一批制造业创新中心，发挥国家高性能医疗器械创新中心作用，在未来通信高端器件、超高清视频、智能化精密工具等领域争创国家级制造业创新中心	《关于推动制造业高质量发展坚定不移打造制造强市的若干措施》	深圳市人民政府
	目标规划	2022年12月	规范制造业数字化转型咨询诊断项目扶持计划的组织实施，提高专项经费的管理水平和使用效益，有序推进制造业数字化转型咨询诊断项目，实现以数字化转型咨询诊断引领数字化转型，助力深圳制造业高质量发展的产业政策目标	《深圳市工业和信息化局制造业数字化转型咨询诊断项目扶持计划操作规程》	深圳市工业和信息化局

政策分类	二级分类	发布时间	总体要求/主要目标	来源文件	颁布部门
供给型	基础设施建设	2021年2月	以工业互联网引领数字化转型。加快工业互联网基础设施建设，实施"5G+工业互联网"工程，完善工业互联网标识体系	《关于推动制造业高质量发展坚定不移打造制造强市的若干措施》	深圳市人民政府
	法规完善	2021年2月	规范行政执法行为，探索建立行政执法辅助人员管理制度，严禁无执法权的机构和人员实施执法行为。编制柔性执法方式。完善失信联合惩戒对象纳入标准和程序，建立完善信用修复机制	《关于推动制造业高质量发展坚定不移打造制造强市的若干措施》	深圳市人民政府
	技术创新支持	2021年1月	提升科技创新引领能力。充分发挥企业创新主体作用，增强原始创新能力，聚焦云计算、大数据、人工智能、区块链、信息安全等前沿高端领域，培育国际一流、国内领先的优势核心技术突破和共性关键技术研发能力	《深圳市数字经济产业创新发展实施方案（2021—2023年）》	深圳市工业和信息化局
	资金投入	2021年1月	统筹战略性新兴产业、科技创新、工业互联网、电子商务、金融、文化等领域财政专项资金，优化调整重点支持领域和方向，加大对重点企业和重大项目的支持力度	《深圳市数字经济产业创新发展实施方案（2021—2023年）》	深圳市工业和信息化局

政策分类	二级分类	发布时间	总体要求/主要目标	来源文件	颁布部门
供给型	人才培养	2021年1月	大力引进国内外数字经济产业高层次人才来深圳工作,加快制定并落实配套保障政策,努力做好子女入学、住房保障、税收优惠等公共服务。充分发挥本地高校、职业院校、科研院所的带动牵引作用,加快开设数字经济产业相关的专业或课程,积极与企业合作共建人才培养基地,建立校企人才对接机制	《深圳市数字经济产业创新发展实施方案(2021—2023年)》	深圳市工业和信息化局
	基础设施建设	2022年9月	深化数字经济产业国际合作。将加强同国内其他区域数字经济产业合作,积极融入国内国际双循环。支持数字经济产业生态主导型企业发起设立国际性产业与标准组织,吸引数字经济领域国际性产业与标准组织迁址深圳或者在深圳市设立分支机构,鼓励深圳企业和其他组织参与制定国际产业标准。提升跨境通信传输能力和国际数据通信服务能力,推动深圳建设成为国际数据枢纽中心	《深圳经济特区数字经济产业促进条例》	深圳市第七届人民代表大会常务委员会
	基础设施建设	2021年3月	推进制造强国战略,加快建设深圳国际科技产业创新中心,规范深圳市制造业创新中心的建设和管理	《深圳市工业和信息化局关于制造业创新中心建设管理细则》	深圳市工业和信息化局

(三)佛山市全链数字化转型的政策举措

佛山是一座以制造业闻名全国的城市,制造业发展水平在全省位居前列。2022 年规模以上工业增加值在全国地级市中排在第 2 位，在工业和信息化部公布的 45 个国家先进制造业集群名单中，涉及佛山的就占 3 个，分别为广佛惠超高清视频和智能家电集群、广深佛莞智能装备集群、佛莞泛家居集群。近年来，佛山市发布多项政策推动制造业全链数字化转型，可从政策时间线和政策内容两个维度对这些政策举措进行分析。

首先，从政策时间线来看，如图 12-3 所示，佛山市在全链数字化转型的相关代表性政策举措始于 2020 年，大体可分为两个阶段。在第一个阶段，佛山市相关政策举措的关键词为"互联网+先进制造"，推动工业企业上云上平台，奠定数字化转型基础。在第二个阶段，佛山市政府逐步建立起一系列全方位的政策体系，服务工业企业数字化转型，典型举措包括建立制造业创新服务中心、成立专项领导小组和金融支持等。

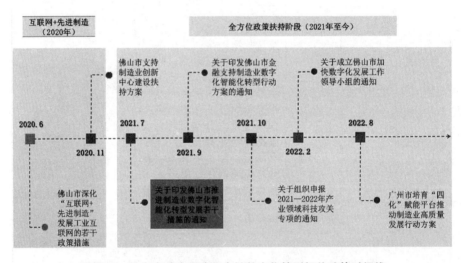

图 12-3　佛山市政府制造业全链数字化转型相关政策时间线

其次，在政策内容上，如表 12-3 所示，佛山市相关政策举措以政策工具视角分类如下，从内容上主要有两大类特点，第一类是战略引导方面的政策。佛山市政府积极发挥引导作用，推出一系列政策举措，如 2022 年佛山市人民政府办公室发布的《关于成立佛山市加快数字化发展工作领导小组的通知》、2020 年佛山市工业和信息化局发布的《佛山市支持制造业创新中心建设扶持方案》和 2021 年佛山市人民政府发布的《关于印发佛山市推进制造业数字化智能化转型发展若干措施的通知》等政策。

第二类是经济扶持方面的政策，由于制造业企业进行数字化转型需要大量的资金投入，故佛山市政府机构也对此推出相应举措，如2021年佛山市金融工作局发布的《佛山银保监分局人行佛山市中心支行市金融工作局关于加强银行业机构首贷户拓展和培育工作的通知》、2021年佛山市金融工作局发布的《关于印发佛山市金融支持制造业数字化智能化转型行动方案的通知》等政策。

表 12-3　佛山市制造业全链数字化转型的代表性相关政策举措

政策分类	二级分类	发布时间	总体要求/主要目标	来源文件	颁布部门
需求性	社会宣传	2020年6月	支持建设工业互联网产业示范基地，开展工业互联网公共服务。对工业互联网产业发展提供技术咨询、专业培训、应用推广、政策宣讲、信息产业数据统计等公共服务的机构（企业），采用事后补助的方式进行奖补	《佛山市深化"互联网+先进制造"发展工业互联网的若干政策措施》	佛山市工业和信息化局
供给型		2021年10月	支持全面建设国家创新型城市促进科技创新推动高质量发展，成立专项支持"制造业数字化智能化""人工智能＋工业制造""激光＋工业制造"三个专题	《关于组织申报2021—2022年产业领域科技攻关专项的通知》	佛山市科学技术局
供给型	资金投入	2020年6月	参照省工业互联网标杆示范项目评审标准，开展我市标杆示范项目认定，每年认定不超过30个（含）市级标杆项目，按不超过项目已投入金额的30%（含）进行奖补，单个项目奖补最高不超过300万元（含）。对于入选省级以上（含省）工业互联网标杆示范项目的佛山本地项目，按市级工业互联网标杆示范项目予以奖励，若该项目已获得上级补助，则上级补助资金和市级补助资金的总额不超过项目已投入金额的50%（含）	《佛山市深化"互联网+先进制造"发展工业互联网的若干政策措施》	佛山市工业和信息化局

政策分类	二级分类	发布时间	总体要求/主要目标	来源文件	颁布部门
供给型	技术创新支持	2020年12月	贯彻创新驱动发展战略，加强我市制造业创新能力建设	《佛山市支持制造业创新中心建设扶持方案》	佛山市工业和信息化局
环境型	金融支持	2021年9月	积极鼓励加大对制造业实施数字化智能化转型升级的信贷支持力度，创新适合制造业转型发展的"数字贷"金融产品，积极拓展制造业转型升级首贷户，加大制造业数字化智能化发展首贷户拓展力度	《佛山银保监分局人行佛山市中心支行市金融工作局关于加强银行业机构首贷户拓展和培育工作的通知》	佛山市金融工作局
	策略性措施	2022年2月	加强对我市数字化发展工作的组织领导，研究制定佛山市加快数字化发展的政策措施	《关于成立佛山市加快数字化发展工作领导小组的通知》	佛山市人民政府办公室

（四）东莞市全链数字化转型的政策举措

制造业是东莞市的立市之本与核心竞争力所在，目前已形成新一代电子信息、高端装备制造、纺织服装鞋帽、食品饮料、家具等一批优势产业集群。其中电子信息产业集群达到万亿级规模，装备制造、新材料、食品饮料、纺织服装鞋帽已发展成4个千亿规模产业集群。东莞市制造业的发展，离不开相关政策的扶持，下文从政策时间线和政策特点两个维度对东莞市制造业数字化转型相关政策进行分析。

首先，如图12-4所示，从政策时间线来看，东莞市制造业全链数字化转型的相关政策主要分为两个阶段。第一个阶段为2018—2020年，在第一个阶段，东莞市相关政策的侧重点较多，如供给侧改革和降本增质等。第二个阶段为 2020 年至今，这阶段政策的侧重点主要在制造业的高质量发展。

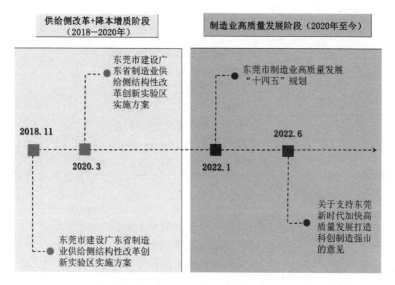

图 12-4 东莞市政府制造业全链数字化转型相关政策时间线

其次，在政策的特点上，如表 12-4 所示，相比于其他地区，东莞市制造业企业数字化转型的相关政策较多关注在其电子信息产业的龙头支持产业上。一方面，东莞市将继续巩固新一代电子信息产业战略性支柱产业地位，推进新一代电子信息产业在强链控链中向高端跃升，如在 2021 年颁布的《东莞市制造业高质量发展"十四五"规划》中强调全力打造万亿规模的世界级电子信息产业集群，继续成为东莞市制造业强核立柱的稳定器。另一方面，东莞市也着力改善电子信息制造业"一业独大"带来的产业结构隐忧，如在 2022 年颁布的《关于支持东莞新时代加快高质量发展打造科创制造强市的意见》中强调打造制造业高质量发展示范区，构建多元支撑的产业体系，在 2020 年颁布的《东莞市建设广东省制造业供给侧结构性改革创新实验区实施方案》中创新新旧动能接续转换机制，重点聚焦支柱产业相对单一的关键制约，围绕提升传统产业，培育新兴产业。

表 12-4　东莞市制造业全链数字化转型的代表性相关政策举措

政策分类	二级分类	时间	具体内容	来源文件	颁布部门
需求型	社会宣传	2021 年 12 月	建设制造业数字化转型赋能中心。依托赋能中心创新开展转型案例推广、数字化能力输出、产品服务体验、人才培训交流等服务	《东莞市制造业高质量发展"十四五"规划》	东莞市人民政府办公室
	贸易规制		全面提高对外开放水平。高水平办好中国加工贸易产品博览会等展会，加大对高成长性工业外企支持力度，建立重点跨共公司"白名单"制度		
供给型	基础设施建设	2021 年 12 月	加快新型基础设施建设。包括加快 5G 基站建设，加强融合基础设施发展，推动新一代信息技术对制造业重点领域的赋能作用全面提升。加快建设智能制造基础设施，以工业互联网网络、节点和平台建设为核心，推进物联网、互联网、云计算、大数据、人工智能等新一代信息技术与制造业深度融合	《东莞市制造业高质量发展"十四五"规划》	东莞市人民政府办公室

政策分类	二级分类	时间	具体内容	来源文件	颁布部门
供给型	人才培养	2020 年 3 月	优化人才发展。重点围绕人才引进培养、现代高校办学、基础教育发展等方面进行创新,通过高起点新机制建设大湾区大学等具体措施,不断增强吸引集聚先进制造业的"软实力"	《东莞市建设广东省制造业供给侧结构性改革创新实验区实施方案》	广东省委全面深化改革委员会
		2021 年 12 月	提出以人才为本,打造制造业人才集聚新高地。建立立体化制造业人才政策体系、制定重点产业高端人才开发路线和加快制造业数字化人才培养等	《东莞市制造业高质量发展"十四五"规划》	东莞市人民政府办公室
环境型	策略性措施	2021 年 12 月	统筹安排新一代电子信息产业空间布局,选址发展临深新一代电子信息产业基地,建立东莞市 5G 产业园	《东莞市制造业高质量发展"十四五"规划》	东莞市人民政府办公室
	目标规划	2022 年 8 月	支持建设国家先进制造业集群,重点培育万亿元级电子信息、五千亿元级装备制造产业,打造一批千亿元级支柱产业,力争到 2025 年新增 5 个千亿元级产业集群	《关于支持东莞新时代加快高质量发展打造科创制造强市的意见》	中共广东省委、广东省人民政府
	财务金融		在提升金融服务实体经济能力方面,提出加快推动本外币合一跨境资金池试点业务、贸易融资资产跨境转让等业务落地,加快落地实施合格境外有限合伙人(QFLP)和合格境内有限合伙人(QDLP)试点政策		

（五）珠海市全链数字化转型的政策举措

作为全国首批经济特区之一，珠海市的制造业发展水平在全省位居前列。在赛迪顾问发布的《2022 中国先进制造业 100 强市全名单》中，珠海市排在全国第 21 名，广东省第 4 名，主要表现在发展速度、支柱性产业、高技术制造业等方面。珠海市制造业一直保持快速增长态势，2022 年 1—8 月，珠海市完成规模以上工业增加值 956.30 亿元，同比增长 7.5%；支柱性产业、高技术制造业保持良好的发展态势，七大支柱产业实现增加值 771.63 亿元，增长 10.2%，占规模以上工业增加值比重的 80.7%；全市高技术制造业、装备制造业、先进制造业同比增长分别为 9.6%、11.1% 和 10.0%。珠海的制造业发展，离不开一系列产业政策的落地和见效，在 2021 年 12 月，珠海市第九次党代会中，把"产业第一"摆在全市工作总抓手的首位，产业被推上了前所未有的位置。

首先，从政策时间线来看，珠海市制造业全链数字化转型的相关政策可分为两个阶段，如图 12-5 所示。第一个阶段的时间为 2020—2021 年，政策的侧重点主要集中在制造业的高质量发展。第二阶段则主要围绕"产业第一"，推动制造业数字化转型。

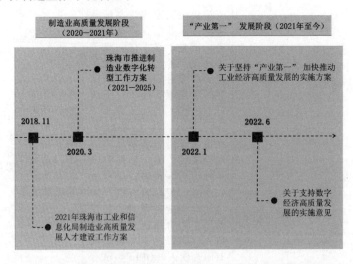

图 12-5　珠海市政府制造业全链数字化转型相关政策时间线

其次，从政策工具视角分析珠海市相关政策的特点，并对珠海市相关政策进行分类，如表12-5所示。在制造业全链数字化转型相关的政策举措中，与其他省市地区相比，珠海市将产业集群建设摆到了很高的位置。这是珠海聚焦做大新一代信息技术、新能源、集成电路、生物医药与健康主导产业，做强智能家电、装备制造、精细化工三大优势产业的战略目标，努力突破本地城市占地面积相对较少、经济规模偏小和辐射带动力不足的关键举措。例如，在2021年颁布的《珠海市推进制造业数字化转型工作方案（2021—2025）》中，推动制造业数字化转型的第一点要求即为打造特色产业数字化转型集群，在2022年颁布的《关于坚持"产业第一"加快推动工业经济高质量发展的实施方案》中的六大攻坚任务，位列第一的即为立柱攻坚行动，打造产业集群。

表 12-5　珠海市制造业全链数字化转型的代表性相关政策举措

政策分类	二级分类	时间	具体内容	来源文件	颁布部门
需求型	社会宣传	2021年9月	加大对优秀企业家，优秀制造业人才的宣传力度，引导全社会树立尊重劳动、尊重知识、尊重技术的观念，为制造业人才成长发展营造良好氛围	《2021年珠海市工业和信息化局制造业高质量发展人才建设工作方案》	珠海市工业和信息化局
	政府鼓励	2022年8月	完善工业互联网平台体系。支持格力电器等龙头企业打造国家级跨领域跨行业工业互联网平台，鼓励电子信息制造、石油化工、打印耗材、生物医药等重点领域骨干企业牵头建设N个行业级工业互联网平台	《珠海市人民政府关于支持数字经济高质量发展的实施意见》	珠海市人民政府

续表

政策分类	二级分类	时间	具体内容	来源文件	颁布部门
供给型	基础设施建设	2021年10月	加快数字化基础设施建设，包括加快5G网络规划建设、支持工业园区、产业聚集区数字化改造和支持重点领域企业内部网改造升级	《珠海市推进制造业数字化转型工作方案（2021—2025）》	珠海市工业和信息化局
	资金投入	2020年3月	为应对疫情，加快制造业竞争力提升，对满足主营收入、企业规模条件的制造企业，给予不同层级的资金奖励	《珠海市关于应对疫情加快提升制造业竞争力政策措施》	珠海市工业和信息化局
	人才培养	2021年10月	完善人才体系，积极开展制造业人才服务工作。组织工业互联网相关技术、管理人员技能培训，提升我市工业互联网从业人员整体素质。加强制造业企业引才服务工作，搭建企业引才平台，不断壮大制造业数字化领域人才总量	《珠海市推进制造业数字化转型工作方案（2021—2025）》	珠海市工业和信息化局
		2021年9月	通过建立人才动态监测机制、丰富企业引才渠道、创新人才培养手段和壮大制造业人才总量等举措，为制造业高质量发展培养建设一支会经营善管理的企业家队伍、一支掌握现代科学技术的科技研发人才队伍和一支技术能力强的技能人才队伍	《2021年珠海市工业和信息化局制造业高质量发展人才建设工作方案》	珠海市工业和信息化局

续表

政策分类	二级分类	时间	具体内容	来源文件	颁布部门
环境型	策略性措施	2021年10月	聚焦集成电路、生物医药、新能源、新材料、高端打印设备五大战略性产业集群和智能家电优势传统产业集群的"5+1"产业格局,以行业龙头骨干企业、中小型制造企业、产业园和产业集聚区、产业链供应链的数字化转型为切入点,夯实工业软件、智能硬件及装备、平台、网络、安全等基础支撑,以应用拉动相关产业发展	《珠海市推进制造业数字化转型工作方案(2021—2025)》	珠海市工业和信息化局
	目标规划	2022年4月	提出了"产业立柱""招商引资""土地整备""园区提升""强核赋能""政府流程再造"六大攻坚行动。其中位列第一的是实施产业立柱攻坚行动,将全力打造新一代信息技术、新能源2个产值超2000亿元产业集群,着力做强集成电路、智能家电、装备制造、精细化工等4个产值超1000亿元产业集群,加快培育产值超600亿元的生物医药与健康产业集群,构建"雁阵型"产业集群发展梯队	《关于坚持"产业第一"加快推动工业经济高质量发展的实施方案》	中共珠海市委办公室珠海市人民政府办公室
	招商引资		首创提出建立"企业管家"服务机制,首次明确本地增资扩产项目与市外引进项目享有同等待遇;在推动项目落地方面,全面推行"拿地即开工"和"双容双承诺"的标准化落地制度,并进一步深化并联审批,逐步实现"一站式"代办服务;在涉企服务方面,设立企业"不能办"兜底窗口,以柔性监管方式避免简单"以罚代管"		

（六）广东省全链数字化转型的政策举措

近年来，广东省政府发布多项政策推动广东省制造业全链数字化转型。本节主要从政策时间线和政策分类两方面进行广东省制造业全链数字化转型的政策举措分析。

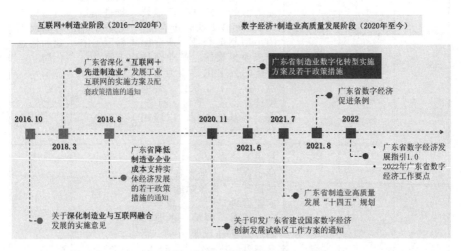

图12-6 广东省省级政府制造业全链数字化转型相关政策时间线

首先，如图12-6所示，从政策时间线来看，广东省政府在制造业全链数字化转型相关政策总体可以分为两个阶段。第一个阶段的时间主要在2016—2020年，政策的主要侧重点是围绕以互联网、人工智能、大数据等技术为代表的新一代信息技术和制造业融合的相关政策。这部分政策的侧重点主要集中在新一代信息技术带来的科技革命、产业革命，通过促进信息技术与实体经济融合，推动制造业企业数字化转型发展，提升制造业数字化、智能化、网络化水平，这类型政策主要集中在开始布局数字化转型的早期，技术主要集中在"互联网+"上，如2018年颁布的《广东省深化"互联网+先进制造业"发展工业互联网的实施方案及配套政策措施的通知》和2016年颁布的《关于深化制造业与互联网融合发展的实施意见》等。

第二个阶段的时间为2020年至今，政策的关注重点是数字经济和制造业高质量发展。第一类是促进数字经济发展的相关政策，数字经济两大核心内容为数字产业化和产业数字化，其中产业数字化的一项主要任务即工业数字化，而实现工业数字化的切入点则是推动制造业全链数字化转型。因此，在广东省众多数字经济相关政策中，如 2022 年颁布的《广东省数字经济发展指引 1.0》《2022 年广东省数字经济工作要点》和 2021 年颁布的《广东省数字经济促进条例》等，都重点突出了制造业数字化转型相关内容。而制造业数字化转型是制造业高质量发展的应有之义，因此在制造业高质量发展的相关政策文件中，数字化转型成为制造业高质量发展的重要任务，并针对数字化转型提出具体的实施或执行方案，如 2021 年颁布的《广东省制造业数字化转型实施方案及若干政策措施》《广东省制造业高质量发展"十四五"规划》和 2018 年颁布的《广东省降低制造业企业成本支持实体经济发展的若干政策措施（修订版）》等。

其次，如表 12-6 所示，根据政策工具视角分类，从政策内容上对广东省省级政府在推动制造业数字化转型方面的一些代表性的政策举措分类如下。整体而言，广东省政府在制造业全链数字化转型的相关政策举措以需求型、供给型和环境型政策为主，其中需求型政策主要包括工业互联网平台应用推广等，供给型政策主要包括基础设施建设和人才培养等，环境型政策主要包括策略性措施、目标性规划和政商关系等。

表 12-6　广东省制造业全链数字化转型的代表性相关政策举措

政策分类	二级分类	时间	具体内容	来源文件	颁布部门
需求型	社会宣传	2022 年 7 月	实施工业互联网平台应用推广。要求地市层面鼓励工业互联网平台在线发布核心设备运行绩效榜单和最佳工艺方案	《广东省数字经济发展指引 1.0》	广东省工业和信息化厅
	政府鼓励	2021 年 7 月	在关键核心技术攻关专项行动中，充分发挥集中力量办大事的制度优势，鼓励高校院所、重点企业积极参与关键核心技术攻关	《广东省制造业质量发展"十四五"规划》	广东省人民政府

政策分类	二级分类	时间	具体内容	来源文件	颁布部门
供给型	基础设施建设	2022年7月	提出完善数字化基础设施。具体包括推动工业互联网网络改造升级、构建健康有序的标识解析体系	《广东省数字经济发展指引1.0》	广东省工业和信息化厅
		2021年6月	完善数字化基础设施，包括加快建设覆盖全省的高质量外部公共网络，支持工业企业运用新型网络技术和先进适用技术升级改造企业内网，建设工业互联网园区网络。深化"5G+工业互联网"融合发展，试点建设5G工业传输专网	《广东省制造业数字化转型实施方案（2021—2025年）》	广东省人民政府
	人才培养	2021年7月	在制造业人才培育专项行动中，提出加强制造业人才发展统筹规划、组建制造业重点产业人才联盟、创新制造业领域"高精尖缺"人才引进模式	《广东省制造业高质量发展"十四五"规划》	广东省人民政府
		2022年5月	加快质量品牌人才队伍建设，强化人才支撑作用。着力提升企业中高级管理人员综合能力和业务能力。围绕企业管理能力提升、先进制造、转型升级等专题，紧扣产业和技术趋势面向中小企业中高层管理人员开展培训	《2022年工业质量提升和品牌建设工作计划》	广东省工业和信息化厅

续表

政策分类	二级分类	时间	具体内容	来源文件	颁布部门
环境型	策略性措施	2021年7月	在关键核心技术攻关专项行动中，提出编制重点产业发展技术路线图，建立并滚动关键核心技术攻关数据库，梳理全省重点产业关键核心技术短板、重点项目进展及攻关成果清单	《广东省制造业高质量发展"十四五"规划》	广东省人民政府
	目标规划	2022年5月	着力制造业高质量发展"十四五"规划品质工程，打造广东产业集群质量品牌。以创新驱动为抓手，开展20个战略性产业集群建设	《2022年工业质量提升和品牌建设工作计划》	广东省工业和信息化厅
		2018年9月	在支持制造业高质量发展中提出，2020年前省财政对企业开展数字化、网络化、智能化和绿色化技术改造给予重点支持，主营业务收入1000万元以上工业企业可享受技术改造事后奖补（普惠性）政策	《广东省降低制造业企业成本支持实体经济发展的若干政策措施》（修订版）	广东省人民政府
	政商关系	2021年7月	提出积极构建亲清的政商关系。优化企业省长直通车制度等对企业服务联系制度，推动省、市、县建立完善服务企业的专门工作机制，加强各级经济和企业管理部门与企业的人员双向交流	《广东省制造业高质量发展"十四五"规划》	广东省人民政府

二、示范性公共政策、办法、意见等

（一）广东省人民政府关于印发广东省制造业数字化转型实施方案及若干政策措施的通知（粤府〔2021〕45号）

各地级以上市人民政府，省政府各部门、各直属机构：

现将《广东省制造业数字化转型实施方案（2021—2025年）》和《广东省制造业数字化转型若干政策措施》印发给你们，请认真组织实施。实施过程中遇到的问题，请径向省工业和信息化厅反映。

广东省人民政府

2021年6月30日

广东省制造业数字化转型实施方案（2021—2025年）

为贯彻落实党中央、国务院和省委、省政府关于加快数字化发展的战略部署，全面推进制造业数字化转型，促进全省战略性支柱产业集群和战略性新兴产业集群高质量发展，制定本实施方案。

一、总体要求

（一）指导思想。

以习近平新时代中国特色社会主义思想为指导，全面贯彻党的十九大和十九届二中、三中、四中、五中全会精神，立足新发展阶段、贯彻新发展理念、构建新发展格局，坚持制造业立省不动摇，聚焦战略性支柱产业集群和战略性新兴产业集群，以深化新一代信息技术与制造业融合发展为主线，以工业互联网创新应用为着力点，深入推进制造业数字化转型和高质量发展，为加快建设制造强省、网络强省和数字经济强省、打造新发展格局战略支点提供有力支撑。

（二）发展目标。

到2023年，战略性支柱产业集群和战略性新兴产业集群加快数字化转型，全省制造业数字化、网络化、智能化水平明显提升，新模式、新业态广泛推广，产业综合实力显著增强。

——数字化转型成效进一步凸显。推动超过 3 万家规模以上工业企业运用新一代信息技术实施数字化转型,带动 80 万家企业上云用云降本提质增效,培育一批制造业数字化转型标杆企业。

——基础设施体系进一步完善。基本建成覆盖重点行业的工业互联网网络基础设施,5G 在工业领域深化应用,建成 50 个以上工业互联网标识解析二级节点,初步构建健康有序的标识解析体系。

——技术创新能力进一步增强。突破一批工业互联网网络、平台、安全领域关键技术,工业芯片、工业软件、工业控制系统等供给能力显著增强。

——产业生态体系进一步健全。引进培育 500 家左右制造业数字化转型服务商,打造 5 家左右国家级跨行业、跨领域工业互联网平台,20 家左右特色专业型工业互联网平台;建立较完善的工业互联网安全保障体系。

到 2025 年,战略性支柱产业集群和战略性新兴产业集群数字化水平显著提升,广东省工业互联网国家示范区引领作用显著,推动超过 5 万家规模以上工业企业运用新一代信息技术实施数字化转型,带动 100 万家企业上云用云降本提质增效,以数字化引领制造业质量变革、效率变革、动力变革,形成大中小企业融通发展的产业生态。

二、推进思路

聚焦新一代电子信息、绿色石化、智能家电、汽车、先进材料、现代轻工纺织、软件与信息服务、超高清视频显示、生物医药与健康、现代农业与食品等 10 个战略性支柱产业集群,以及半导体与集成电路、高端装备制造、智能机器人、区块链与量子信息、前沿新材料、新能源、激光与增材制造、数字创意、安全应急与环保、精密仪器设备等 10 个战略性新兴产业集群,以行业龙头骨干企业、中小型制造企业、产业园和产业集聚区、产业链供应链的数字化转型为切入点,夯实工业软件、智能硬件及装备、平台、网络、安全等基础支撑,以应用拉动相关产业发展,培育壮大新模式新业态。

——梳理任务清单。各地结合战略性产业集群发展实际,优先选择数字化基础好、转型需求迫切、示范带动作用显著的制造业企业、产业园和产业集聚区等,梳理数字化转型需求,制定转型任务清单。

——促进供需对接。对照任务清单,依托省制造业数字化转型产业生态供给资源池，省及各地组织、引导工业互联网平台、制造业数字化转型服务商和专家智库，与制造业企业精准对接，为数字化转型提供支撑。

——绘制转型路线图。按照行业龙头骨干企业"一企一策"、中小型制造企业"一行一策"、产业园和产业集聚区"一园一策"、产业链供应链"一链一策"的转型路径，省及各地指导和推动制造业企业、产业园和产业集聚区等制定数字化转型路线图，明确转型目标及推进步骤。

——组织落地实施。省及各地进一步加大政策支持力度和组织实施力度，形成推进合力，重点突破、以点带面，推动数字化转型任务清单加快落地实施。

——开展应用推广。省及各地结合战略性产业集群发展实际，对标国际国内先进水平，分行业、分区域、分类别重点打造一批制造业数字化转型标杆示范，总结典型经验和发展成效，逐步向全行业、全领域推广。

三、数字化转型及赋能重点方向

（一）战略性支柱产业集群

1. 新一代电子信息产业集群。率先在新一代电子信息行业开展新型工业软件研发与应用示范，推动产业链供应链自主可控。围绕广州、深圳、河源、惠州、东莞等终端产业基地，支持行业龙头骨干企业针对研发设计、生产管理、质量检测、供应链管理等环节实施数字化转型，加快系统集成互通和数据分析应用；围绕深圳、汕头、梅州、肇庆、潮州等电子元器件产业基地，支持企业针对研发设计、质量检测等环节实施数字化升级，提升与终端厂商的协同研发和产品交付能力。

2. 绿色石化产业集群。围绕广州、惠州、湛江、茂名、揭阳等炼化一体化基地，支持开展数字园区、数字工厂建设，完善数字化基础设施，提升关键设备、关键流程数据采集和应用分析能力，实现数字化监控、设备动态预警和预测性维护；加快推动危险工艺自动化、安全巡检智能化，提升安全生产数字化管理水平。围绕珠三角精细化工产业集聚区，加快企业资源配置、工艺优化和过程控制等环节的数字化、智能化。

3. 智能家电产业集群。围绕深圳、珠海、佛山、惠州等家电产业基地，支持行业龙头骨干企业以个性化定制和供应链整合为切入点，加速向生产柔性化、经营管理平台化、产品服务生态化转型，推动企业内外部供应链协同优化，实现以用户为中心的大规模个性化定制；围绕佛山、中山、湛江等厨电、小家电产业基地，支持中小型制造企业开展自动化、数字化升级改造，建设一批数字工厂和数字车间，探索发展协同制造、共享制造、众包众创等新模式。

4. 汽车产业集群。围绕广州、深圳、佛山、汕尾、中山、江门、肇庆等汽车产业基地，大力推动整车制造企业、上下游零部件配套企业和销售服务企业，开展在线协同的研发设计，应用虚拟仿真和云协作平台，优化汽车性能设计和生产工艺。鼓励整车企业建设工业互联网平台，推动产供销环节数据流通和集成应用，探索整车个性化定制及零部件规模化定制生产模式，构建围绕人、车等要素的数据资产应用标准体系，全面拓展精准投保、预测性维护、智慧营销、出行服务、车联网服务等新兴业务场景。

5. 先进材料产业集群。围绕水泥、陶瓷、玻璃等建筑材料，铜箔、稀土等金属、非金属材料，提升关键设备、关键流程数据采集和应用分析能力，实现数字化监控、设备动态预警和预测性维护；加快推动危险工艺自动化、安全巡检智能化，切实提升安全生产数字化管理水平；推动供应链数字化协同，以需求为导向，灵活调配生产计划，提高产能利用率；开展数字化工艺创新，推动隐形生产经验数据化、软件化，实现工艺由黑箱式向透明式转变。

6. 现代轻工纺织产业集群。围绕纺织服装、家具、塑料制品、皮革、造纸、日化等消费品行业，面向新需求发展新产品、新技术、新模式。重点面向产业园和产业集聚区，加快推动机加工、注塑、装配、包装等环节设备上云和人机协同。支持行业龙头骨干企业打造数据驱动、敏捷高效的经营管理体系，打造模块化组合、大规模混线生产等柔性生产体系。促进消费互联网与工业互联网打通，开展动态市场响应、资源配置优化、智能战略决策等新模式应用探索。

7. 软件与信息服务产业集群。加快推动软件与信息服务产业集群赋能制造业数字化转型，强化广州、深圳等中国软件名城的产业集聚效应和辐射带动作用，加强与港澳交流合作，培育安全可控软件产业生态。支持珠海、佛山、惠州、东莞、中山依托电子信息、集成电路、装备制造、智能家电等产业基地，加快发展嵌入式软件、集成电路设计软件、办公软件等，大力发展平台化软件和新型信息服务。支持江门、肇庆和粤东粤西粤北地区培育发展云计算、大数据、工业互联网等信息服务和配套产业。

8. 超高清视频显示产业集群。推动省市共建的超高清视频产业园区加快数字化建设，打造工业互联网平台，全面提升研发、设计、生产等环节协同水平，促进产业链上下游、大中小企业融通发展。支持行业龙头骨干企业和产业链上下游企业开展协同创新，加强超高清视频与 5G、云计算、人工智能、虚拟现实等新一代信息技术融合应用，探索互动式视频、沉浸式视频、虚拟现实视频、云服务等新业态，拓展新体验新场景，研究制定内容制作、数据传输标准和行业融合标准，构建技术、产品、应用、服务一体化生态体系。

9. 生物医药与健康产业集群。围绕广州、深圳、珠海、佛山、惠州、东莞、中山、肇庆等生物医药产业基地，推动生物信息技术发展，促进生命科学和信息技术交叉融合，支持龙头骨干企业和产业链上下游企业加快数字化转型升级。支持 5G、大数据、人工智能等技术在监测预警、病毒溯源、新药筛选、防控救治等方面的拓展应用，推进"互联网+医疗健康""智慧医疗"关键技术研发及相关成果的转化与应用。运用大数据技术靶点发现系统、人工智能化合物合成系统、人工智能化合物筛选系统等，缩短实验室研发周期。建立完善药物研发和健康管理平台，及时反馈药品使用数据，助力新药品研发优化。

10. 现代农业与食品产业集群。鼓励区块链、大数据、物联网、遥感等技术在农业领域的应用与创新。加快自动化、智能化、单机多功能的食品生产及检测设备研发及应用推广，支持企业通过数字化管理带动生产流程化、标准化，提升生产效率。强化生产过程数据采集与分析，提升品质检测能力，通过工业互联网标识解析、二维码、数字标签等技术实现供应链优化和全流程溯源，提升产品品质和安全性。推动建立数字化仓储及物流配送体系。强化数字化营销与制造，提升柔性制造能力，缩短新产品研发上市周期。

（二）战略性新兴产业集群。

11. 半导体与集成电路产业集群。围绕逻辑综合、布图布线、仿真验证等方向，加强数字电路 EDA（电子设计自动化）工具软件核心技术攻关，推动模拟或数模混合电路 EDA 工具软件实现设计全覆盖，打造具有自主知识产权的工具软件。推动基于数字技术的新一代封装设备、微结构阵列超精密加工机床、3C 机器人等高端电子制造设备及智能集成系统应用。加快研发新型电子元器件仿真设计、厚/薄膜关键工艺、可靠性提升控制技术，提升封装测试加工环节数字化水平。

12. 高端装备制造产业集群。支持广州、深圳、佛山、东莞、中山打造高端数控精密加工装备和激光装备产业基地，加快高档数控系统研发应用，推动安全可控计算机辅助设计软件与高端数控机床的适配应用，建立基于数字技术的装备运行状态监控体系。促进海工装备、轨道交通装备和航空装备研发设计、生产制造、检测检验等环节向数字化、智能化发展，支持整机及核心零部件企业建设数字化、智能化、无人化车间。

13. 智能机器人产业集群。围绕广州、深圳、珠海、佛山、东莞、中山等机器人产业基地，开展智能机器人全生命周期可靠性和数字制造工艺技术研究，建设人工智能、感知、识别、驱动和控制等新一代信息技术数字研发平台。支持研究三维建模与可视化、故障诊断与远程运维、运动仿真、轨迹生成等数字技术，探索视觉、力控等传感技术与人工智能在机器人领域的融合应用，推动数字集成应用软件的研发。加快研发和推广机器人开源操作系统，构建开发者生态体系，促进二次开发和集成创新应用。

14. 区块链与量子信息产业集群。加快推动区块链与量子信息产业集群赋能制造业数字化转型，推动区块链技术与智能制造、金融、供应链、电子存证、产品溯源、数字版权等应用领域的深度融合，打造特色鲜明、亮点突出、可复制推广的区块链典型应用案例。充分发挥量子计算、量子通信、量子精密测量与计量等量子信息关键技术在制造业数字化转型过程中的支撑和引领作用，实现高性能计算、信息安全存储和传输等技术应用，有效提升高端产品设计、制造控制、物流和供应链优化等环节效率。

15. 前沿新材料产业集群。以广州、深圳、佛山、东莞、珠海等地为引领，突破高通量制备、表征和服役性能高效评价技术和装备，建立以材料数字化为基础的材料基因工程，缩短新材料研发周期，提高研发效率和质量。加速推动智能材料、电子陶瓷材料、高分子与精细化工新材料、稀土及先进功能材料等前沿新材料的研发、中试及示范应用，推进产用平台、测试评价平台、参数库平台和资源共享平台等数字公共平台建设，辐射带动汕头、韶关、梅州、惠州、汕尾、江门、肇庆、清远等地新材料产业加快发展。

16. 新能源产业集群。推动建立数字化风场，建立风机终端和设备状态智能监测感知系统，运用工业互联网平台开展远程风电资产的数据分析、管理及优化。推动核电经营管理数字化、流程化，实施核电全寿期数据管理和智能管理。拓展分布式光伏发电应用，形成基于数字技术的微电网技术体系。提升从氢气制储、加运到燃料电池电堆、关键零部件和动力系统集成的全产业链数字化水平。推进人工智能与电力领域深度融合，提高全省电网侧、用电侧智能化水平。

17. 激光与增材制造产业集群。以广州、深圳为引领，推动基于数字接口的精密激光智能装备、增材制造高端装备研制，强化激光软件系统的配套服务能力。加快增材制造在三维建模、计算机辅助设计、材料加工与成型等方面融合创新，促进激光与增材制造产业与汽车、模具、核电、船舶等产业深度结合，打造激光与增材制造领域集产品设计、基础材料、专用材料、关键零部件、高端装备与系统、应用技术与服务等为一体的全流程数字产业链。

18. 数字创意产业集群。加快推动数字创意产业集群赋能制造业数字化转型，重点围绕电子信息、家电、服装、玩具等行业，以工业设计引领制造和消费，鼓励设计企业参与制造全流程协同创新，推动设计机构、设计企业走进产业集群，加强与制造业企业在品牌创新、技术研发、功能设计等方面深度合作，发展创意设计、仿真设计等高端综合设计服务。支持特色产业集群开展数字化营销，在线展示生产工艺流程，促进品牌形象塑造和在线引流销售。推动数字创意与生产制造融合渗透，发展基于精品 IP（知识产权）形象授权的品牌塑造和服装、玩具等衍生品制造，提高产品附加值。

19. 安全应急与环保产业集群。研究建立危险化学品全生命周期信息监管系统，综合新一代信息技术进行全过程信息化管理和监控。开展"工业互联网+安全生产"试点，围绕重点行业领域打造一批应用场景、工业 APP 和工业机理模型，推动企业构建快速感知、全面监测、超前预警、联动处置、系统评估等数字化能力体系，提升本质安全水平。推动数字技术与节能环保行业创新融合，推进能源清洁高效利用、高耗能设备节能改造及更新，助力实现"碳达峰、碳中和"目标。

20. 精密仪器设备产业集群。发挥在测试系统、超声波探伤仪、全自动生产在线监测系统等工业自动化测控仪器设备领域优势，提升设备接口通信、物联网连接、嵌入式软件技术水平，强化设备采集、通信、协同能力，提高精密仪器设备制造工艺水平和产品稳定性、可靠性，推动产业由中低端向中高端转型。进一步促进新型传感、测量、控制、数据采集等技术数字融合应用，推动精密仪器设备加快向数字化、智能化、集成化发展。

四、实施四条转型路径

（一）推动行业龙头骨干企业集成应用创新。

"一企一策"推动行业龙头骨干企业开展集成应用创新，进一步加强数字化顶层设计，推动生产设备与信息系统的全面互联互通，促进研发设计、生产制造、经营管理等业务流程优化升级。鼓励行业龙头骨干企业牵头建设工业互联网平台，开放先进技术、应用场景，将数字化转型经验转化为标准化解决方案向行业企业辐射推广。实施国有企业数字化转型专项行动，进一步加强集团管控能力，提升运营效率，优化业务流程，打造行业数字化转型样板。（省工业和信息化厅、科技厅、商务厅、国资委、通信管理局，各地级以上市人民政府，以下内容负责单位均含各地级以上市人民政府，不再列出）

专栏1 标杆示范

工业互联网应用创新标杆示范。支持行业龙头骨干企业加快全要素数据采集与集成应用，全面提升数字化管理、智能化生产、网络化协同、服务化转型水平。

5G 全连接工厂标杆示范。支持行业龙头骨干企业建设 5G 全连接工厂，逐渐推动 5G 网络部署及应用从工业外围环节向生产制造核心环节拓展。

智能制造试点示范。支持行业龙头骨干企业实施数字化改造，进一步提高装备智能化率、成果转化率、劳动生产率、产品优等率、节能减排率、生产安全率。

（二）推动中小型制造企业数字化普及应用。

"一行一策"推动中小型制造企业加快数字化普及应用，加快"上云上平台"，融入产业链供应链。分行业制定中小型制造企业"上云上平台"产品目录，推动企业应用低成本、快部署、易运维的工业互联网解决方案，加快工业设备和业务系统"上云上平台"。采取"平台让一点、政府补一点、企业出一点"的方式，进一步降低企业"上云上平台"门槛和成本。鼓励工业互联网平台联合数字化转型服务商，打造深度融合行业知识经验的系统集成解决方案。梳理一批典型应用场景，发掘一批优质应用产品和优秀应用案例予以全面推广。（省工业和信息化厅、科技厅、商务厅）

专栏 2　上云上平台

设备上云上平台。针对中小型制造企业的"哑设备"改造需求，通过设备物联和实时数据采集，为生产计划、设备运维、绩效管理、工艺改进等提供基础数据支撑，实现生产设备智能化管理。

研发上云上平台。针对中小型制造企业的研发设计需求，对复杂工程产品或设计进行多学科仿真计算，模拟、预测、分析和优化产品工作状态和性能指标，提升企业设计协同能力和设计效率。

供应链上云上平台。促进中小型制造企业物流全过程上云，供应链管理模式从传统的采购数字化管理延伸到完整的供应链协同，提升供应商管理效率、降低供应商管理成本、提高供应链协作效率。

运营管理上云上平台。针对中小型制造企业营销和运营环节，帮助企业开展业务全流程管理，通过数据联通，对接企业内部各项管理职能，实现运营数字化并提升企业整体管理效率。

（三）推动产业园和产业集聚区数字化转型。

"一园一策"推动产业园和产业集聚区加快数字化转型，支持平台企业、基础电信运营企业、制造业数字化转型服务商等组建联合体，面向产业园、产业集聚区企业，实施内外网升级和数字化改造，打通数据链、创新链、产业链，推动园区产业链企业整体数字化升级。围绕资源共享、协同制造、场景共建等方面开发并推广先进适用的数字化解决方案。推动面向重点区域的特色型工业互联网平台在"块状经济"产业集聚区落地，发展中央工厂、协同制造、共享制造、众包众创、集采集销等新模式，提升区域制造资源和创新资源的共享和协作水平。（省工业和信息化厅、科技厅、商务厅、通信管理局）

专栏3　产业园和产业集聚区数字化

制造能力共享。打造汇聚各类制造资源的共享平台，支持建设共享工厂，提供多工厂协同的共享制造服务和以租代售、按需使用的设备共享服务，提升生产效率和产品品质。

创新能力共享。围绕产业园和产业聚集区内企业灵活多样且低成本的创新需求，建设联合创新实验室，发展汇聚社会多元化智力资源的产品设计与开发能力共享平台。

服务能力共享。围绕采购配送、物流仓储、产品检测、设备维护等企业普遍存在的共性生产性服务需求，整合社会服务资源，探索发展集约化、智能化、个性化的服务能力共享。

管理能力共享。建设与推广智慧园区管理平台，提升园区数字化管理水平，实现招商引资、项目管理、企业服务、安全环保、经济监测的综合数字化管理，不断优化园区营商环境。

（四）推动产业链供应链数字化升级。

"一链一策"推动重点行业产业链、供应链加快数字化升级，支持"链主"企业、第三方机构等应用新一代信息技术打通产业链供应链，加快推进商业模式创新，构建工业互联网平台生态，基于平台开展协同采购、协同制造、协同配送等应用，赋能产业链供应链相关企业协同发展，提高产业链协作效率和供应链一体化协同水平。优化产业链结构与空间布局，支持产业链供应链企业加快向价值链中高端攀升，构建高效协同、安全稳定、自主可控并富有弹性和韧性的新型产业链供应链体系。（省工业和信息化厅、科技厅、商务厅）

专栏4　产业链供应链协同创新

上下游协同。通过数据的闭环流通，打通产业链上下游、协作主体之间信息系统孤岛，建立高效的信息交互管道，实现业务、管理、运营流程的全面集成和高度柔性化。

产供销协同。打破传统供应链逐层转单下达的链条模式，通过工业互联网平台汇聚设备、产能、产品、供应渠道等资源，打造"订单工序撮合、非标服务通用化、云工厂整合"等创新模式。

大中小协同。发挥龙头骨干企业对产业链供应链的引领带动作用，推动产业链供应链深度互联和协同响应，推动建立联合培训、标准共享的协同管理体系，推动大中小企业融通发展。

五、夯实五大基础支撑

（一）推动工业软件攻关及应用。

实施广东"铸魂工程"，大力发展工业软件及基础软件，支持行业龙头骨干企业、工业软件企业、制造业数字化转型服务商、高校院所等强化协同，组建数字化工业软件联盟，成立关键软件攻关委员会。在广州、深圳、佛山、东莞等地打造攻关基地，针对通用、行业专用工业软件，集中力量突破关键技术瓶颈，加快工业软件云化部署。依托攻关基地成果开展安全可控

工业软件应用示范，促进工业软件解决方案迭代升级，加快推进规模化应用。（省科技厅、发展改革委、工业和信息化厅）

专栏5 工业软件

通用工业软件。突破 EDA、CAX（计算机辅助软件）、PLM（产品全生命周期管理软件）等研发设计类软件关键技术，加快推动工业控制系统、工业控制软件等控制执行软件产品研发，进一步提升生产制造、经营管理软件市场竞争力。

行业专用软件。面向细分行业，建立模型库、工艺库等基础知识库，开发面向流程行业的全流程一体化软件和面向离散行业的研发/设计/生产/运维一体化平台软件，研制面向中小型制造企业的综合管控平台软件等。

新型工业软件。推动工业知识软件化和架构开源化，加快已有工业软件云化迁移，培育高质量工业 APP，推动云原生软件等新型软件研发及应用。

（二）发展智能硬件及装备。

实施"广东强芯"工程，推动自主可控工业级芯片应用。针对感知、控制、决策、执行等环节短板，突破一批基础零部件和装置。推动先进工艺、信息技术与制造装备深度融合。加快智能车间、智能工厂建设，带动通用、专用智能制造装备迭代升级。发展智能网联装备，支持工业企业运用数字化、网络化技术改造生产设备，提升核心装备和关键工序的数字化水平，推动人工智能、数字孪生等新技术创新应用，研制推广新型智能制造装备。（省科技厅、发展改革委、工业和信息化厅）

专栏6 智能硬件及装备

基础零部件和装置。推动工业级微控制器、宽禁带半导体功率器件研发及产业化。突破纳米位移传感器、柔性触觉传感器、高分辨率视觉传感器、先进控制器、高精度伺服驱动系统、高性能高可靠减速器、可穿戴人机交互设备、工业现场定位设备、智能数控系统等基础零部件和装置。

通用及专用智能制造装备。加快推动工作母机、工业机器人、增材制造装备、工业控制装备、智能检测装备、智能物流装备等通用智能制造装备和汽车、先进材料、石化、食品、纺织、药品、集成电路、平板显示等行业专用智能制造装备研发迭代。

新型智能制造装备。推动5G、大数据、人工智能、数字孪生、虚拟现实、增强现实、北斗等新技术与制造装备深化融合应用，发展智能工控系统、智能工作母机、协作机器人等新型智能制造装备。

（三）培育工业互联网平台。

加快建设技术水平高、集成能力强、行业应用广的跨行业、跨领域工业互联网平台，以及面向重点行业和区域的特色型工业互联网平台、面向特定技术领域的专业型工业互联网平台。开发和推广平台化、组件化的工业互联网行业系统解决方案，提升平台应用服务水平。加快推进大数据、云计算、边缘计算、人工智能、区块链、数字孪生、虚拟现实、增强现实等新兴前沿技术与工业互联网平台的融合应用，培育发展智能化制造、网络化协同、个性化定制、服务化延伸、数字化管理等新模式新业态。支持以开源模式建设工业互联网平台，进一步拓展平台生态，培育应用场景。重点引进培育一批专业化水平高、服务能力强的制造业数字化转型服务商，进一步完善广东省制造业数字化转型产业生态供给资源池。（省工业和信息化厅、科技厅、发展改革委）

专栏7　工业互联网平台
跨行业、跨领域工业互联网平台。支持行业龙头骨干企业、具备大型平台建设运营能力的工业互联网平台企业牵头，建设跨行业、跨领域工业互联网平台，深化工业资源要素集聚，加速生产方式和产业形态创新变革。

面向重点行业和区域的特色型工业互联网平台。聚焦数字化基础好、带动效应强的重点行业，打造行业特色工业互联网平台。面向制造资源集聚程度高、产业转型需求迫切的区域，打造区域特色工业互联网平台。

面向特定技术领域的专业型工业互联网平台。围绕特定工业场景和前沿技术，建设技术专业型工业互联网平台，推动前沿技术与工业机理模型融合创新。

（四）完善数字化基础设施。

加快建设覆盖全省的高质量外部公共网络，支持工业企业运用新型网络技术和先进适用技术升级改造企业内网，建设工业互联网园区网络。深化"5G+工业互联网"融合发展，推动5G赋能战略性产业集群，加快典型应用场景推广，试点建设5G工业传输专网。推进工业互联网标识解析体系建设，加速标识规模应用推广。推进建设国家工业互联网大数据中心广东分中心，实现对重点区域、重点行业的数据采集、汇聚和应用，加强工业大数据分级分类管理。（省通信管理局、工业和信息化厅、发展改革委，中国电信广东分公司、中国移动广东公司、中国联通广东省分公司、省广电网络公司）

专栏8 网络基础设施

企业内外网升级改造。支持工业企业综合运用5G、TSN（时间敏感网络）、边缘计算等技术实施内网改造。探索云网融合、确定性网络、SRv6（IPv6分段路由）等新技术部署，推动工业企业接入高质量外网。

产业园区网络试点示范。支持产业园区建设满足园区企业设备互联和信息互通需求的网络基础设施，实现数据在园区产业链供应链各个环节的无缝传递，提升园区产业服务水平。

工业互联网标识解析体系建设。提升工业互联网标识解析国家顶级节点（广州）服务能力，引导建设运营标识解析二级节点，深化标识在设计、生产、服务等环节应用，加快推动标识解析核心软硬件产业化。

（五）构建数字化安全体系。

实施工业互联网企业网络安全分级分类管理制度，深入开展宣标贯标、达标示范。落实企业安全防护主体责任，引导企业建立完善技术防护体系和安全管理制度。完善覆盖省、市、企业的多级工控信息安全检测预警网络。加强网络安全产业供给，支持中小型制造企业"安全上云"。支持龙头骨干企业建设安全公共服务平台，为中小型制造企业提供网络安全技术服务。强化网络安全技术保障能力，加快工业互联网安全技术保障平台建设，支持重点企业建设安全态势感知和综合防护系统。（省通信管理局、省委网信办、省工业和信息化厅、省科技厅）

专栏9　数字化安全保障

企业网络安全能力贯标。组织开展企业调研和分级分类，制定重点企业清单和重要数据保护目录。针对重点行业、企业开展贯标，推动企业实施自评估和安全改造，遴选一批贯标示范企业。

中小型制造企业"安全上云"工程。强化工业互联网平台及应用安全，建立健全平台及应用上线前安全检测机制，强化应用过程中用户信息和数据安全保护，保障企业"上云上平台"安全。

工业互联网安全技术保障平台。推动广东省工业互联网安全技术保障平台建设，扩大平台监测范围，强化公共互联网联网设备、系统等定期安全监测和漏洞扫描，打造多方联动、运行高效的技术服务保障体系。

六、保障措施

（一）加强统筹协调。在省制造强省建设领导小组框架内，设立省制造业数字化转型工作组，依托战略性产业集群"五个一"工作体系（一张龙头骨干和隐形冠军企业清单、一份重点项目清单、一套创新体系、一个政策工具包、一家战略咨询支撑机构），统筹谋划和推进全省制造业数字化转型工作。充分发挥制造业数字化转型专家咨询委员会以及相关科研机构、智库作用，开展制造业数字化前瞻性、战略性重大问题研究。建立制造业数字化转型监督评价和定期报告机制，加强跟踪督导。（省工业和信息化厅）

（二）加大政策支持。强化省、市、县（市、区）联动，鼓励各地"因地制宜"制定差异化的政策措施，形成政策合力，重点支持广州、深圳、佛山、东莞等地打造制造业数字化转型示范城市。统筹现有各类专项政策，并进一步加大政策支持力度，创新资金使用和项目管理方式，充分发挥财政政策引导和资金扶持作用。（省工业和信息化厅、财政厅）

（三）强化人才支撑。加快引进培育制造业数字化领域的高层次、复合型人才，健全人才评价机制。加强高校、职业院校、技工院校等制造业数字化领域相关学科和专业建设，推进产教融合、校企合作，培养制造业数字化专业人才。加强制造业人才政策宣传解读和社会舆论引导，营造引才聚才用才的良好氛围。（省教育厅、人力资源社会保障厅、工业和信息化厅、广播电视局，省委宣传部）

（四）加强金融服务。鼓励银行等金融机构深度参与制造业数字化转型，在业务范围内与工业互联网平台、制造业数字化转型服务商开展合作，创新产融合作模式。推动金融机构、核心企业、政府部门、第三方专业机构等各方加强信息共享，依托核心企业构建数字化的信用评估和风险管理体系。（省地方金融监管局、发展改革委、工业和信息化厅、科技厅，人民银行广州分行、广东银保监局）

（五）提升公共服务。强化数据要素支撑，探索推动工业数据的采集、传输、加工、存储和共享，推进工业大数据分级分类。支持制造业企业、行业协会等参与制定制造业数字化领域相关国家、行业标准和团体标准。加强两化融合管理体系贯标。依法保护工业互联网平台和工业软件知识产权和专利成果，加强知识产权储备和管理。（省市场监管局、工业和信息化厅、科技厅）

（六）营造良好环境。深化简政放权、放管结合、优化服务改革，放宽制造业数字化相关产品和服务的准入限制，扩大市场主体平等进入市场范围。进一步清理制约人才、资本、技术、数据等要素自由流动的制度障碍，营造有利于新一代信息技术与制造业融合发展的良好制度环境。鼓励优秀平台企业、制造业数字化转型服务商积极"走出去"。加强制造业数字化转型经验模式总结和宣传推广。（省工业和信息化厅、科技厅、发展改革委、商务厅、广播电视局，省委宣传部）

附件

附件1 广东省制造业数字化转型实施方案工作分工表

序号	工作内容		责任单位
1	实施四条转型路径	推动行业龙头骨干企业集成应用创新	省工业和信息化厅、科技厅、商务厅、国资委、通信管理局、各地级以上市人民政府，以下内容负责单位均含各地级以上市人民政府，不再列出
2		推动中小型制造企业数字化普及应用	省工业和信息化厅、科技厅、商务厅
3		推动产业园和产业集聚区数字化转型	省工业和信息化厅、科技厅、商务厅、通信管理局
4		推动产业链供应链数字化升级	省工业和信息化厅、科技厅、商务厅
5	实施五大基础支撑	推动工业软件攻关及应用	省科技厅、发展改革委、工业和信息化厅
6		发展智能硬件及装备	省科技厅、发展改革委、工业和信息化厅
7		培育工业互联网平台	省工业和信息化厅、科技厅、发展改革委
8		完善数字化基础设施	省通信管理局、工业和信息化厅、发展改革委，中国电信广东分公司、中国移动广东公司、中国联通广东省公司、省广电网络公司
9		构建数字化安全体系	省通信管理局、省委网信办、省工业和信息化厅、省科技厅
10	实施主项保障措施	加强统筹协调	省工业和信息化厅
11		加大政策支持	省工业和信息化厅、财政厅
12		强化人才支撑	省教育厅、人力资源社会保障厅、工业和信息化厅、广播电视局、省委宣传部
13		加强金融服务	省地方金融监管局、发展改革委、工业和信息化厅、科技厅，人民银行广州分行、广东银保监局
14		提升公共服务	省市场监管局、工业和信息化厅、科技厅
15		营造良好环境	省工业和信息化厅、科技厅、发展改革委、商务厅、广播电视局、省委宣传部

附件 2　名词解释

制造业数字化转型：聚焦制造业企业以及产业链、供应链，运用工业互联网、大数据、云计算、人工智能、区块链等数字技术，以数据为驱动，对研发设计、生产制造、仓储物流、销售服务等业务环节，进行软硬结合的数字化改造，推动制造业企业生产方式、企业形态、业务模式、就业方式的全方位变革，重构传统工业制造体系和服务体系，促进产业链、供应链高效协同和资源配置优化，催生新模式新业态。

战略性支柱产业集群：支撑广东经济稳定发展的十大战略性支柱产业集群，包括：新一代电子信息、绿色石化、智能家电、汽车产业、先进材料、现代轻工纺织、软件与信息服务、超高清视频显示、生物医药与健康、现代农业与食品等。

战略性新兴产业集群：引领带动广东经济发展的十大战略性新兴产业集群，包括：半导体与集成电路、高端装备制造、智能机器人、区块链与量子信息、前沿新材料、新能源、激光与增材制造、数字创意、安全应急与环保、精密仪器设备等。

工业互联网：互联网和新一代信息技术与工业系统全方位深度融合所形成的产业和应用生态，是工业智能化发展的关键综合信息基础设施。其本质是以机器、原材料、控制系统、信息系统、产品以及人之间的网络互联为基础，通过工业数据的全面深度感知、实时传输交换、快速计算处理和高级建模分析，实现智能控制、运营优化和生产组织方式变革。

工业互联网平台：面向制造业数字化、网络化、智能化需求，构建基于海量数据采集、汇聚、分析的服务体系，支撑制造资源泛在连接、弹性供给、高效配置的工业云平台。其本质是在传统云平台的基础上叠加物联网、大数据、人工智能等新兴技术，通过构建精准、实时、高效的数据采集体系，建设包括存储、集成、访问、分析、管理功能的使能平台，实现工业技术、经验、知识的模型化、软件化、复用化。

工业互联网标识解析：工业互联网标识通过赋予每一个产品、零部件、机器设备唯一的"身份证"，实现全网资源的灵活区分和信息管理。工业互联网标识解析类似于互联网域名解析，可以通过产品标识查询储存产品信息的服务器地址，或者查询产品信息以及相关服务。

制造业数字化转型服务商：为制造业企业数字化、网络化、智能化转型升级提供数据采集、工业软件、行业解决方案、系统集成等各类解决方案服务，以及咨询、诊断、评估、培训、对接、金融等专业服务的企业或单位。

上云上平台：围绕研发设计、生产管控、经营管理、售后服务等核心业务环节，利用工业互联网新技术、新工具、新模式，实施数字化转型升级，进一步降低经营成本、提升生产效率、提高产品质量、降低能耗排放、优化产业协同等。

中央工厂：汇聚各类生产要素资源，基于同一底层的工业互联网平台，把所有的设备、人、信息化系统、自动化系统通过新一代信息技术全面连通，实现制造资源和数字资源高度统一、集约高效的新型现代化工厂。

协同制造：利用网络技术、信息技术，将传统的串行工作方式转变成并行工作方式，实现供应链内及跨供应链间的企业产品设计、制造、管理和商务等的合作，最终通过改变业务经营模式与方式达到资源最充分利用的目的。

共享制造：借助工业互联网平台，打破行业壁垒、打通行业信息不对称，将多种类型和规模的制造业企业联系起来，合理匹配、共享闲置设备、技术和人才等资源，形成有效的制造资源共享机制，提升产能匹配效率。

众包众创："众包"是借助互联网手段，把传统由特定企业和机构承担的任务，以自由自愿的形式转交给企业外部的大众群体来完成；"众创"是通过创新创业服务平台聚集各类创新资源，大幅降低创业成本。

集采集销：通过工业互联网平台，联合多家企业采购能力，以优惠价格集中向上游供应商采购货物，汇聚优质货源和下游客户，高效解决双边用户交易中"多对多"的对接问题，集成运营模式降低操作成本，提升供应链整体效率。

5G：第五代移动通信技术，以移动性、时延、用户感知速率、峰值速率、连接数密度、流量密度、能效为关键性能指标，支持eMBB（增强移动宽带）、mMTC（海量机器类通信）和uRLLC（超可靠低时延通信）等三大应用场景，是构建制造业数字化转型的新型基础设施。

大数据：一种规模大到在获取、存储、管理、分析方面大大超出了传统数据库软件工具能力范围的数据集合，具有数据规模海量、数据流转快速、数据类型多样和价值密度低四大特征。

工业大数据：工业领域产品和服务全生命周期数据的总称，包括工业企业在研发设计、生产制造、经营管理、运维服务等环节中生成和使用的数据，以及工业互联网平台中的数据等。

云计算：分布式计算、效用计算、负载均衡、并行计算、网络存储、热备份冗杂和虚拟化等计算机技术混合演进并跃升的结果。云计算将计算任务分布在大量计算机构成的资源池上，使各种应用系统能够根据需要获取算力、存储空间和各种软件服务。

边缘计算：将计算能力延伸到生产现场，实现数据的分布式计算分析，形成本地的实时优化决策。其应用程序在网络边缘侧发起，产生更快的网络服务响应，满足行业在实时业务、应用智能、安全与隐私保护等方面的需求。

人工智能：研究开发用于模拟、延伸和扩展人类智能的理论、方法、技术及应用系统的一门新技术科学，其内涵包括脑认知基础、机器感知与模式识别、自然语言处理与理解、知识工程等方面。

区块链：一种由多方共同维护，使用密码学保证传输和访问安全，能够实现数据一致存储、难以篡改、防止抵赖的记账技术，也称为分布式账本技术，是一种在不可信的竞争环境中低成本建立信任的新型计算范式和协作模式。

数字孪生：以数字化方式创建物理实体的虚拟模型，借助历史数据、实时数据以及算法模型等，模拟、验证、预测、控制物理实体全生命周期过程的技术手段。从本质上来看，数字孪生是一个对物理实体或流程的数字化镜像。

虚拟现实：借助计算机系统及传感器技术生成一种模拟环境，通过交互式的三维动态视景和实体行为仿真，用户借助必要的装备与虚拟环境中的物体产生交互，从而获得等同真实环境的感受和体验。

增强现实：把原本在现实世界的一定时间空间范围内很难体验到的实体

信息，通过科学技术模拟仿真后再叠加到现实世界被人类感官所感知，从而达到超现实感官体验的一种技术，与虚拟现实最大的不同是其中多了现实世界的东西，现实与虚拟融合。

广东省制造业数字化转型若干政策措施

为落实《广东省制造业数字化转型实施方案（2021—2025 年）》，聚焦战略性支柱产业集群和战略性新兴产业集群，加快推动制造业数字化转型，制定以下政策措施。

一、支持龙头骨干企业数字化转型。聚焦工业互联网应用创新、5G 全连接工厂等方向，支持行业龙头骨干企业建设数字化转型标杆示范项目。支持战略性产业集群"链主"企业以产业链在线高效协同为目标，建设产业链供应链协同标杆示范项目。省统一制定标杆示范项目遴选标准并组织实施，对获得认定的标杆示范项目予以事后补助。对获得中央及省级财政资金支持的标杆示范项目，以及各类国家级示范项目，鼓励地市加大支持力度。

二、支持中小型制造企业数字化转型。聚焦战略性产业集群，省、市、县（市、区）联动，共同推动重点行业中小型制造企业"上云上平台"数字化转型。省统一制定战略性产业集群数字化转型工作指南，支持具备较强实力的工业互联网平台牵头，汇聚产业生态伙伴，聚焦特定试点起步区域，联合制定重点行业中小型制造企业"上云上平台"产品目录和推广工作方案，为产业集群企业提供数字化产品和服务。省根据平台服务集群数字化转型数量、成效等情况，对平台予以事后奖补。试点起步区所在市、县（市、区）对平台试点方案予以指导和推荐，制定配套政策措施，并对项目实施情况进行全流程跟踪监管。

三、支持产业园、产业集聚区数字化改造。将网络部署、公共云平台建设、数据采集和传输系统部署等，纳入新建产业园区建设要求，鼓励地市按照数字化园区建设标准对已建产业园区升级改造。省每年遴选发布一批产业园、产业集聚区数字化转型试点，引导行业数字化转型服务商、第三方机构、行业协会等，会同园区骨干企业组建联合体，为园区企业提供数字化转型解决方案，大力发展新模式新业态，加强政策协调和政策支持力度，推动园区整体数字化转型。鼓励各地对产业园、产业集聚区数字化转型试点加大支持力度。

四、支持工业软件研发及应用推广。支持行业龙头骨干企业牵头建设工业软件攻关基地，开展关键软件核心技术攻关，打造安全可控的行业系统解决方案。省财政对工业软件研发予以适当补助，对制造业企业应用安全可控的工业软件、行业系统解决方案等实施数字化改造予以适当支持。鼓励各地市加大对工业软件研发支持力度，并为工业软件攻关基地建设提供场地、人才、资金等支持。支持地市采取事后奖补方式支持工业软件"首版次"应用。鼓励高等院校、科研机构等使用安全可控的工业软件开展教学实验。

五、支持数字化基础设施建设。加快5G、物联网、千兆光网等新型网络规模化部署，支持企业开展内外网升级改造。鼓励电信运营商创新5G商业模式，制定面向工业应用的5G资费减免政策，降低工业企业内外网改造和使用成本。加大力度支持建设推广工业互联网标识解析二级节点。

六、培育制造业数字化转型服务商。完善广东省制造业数字化转型产业生态供给资源池遴选程序和评价体系，吸引优秀制造业数字化转型服务商入池。每年认定若干省级特色型、专业型工业互联网平台、优秀制造业数字化转型服务商，并对入选国家级跨行业、跨领域以及特色型、专业型工业互联网平台，予以重点推介。支持符合条件的数字化转型服务商在境内外证券交易所上市挂牌。鼓励各地市引进优秀工业互联网平台、数字化转型服务商，并在场地、资金、人才等方面予以重点支持。

七、强化人才支撑。落实《关于强化我省制造业高质量发展人才支撑的意见》，发挥省重大人才工程引领作用，加快引进培养制造业数字化领域的创新创业团队、高层次人才以及复合型技能人才。开展"产业数字化转型人才培养"试点，培养技能型复合型人才。实施"十万"数字化产业工人培训工程，依托工业互联网平台建设制造业数字化人才实训基地。对开发"1+X"职业技能等级证书的企业，给予产教融合型企业政策扶持。

八、加强金融服务模式创新。加大广东省产业发展基金对制造业数字化领域的投资力度，鼓励各地市引导社会资本设立制造业数字化转型基金。开设"专精特新"企业金融服务绿色通道，推动投贷联动，鼓励银行等金融机构运用大数据探索产融合作新模式，分析运用工业互联网平台数据，作为提供融资并进行贷后管理的基础和手段，为产业链、供应链企业提供个性化、精准化的金融产品和服务。

九、提升公共服务能力。统筹支持广东省工业互联网应用服务平台、广东省工业互联网安全技术保障平台、国家工业互联网大数据广东分中心等公共服务平台建设，推动相关平台与粤商通等政务服务系统互联互通。采取政府购买服务方式，依托第三方机构开展制造业企业上云上平台产品目录和标准制定、优秀制造业数字化转型服务商评价、工业互联网和工业控制系统安全检查等支撑服务。鼓励各地建立制造业数字化转型专家智库队伍，为制造业企业提供数字化诊断咨询等服务。

本政策措施自发布之日起三年内有效。

附件

政策措施任务分工表

序号	政策内容	责任单位
一、支持龙头骨干企业数字化转型	1. 聚焦工业互联网应用创新、5G全连接工厂等方向，支持行业龙头骨干企业建设数字化转型标杆示范项目。支持战略性产业集群"链主"企业以产业链在线高效协同为目标，建设产业链供应链协同标杆示范项目。省统一制定标杆示范项目遴选标准并组织实施，对获得认定的标杆示范项目予以事后补助	省工业和信息化厅、财政厅
	2. 对获得中央及省级财政资金支持的标杆示范项目，以及各类国家级示范项目，鼓励地市加大支持力度	各地级以上市人民政府

序号	政策内容	责任单位
二、支持中小型制造企业数字化转型	3. 聚焦战略性产业集群，省、市、县（市、区）联动，共同推动重点行业中小型制造企业"上云上平台"数字化转型。省统一制定战略性产业集群数字化转型工作指南，支持具备较强实力的工业互联网平台牵头，汇聚产业生态伙伴，聚焦特定试点起步区域，联合制定重点行业中小型制造企业"上云上平台"产品目录和推广工作方案，为产业集群企业提供数字化产品和服务，省根据平台服务集群数字化转型数量、成效等情况，对平台予以事后奖补	省工业和信息化厅、财政厅
	4. 试点起步区所在市、县（市、区）对平台试点方案予以指导和推荐，制定配套政策措施，并对项目实施情况进行全流程跟踪监管	各地级以上市人民政府
三、支持产业园、产业集聚区数字化改造	5. 将网络部署、公共云平台建设、数据采集和传输系统部署等，纳入新建产业园区建设要求，鼓励地市按照数字化园区建设标准对已建产业园区升级改造。省每年遴选发布一批产业园、产业集聚区数字化转型试点，引导行业数字化转型服务商、第三方机构、行业协会等，会同园区骨干企业组建联合体，为园区企业提供数字化转型解决方案，大力发展新模式新业态，加强政策协调和政策支持力度，推动园区整体数字化转型。鼓励各地对产业园、产业集聚区数字化转型试点加大支持力度	省工业和信息化厅、通信管理局，各地级以上市人民政府
四、支持工业软件研发及应用推广	6. 支持行业龙头骨干企业牵头建设工业软件攻关基地，开展关键软件核心技术攻关，打造安全可控的行业系统解决方案	省科技厅
	7. 省财政对工业软件研发予以适当补助，对制造业企业应用安全可控的工业软件、行业系统解决方案等实施数字化改造予以适当支持	省科技厅、工业和信息化厅、财政厅
	8. 鼓励各地市加大对工业软件研发支持力度，并为工业软件攻关基地建设提供场地、人才、资金等支持。支持地市采取事后奖补方式支持工业软件"首版次"应用	各地级以上市人民政府
	9. 鼓励高等院校、科研机构等使用安全可控的工业软件开展教学实验	省教育厅、科技厅

序号	政策内容	责任单位
五、支持数字化基础设施建设	10. 加快5G、物联网、千兆光网等新型网络规模化部署，支持企业开展内外网升级改造	省工业和信息化厅、通信管理局
	11. 鼓励电信运营商创新5G商业模式，制定面向工业应用的5G资费减免政策，降低工业企业内外网改造和使用成本	省通信管理局，中国电信广东分公司、中国移动广东公司、中国联通广东省分公司、省广电网络公司
	12. 加大力度支持建设推广工业互联网标识解析二级节点	省通信管理局、工业和信息化厅
六、培育制造业数字化转型服务商	13. 完善广东省制造业数字化转型产业生态供给资源池遴选程序和评价体系，吸引优秀制造业数字化转型服务商入池	省工业和信息化厅
	14. 每年认定若干省级特色型、专业型工业互联网平台、优秀制造业数字化转型服务商，并对入选国家级跨行业、跨领域以及特色型、专业型工业互联网平台，予以重点推介	省工业和信息化厅
	15. 支持符合条件的数字化转型服务商在境内外证券交易所上市挂牌	省地方金融监管局、广东证监局
	16. 鼓励各地市引进优秀工业互联网平台、数字化转型服务商，并在场地、资金、人才等方面予以重点支持	各地级以上市人民政府

续表

序号	政策内容	责任单位
七、强化人才支撑	17. 落实《关于强化我省制造业高质量发展人才支撑的意见》，发挥省重大人才工程引领作用，加快引进培养制造业数字化领域的创新创业团队、高层次人才以及复合型技能人才	省委组织部、省人力资源和社会保障厅、教育厅、工业和信息化厅、科技厅
	18. 开展"产业数字化转型人才培养"试点，培养技能型复合型人才	省人力资源和社会保障厅
	19. 实施"十万"数字化产业工人培训工程，依托工业互联网平台建设制造业数字化人才实训基地	省人力资源和社会保障厅、教育厅、工业和信息化厅
	20. 对开发"1+X"职业技能等级证书的企业，给予产教融合型企业政策扶持	省教育厅、人力资源和社会保障厅
八、加强金融服务模式创新	21. 加大广东省产业发展基金对制造业数字化领域的投资力度，鼓励各地市引导社会资本设立制造业数字化转型基金	省发展改革委、工业和信息化厅，各地级以上市人民政府
	22. 开设"专精特新"企业金融服务绿色通道，推动投贷联动，鼓励银行等金融机构运用大数据探索产融合作新模式，分析运用工业互联网平台数据，作为提供融资并进行贷后管理的基础和手段，为产业链、供应链企业提供个性化、精准化的金融产品和服务	省工业和信息化厅、地方金融监管局，人民银行广州分行、广东银保监局

续表

序号	政策内容	责任单位
九、提升公共服务能力	23. 统筹支持广东省工业互联网应用服务平台、广东省工业互联网安全技术保障平台、国家工业互联网大数据广东分中心等公共服务平台建设，推动相关平台与粤商通等政务服务系统互联互通	省工业和信息化厅、通信管理局、政务数据管理局
	24. 采取政府购买服务方式，依托第三方机构开展制造业企业上云上平台产品目录和标准制定、优秀制造业数字化转型服务商评价、工业互联网和工业控制系统安全检查等支撑服务	省工业和信息化厅、通信管理局
	25. 鼓励各地建立制造业数字化转型专家智库队伍，为制造业企业提供数字化诊断咨询等服务	各地级以上市人民政府

主要参考文献

一、中文文献

（一）专著类

［1］北京大学联泰供应链研究与发展中心 . 中国供应链现状：理论与实践［M］. 北京：北京大学出版社，2006.

［2］叶静怡 . 发展经济学［M］. 北京：北京大学出版社，2007.

（二）期刊类

［1］曹和平 . "二次成长阶段"跨国企业集群的行为特征与规制途径［J］. 中国社会科学，2006（5）.

［2］马中东，宁朝山 . 数字经济、要素配置与制造业质量升级［J］. 经济体制改革，2020（3）.

［3］李雯轩，李晓华 . 全球数字化转型的历程、趋势及中国的推进路径［J］. 经济学家，2022（5）.

［4］傅为忠，刘瑶 . 产业数字化与制造业高质量发展耦合协调研究：基于长三角区域的实证分析［J］. 华东经济管理，2021，35（12）.

［5］袁家军 . 数字经济引领浙江创新发展［J］. 浙江经济，2017（23）.

［6］王瑞荣，陈晓华 . 数字经济助推制造业高质量发展的动力机制与实证检验：来自浙江的考察［J］. 系统工程，2022，40（1）.

［7］安家骥，狄鹤，刘国亮 . 组织变革视角下制造业企业数字化转型的典型模式及路径［J］. 经济纵横，2022（2）.

[8] 王鑫鑫，韩啸，张洪．制造业企业数字化转型的特征及对策：基于上市企业年报的文本分析 [J]．经济纵横，2022 (9)．

[9] 经讯．八个聚焦，如潮猛进：上半年浙江省推进数字经济发展工作回顾 [J]．信息化建设，2019 (10)．

[10] 滕堂伟．上海制造业数字化转型经验及对粤港澳大湾区的启示 [J]．科技与金融，2021 (7)．

[11] 罗仙凤．美国"创新与竞争"系列法案科技人才政策研究 [J]．竞争情报，2022，18 (3)．

[12] 戚聿东，蔡呈伟．数字化对制造业企业绩效的多重影响及其机理研究 [J]．学习与探索，2020 (7)．

[13] 王厚双，盛新宇．德国制造业参与全球价值链分工特征及对中国的启示 [J]．经济体制改革，2020 (3)．

[14] 刘军梅，王汝升，谢霓裳．中德制造业数字化转型的战略与政策比较 [J]．决策与信息，2022 (10)．

[15] 刘军梅，谢霓裳．国际比较视角下的中国制造业数字化转型：基于中美德日的对比分析 [J]．复旦学报（社会科学版），2022，64 (3)．

[16] 蔡婷婷，吴松强．数字经济赋能我国先进制造业：国际经验与借鉴 [J]．决策与信息，2021 (12)．

[17] 谢琳灿，吴沁沁．美德工业互联网发展经验及借鉴 [J]．宏观经济管理，2022 (3)．

[18] 何子龙，盛新宇．中德制造业数字化转型水平比较及对中国的政策启示 [J]．经济体制改革，2022 (5)．

[19] 马文秀，高周川．日本制造业数字化转型发展战略 [J]．现代日本经济，2021，40 (1)．

（三）电子类

[1] 王姿蝶．深度 | 制造业五大强省：广东地位最稳，江苏冲劲最足 [EB/OL]．朋湖网，2022-01-29．

[2] 郑澍，赵菁，张毓琪. 首次突破 8 万亿元！2021 年广东外贸进出口规模创历史新高 [EB/OL]. 央视网，2022-01-20.

[3] 2021 年 1—12 月工业出口交货值 [EB/OL]. 广东统计信息网，2022-01-28.

[4] 祝桂峰，赵新. 划"红线"，守"地盘"，看珠三角如何支撑"制造强国" [EB/OL]. 澎湃新闻，2020-03-25.

[5] 世界主要国家产业数字化转型举措 [EB/OL]. 互联互能社会微信公众号，2021-04-18.

[6] 英国政府发布产业发展新战略：《产业战略：建立适应未来的英国》白皮书 [EB/OL]. 世界科学，2018-02-03.

[7] 广东"西部"低调崛起，湛江、茂名、阳江和云浮各显神通！[EB/OL]. 搜狐网，2022-09-19.

[8] 广东："制造业立省"打造世界级先进制造业集群 [EB/OL]. 电子信息产业网，2022-09-01.

[9] 工业和信息化部公布 45 个国家先进制造业集群名单 [EB/OL]. 中华人民共和国工业和信息化部网站，2022-11-30.

[10] 广东加快制造业数字化转型建设工业互联网示范区 [EB/OL]. 人民邮电报电子报，2021-09-02.

[11] 广州国家顶级节点标识注册量突破 10 亿 助力复工复产 [EB/OL]. 广东省通信管理局官网，2020-03-24.

[12] 广东工业互联网标识解析体系：标识注册量达 53.5 亿接入 33 个二级节点 [EB/OL]. 工业互联网标识智库，2021-08-11.

[13] 广东省 2021 年工业互联网标识解析体系建设引导资金扶持项目签约会顺利召开 [EB/OL]. 广东省通信管理局官网，2022-07-11.

[14] 2022 数字城市百强出炉，青岛位列第七 [EB/OL]. 青岛新闻网，2022-11-10.

[15] 浙江省人民政府办公厅. 浙江省人民政府关于印发浙江省加快传统制造业改造提升行动计划（2018—2022 年）的通知 [EB/OL]. 浙江省经

济和信息化厅官网，2018-05-07.

[16] 关于印发《浙江省"1+N"工业互联网平台体系建设方案（2018—2020年）》的通知［EB/OL］. 浙江省经济和信息化厅官网，2018-12-30.

[17] 浙江省人民政府关于印发浙江省全球先进制造业基地建设"十四五"规划的通知［EB/OL］. 浙江省人民政府门户网站，2021-07-20.

[18] 浙江省人民政府关于印发浙江省新一轮制造业"腾笼换鸟、凤凰涅槃"攻坚行动方案（2021—2023年）的通知［EB/OL］. 浙江省经济和信息化厅，2021-10-23.

[19] 浙江省人民政府办公厅关于印发浙江省数字经济发展"十四五"规划的通知［EB/OL］. 浙江省人民政府办公厅官网，2021-06-16.

[20] 2021年上半年浙江经济运行情况新闻发布会［EB/OL］. 浙江省人民政府门户网站，2021-07-27.

[21] 智能制造走在全国前列 山东拟连续4年开展这项培育认定工作［EB/OL］. 山东宣传网，2022-03-24.

[22] 省委、省政府印发《先进制造业强省行动计划（2022—2025年）》［EB/OL］. 山东省人民政府官网，2022-11-11.

[23] 山东省人民政府办公厅关于印发《国务院关于支持山东深化新旧动能转换推动绿色低碳高质量发展的意见》分工落实方案的通知［EB/OL］. 山东省人民政府官网，2022-12-19.

[24] 关于印发山东省制造业数字化转型行动方案（2022—2025年）的通知［EB/OL］. 山东省人民政府官网，2022-11-21.

[25] 工业互联网赋能烟台制造业数字化转型主题论坛在烟台成功举行［EB/OL］. 烟台市工业和信息化局，2019-11-21.

[26] 我市工业互联网试点项目再添"国字号"［EB/OL］. 威海市工业和信息化局，2022-09-13.

[27] 数字山东发展规划（2018—2022年）［EB/OL］. 山东省人民政府，2021-12-06.

[28] 去年山东制造业增加值 GDP 占比 28.3%，近十年来首次回升 [EB/OL]. 齐鲁网，2022-11-18.

[29] 北京市经济和信息化局. 北京市促进数字经济创新发展行动纲要（2020—2022 年）[EB/OL]. 北京市人民政府官网，2020-09-22.

[30] 张懿. 上海制造业数字化转型：三年打造千个标杆场景 [EB/OL]. 中国经济网，2021-09-23.

[31] 由盛转衰，美国制造业出现"空心化"？曹德旺为何还斥 70 亿赴美建厂 [EB/OL]. 金十数据，2019-12-14.

[32]《先进制造业国家战略 2022》，赛迪研究院，制造业美国发布年报 [EB/OL]. 2022.

[33] 美国 SIA 发布《2021 年美国半导体行业现状》报告 [EB/OL]. 战略科技前沿微信公众号，2021-10-10

[34] "制造业立市"推动广州产业升级发展 [EB/OL]. 仲量联行，2022-09-06.

[35] 非凡十年·广州答卷 | 坚持"制造业立市"稳步迈向"智造强市"[EB/OL]. 广州日报新花城，2022-09-23.

[36] 读懂广州·粤韵 | 百年"制造"敢为人先今朝"智造"踏浪潮头 [EB/OL]. 广州日报新花城，2022-11-23.

[37] 陈绪厚，张玲. 峥嵘十年 | 深圳：不断升级的制造业强市再进化 [EB/OL]. 澎湃新闻，2022-12-10.

[38] 陈小慧. 持续增强深圳制造业在全球的竞争力"工业第一城"再创新高 [EB/OL]. 深圳新闻网，2023-01-16.

[39] 深圳市工业和信息化局关于制造业创新中心建设管理细则 [EB/OL]. 深圳市工业和信息化局，2021-03-30.

[40] 周欢，王芃琹，罗湛贤. 佛山：加快推进三大国家先进制造业集群迈向世界级 [EB/OL]. 南方网，2023-02-10.

[41] 东莞市人民政府办公室. 东莞市人民政府办公室关于印发《东莞市制造业高质量发展"十四五"规划》的通知 [EB/OL]. 东莞市人民政府

门户网站，2022-01-06．

[42] 中共广东省委 广东省人民政府印发《关于支持东莞新时代加快高质量发展打造科创制造强市的意见》［EB/OL]．广东省人民政府门户网站，2022-08-29．

[43] 透视珠海特区42年发展路径：为什么要坚持"产业第一"？［EB/OL]．南方都市报，2022-05-31．

[44] 苏州市统计局.2022年前三季度苏州经济运行情况［EB/OL]．苏州市人民政府网，2022-11-01．

（四）其他

[1] 彭琳，许宁宁."六大工程"挺起制造业发展脊梁［N]．南方日报，2022-05-01（02）．

[2] 徐宁."智改数转"加速，激活澎湃动能［N]．南京日报，2022-06-12．

[3] 广东省新型数据中心发展白皮书（2022年）［S]．中国通信工业协会数据中心委员会，2022．

[4] 2022年中国云计算产业链全景图上中下游市场及企业剖析［R]．中商产业研究院，2022．

[5] 数"链"大湾区——区块链助力粤港澳大湾区一体化发展报告（2022）［R]．综合开发研究院，2022．

[6] 关于广东省制造业企业数字化转型的调查问题［R]．广东省人民政府发展研究中心，2021．

[7] 中国信息通信研究院政策与经济研究所.主要国家和地区推动制造业数字化转型的政策研究报告（2022年）［R]．中国信通院，2022．

[8] 2020年我国区域制造业营商环境白皮书［R/OL]．赛迪智库，2021-04-01．

二、英文文献

[1] LAL D. Unintended Consequences: The Impact of Factor Endowments, Culture, and Politics on Long-Run Economic Performance [M]. Cambridge: The MIT Press, 1998.

[2] DORNBUSCH R, FISHER S, STARTZ R. Macroeconomics [M]. New York: McGraw-Hill Higher Education, 2001.

[3] National strategy for advanced Manufacturing [R]. Washington D.C.: National Science and Technology Counci, 2022.

跋

曹和平（北京大学教授）

　　《全链数字化转型研究：基于发展格局下的广东省制造业》属国家数字化转型重大战略板块研究范畴。同时，因其地处国家改革开放前沿，引领省域经济增长数十年，珠三角地区制造业全链条数字化升级远远超出了区域范围，具有宏观转型增长和国际对标赶超的内涵。

　　该课题最初是广深两个研究院，即广州市大湾区现代产业发展研究院（广州院）与深圳市湾区数字经济与科技研究院（深圳院）的合作项目。2021年5月向中国工程科技发展战略广东研究院申请，12月27日获得立项许可，"中国工程院院地合作项目，编号为2022-GD-10"。课题组长为深圳院学术委员会主任童庆禧（院士）。副组长为曹和平（北京大学）、孙延明（广州大学）、曹长林（广州院）。课题组主要成员有钟课枝（广州院）、李云健（广州大学）、李平（西安电科）、李维（北京大学、深圳院）、钟雅雯（广州院）、郑美珍（广州院）、欧阳颖（广州院）。

　　由于课题的研究领域广涉国民经济体系制造业部门及前沿科技，在童庆禧院士的建议和指导下，课题组邀请了尤政院士（中国工程院、华中科技大学）、王晋年院士（中科院、广州大学、深圳院）、董绍明院士（中国工程院）、邬伦院士（北京大学、深圳院）、顾行发院士（中科院）担任课题研究的行业和科技前沿顾问。多年的课题及重大工程研究的合作伙伴王晋年院士、邬伦院士除了参加开题、期中、结题讨论之外，还多次参加调研并给出书面意见。特别值得一提的是，王迎军院士和方滨兴院士专为作序，成书增色许多。

　　该研究是广深两个研究院诚意合作、院科研团队辛勤劳动的结果。《全

256

链数字化转型研究：基于发展格局下的广东省制造业》，从某种意义上，是一个"文—理—工"学科三栖，"存量制造产业—新型战略产业—数字前沿科技"三合一的超大型复杂课题，有童庆禧院士这样具有全局战略眼光的老一辈科学家挂帅，有王迎军院士、尤政院士、王晋年院士、邬伦院士、顾行发院士等一辈主力骨干前沿科学家倾心参与，有孙延明教授等广东核心科研团队的加入，课题在宏观视野、战略路径取舍、地方国民经济体系把脉以及产业细节深入方面，都达到了各个团队各自条件下不易抵达的广度和深度。这是该研究成书得以依托的突出特点，也是广东省制造业全链数字化转型升级战略路径研究所必须越过的门槛性条件。

广深两院的科研团队，关于数字技术支持下联网共享经济的研究有近20年的历史。在参加国内外、国家、省域范围、地方国民经济体系的研究方面，科研团队有着丰富的积累和团队整合经验。曹和平教授担任广州市经济决策咨询专家顾问多年，参加深圳市委、市政府多项重大公关研究。曹长林院长熟悉广东广州发展实际，与科研涉及的多个部门及战略核心企业多有联系。孙延明教授科研团队对广东经济发展多有积累。特别需要感谢的是，深圳院李维副研究员在成书过程中，参与了曹和平教授的统稿工作，没有她和欧阳颖的支持，成书的质量和时间都要打折扣；需要感谢地是钟课枝理事长、张智强主任等在综合协调和调研方面给出弥以珍贵的帮助；市委宣传部和相关方面的领导和工作人员的帮助，在这里也一并感谢。

当然，本书虽有诸多特色和贡献，但任何作品都是一项遗憾的产物，但愿本书能够成为广东乃至国家其他地区制造业全链数字化转型升级后续研究中一块引玉的砖头。

曹和平（北京大学、深圳研究院）

2023 年 12 月 9 日于燕园北畔西山脚下